21世纪高等学校
经济管理类规划教材
高校系列

METHODS AND SKILLS OF FINANCIAL APPLICATION WRITING

财经应用文写作方法与技巧

郑延琦 编著

ECONOMICS AND MANAGEMENT

人民邮电出版社
北京

图书在版编目（CIP）数据

财经应用文写作方法与技巧 / 郑延琦编著. -- 北京：人民邮电出版社，2017.4（2021.1重印）
21世纪高等学校经济管理类规划教材. 高校系列
ISBN 978-7-115-45009-8

Ⅰ. ①财… Ⅱ. ①郑… Ⅲ. ①经济－应用文－写作－高等学校－教材 Ⅳ. ①H152.3

中国版本图书馆CIP数据核字(2017)第036078号

内 容 提 要

本书主要对财经应用文写作的基础理论知识、基本写作方法和常用的应用文文本知识进行了系统地介绍，注重知识性、专业性、实用性。本书共十章，全面系统地介绍了财经应用文写作的基础知识、公务文书的写作以及财经管理、财经报告、财经传播、财经活动策划、财经契约、财经司法等文书的写作。本书内容新颖，例文丰富，可以作为财经类院校相关专业的教材，也适合从事经济管理工作的人员学习与使用。

◆ 编　　著　郑延琦
责任编辑　许金霞
责任印制　杨林杰

◆ 人民邮电出版社出版发行　　北京市丰台区成寿寺路 11 号
邮编　100164　　电子邮件　315@ptpress.com.cn
网址　http://www.ptpress.com.cn
山东百润本色印刷有限公司印刷

◆ 开本：787×1092　1/16
印张：16.25　　　　2017 年 4 月第 1 版
字数：357 千字　　　2021 年 1 月山东第 10 次印刷

定价：42.00 元

读者服务热线：(010)81055256　印装质量热线：(010)81055316
反盗版热线：(010)81055315

前 言

中国经济作为世界经济的发动机，增长速度稳居世界前列；协调推进“四个全面”战略布局的推出和日益发展的信息技术，促进了财经应用文从形式、内容到表达的不断创新发展，并深刻地影响着财经应用文写作的教学工作。在经济社会不断变革的形势下，财经应用文写作教学如何更好地为我国经济社会发展服务，成为我们面对的一个新课题、新考验。

财经应用文是财经管理与实务不可缺少的基本工具之一，是财经类院校学生必须掌握的一类基本文体。本书定位为财经类院校学生学习财经应用文写作的入门教材，在基础性、通用性的前提下，以“实用、适用”为原则，帮助学生掌握财经应用文写作基础，提升写作技能，使其能够基本符合用人单位“复合型”人才的需求。同时，它也适用于经济管理部门、企事业单位的管理人员的作为自学用书。

山东财经大学东方学院自 2010 年起已有 1.5 万名学生使用本书，我们也教学实践中不断对其进行修改完善。全书共十章，内容涉及财经应用文写作概论、财经应用文写作的基础知识、财经公文概述、公务文书、财经管理文书、财经报告文书、财经传播文书、财经活动策划文书、财经契约文书、财经司法文书等，比较详细地介绍了各文种的作用与特点、写作要求、写作格式以及财经应用文实践例文等。

本书与同类图书相较，有以下三个特点。

第一，新颖性。坚持借鉴与创新并重。本书在编写时立足于我国经济社会发展改革的现状，关注国务院、商务部、司法部等门户网站财经应用文写作的实践，跟踪财经应用文写作最新研究成果，跟随时代步伐，不断修改完善。

第二，实用性。坚持夯实基础与提升技能相结合。本书是作者长期从事经济管理实务和教学实践与研究的结晶。书中对财经应用文的基础知识介绍详细，写作技能讲解具体到位。例文丰富“接地气”，其中的统计分析报告、经济活动分析报告等均来自“一线”，实践实务“味”浓厚。

第三，适用性。坚持正确处理有用和常用的关系。财经应用文文种繁多，量大面广，要想将信息总量巨大、与时俱进的财经应用文种编成全集，既难做到，也无必要；同时，也不符合教学工作的实际。所以，本书注重与财经专业特色的融合，突出介绍了常用财经公文，预算书、决算书和会议文案

前 言

等财经管理文书，经济活动分析报告和财务分析报告等财经报告文书等重点文种。我们希望通过学习本书，学生能认识、了解各类财经应用文的特点、写作要求，并熟练掌握写作方法，提升写作能力。

本书在编写过程中得到山东财经大学党委办公室主任徐思生、山东财经大学东方学院党委书记宫淑瑰教授等专家学者的大力支持；同时参考、引用了国务院、山东省人民政府等门户网站的部分文献及一些学者的著作，在此一并表示衷心感谢！

2017 年 1 月

目 录

目 录

第一章

财经应用文写作概论

第一节 财经应用文的含义与特征

财经应用文写作是一门开放的、不断发展的现代学科。它与新闻传播学、语言学、逻辑学和财经类专业学科紧密相连，是一门多学科交叉的边缘学科。

一、应用文和财经应用文

（一）应用文及其历史沿革

财经应用文是应用文的一种。《辞海》（修订本）给应用文下的定义是："应用文指人们在日常生活中、工作和学习中应用的简易通俗文字，一般有固定的款式，包括书信、公文、契约单据等。"

我国迄今可以见到的原始形态文字，是殷墟出土的甲骨卜辞。它是商代王室镌刻在龟甲兽骨上的简短占卜记录。商周时期的钟鼎铭文，是用金文，或称古金文、钟鼎文铸或刻在钟鼎等青铜器上的文字。这些文字记载主要是实用性的，或标明器主的族氏和祭祀对象，或说明其用途，或标明器物的来历等。

初唐出土的《石鼓文》，属战国时代秦国的石刻文字，内容为"大事纪要"之类的应用文。

孔子编纂的《尚书》，是我国最早的一部关于上古时代管理国家事务的文献记载和应用性的文件汇编。其分虞、夏、商、周四部分，包括祝辞、誓词、诰言、法令等；也有用以登记土地和财务的会计文书；还有反映各诸侯国之间关系的盟约文书等，可谓开创我国公文写作的先河。

秦统一全国后，应用文逐步成型化。分类和格式已初步确立，有了上行文和下行文之分。上行文有章、表、奏、议，是臣子给皇帝的文书；下行文有制、昭、策、戒，是皇帝给臣子的文书。民间还有书、启、呈、状等。

两汉时期，造纸术的发明方便了应用文的写作。三国时期，公务性应用文统称公文，在本国乃至国与国之间盛行。魏晋六朝出现了研究应用文文体特点和写作要求的文章，使其在理论研究上有了新发展。曹丕的《典论·论文》把文章分为4类8科，前3类6科都是应用文。南朝刘勰在《文心雕龙》中探讨了35种文书的起源、演变及其代表作品和写作特点，其中大部分属于应用文体，对后世应用文的规范化起了很大作用。

唐宋时期，在应用文方面，更是名目繁多。下行文有制、敕、册、令、教、符；上行文有表、状、启、辞、牒等；平行文有关、移、刺等。其中，牒、关、刺为唐代所有。

“应用文”这个名称，在宋朝就出现了。张侃在《拙轩集·跋陈后山再任教官谢启》说：“骈四俪六，特应用文耳。”所谓“骈四俪六”，指的是流行在六朝、初唐的一种两两相对的文体。这种文体常以四字、六字为句，相间成对，所以叫骈文。那时的应用文，大都是以骈文形式写的。但应用文作为一种正式的文体，直到清代才由刘熙载正式确定下来。他在《艺概·文概》中说：“文有辞命一体……辞命体，推之即为一切应用之文。应用文有上行，有平行，有下行。”

辛亥革命推翻了封建的清王朝，文书的改造主要体现在两个方面。一是规定了新的公文种类，废除了旧的公文名称。1912年，南京临时政府颁布了公文程式条例，规定了新的文种，如“令”（下行公文，公布法令、任免时用）、“咨”（平行公文，同级官署陈述时用）、“呈”（上行文）、“示”（下行文，为公署使用的公告）、“状”（下行文，任免奖赏人员时用）等，并废除了历代王朝使用的“制”“诏”“旨”“奏”等名称。二是规定了公文中不准再用“老爷”“大人”之类的词语。但公文用语仍是文言文。1934年，国民政府曾颁布过公文程式条例，将公文规定为9类，即令、训令、指令、布告、任命状（包括特任、简任、荐任、委任）、呈、咨、公函、批等。

中华人民共和国成立以后，党、政、人大等机关先后发布了十多个关于机关公文写作的文件，使我国公文写作逐步走上规范化、科学化、系统化的道路。2012年4月16日，中共中央办公厅、国务院办公厅颁布于2012年7月1日起实施的《党政机关公文处理工作条例》中，将公文分为15种：决议，决定，命令（令），公报，公告，通告，意见，通知，通报，报告，请示，批复，议案，函，纪要。

在现代应用文发展的过程中，我国老一辈领导人起了率先垂范的作用。他们在写作实践中，撰写了很多优秀的范文，例如，毛泽东的《湖南农民运动考察报告》《三个月总结》，朱德的《八路军抗战两年来的经验教训》，陈云的《青浦调查》等。这些文章不仅有力地推动了革命和建设事业的发展，同时也为应用文体的不断进步奠定了基础。

（二）财经应用文的含义

财经应用文是以财经活动为主要内容反映财经情况、处理财经事务、研究并解决财经实际问题的一种具有特定格式的专业应用文体。

在社会各界开展经济活动的过程中，财经应用文广泛地应用于经济工作、管理工作的方方面面，财经应用文可以说是应用文的一个重要分支。财经应用文写作具体包括财经应用文写作理论和财经应用文写作实践两个部分。财经应用文写作理论是各类财经应用文写作实践经验的总结，是对各类财经应用文的格式、特点、规律、规范、要领、要求、方法和技巧由感性认识到理性认识的升华，是对财经应用文写作内在规律的科学概括；财经应用文写作实践是财经应用文写作理论的本源和基础。财经应用文写作理论和写作实践二者相互推进，财经应用文写作实践为财经应用文写作理论的提升提供了基础资料；而财经应用文写作理论则为财经应用文写作提供了基本规律和技巧，为财经应用文写作实践提供了更为科学化、条理化和系统化的服务。

二、财经应用文的特征

财经应用文写作作为应用文写作的组成部分，具有应用文写作的共同特点。但财经应用文写作又是以经济现象、经济活动为写作对象的一种专业实用文写作，它集经济现象、经济活动的丰富内容与成熟的写作方法、技巧于一体，又有别于其他专业实用文写作，具有以下5个特征。

（一）法规性

党和国家的法规政策是一切财经工作的生命线，作为反映财经活动、传递财经信息的财经应用文写作也必须以党和国家的路线、方针及颁布的经济法规、政策等为准则和依据，因此其写作内容也随之体现出鲜明的法规性。如财经公务文书，本身就是党和国家的经济法规、方针和政策的载体；其他类的文书大多也直接地在不同程度上反映出法规的权威性、政策的导向性，比如可行性研究报告、经济合同、招标书和投标书等，必须符合国家的有关法规和政策。可见，法治精神贯穿于一切财经活动中，同时也贯穿于整个财经应用文写作中。

（二）求实性

财经应用文写作是从实际应用中产生和发展起来的，反映在写作内容和文风上，必须具有实事求是的特点。求实性具体包括两个方面：写作材料的真实性和写作的实用性。写作材料的真实性要求在写作时取材真实，信息来源必须客观可靠，引用的事实数据翔实无误。同时，还要求写作态度要认真诚实，语言要做到平直朴实。在制作商业广告和产品说明书时尤其要注意这一点，不得虚假宣传，蒙骗消费者。写作的实用性是指所提出的办法、措施要切实可行。财经应用文写作的目的是服务于经济建设的需要，回答和解决经济领域中发现和提出的各种问题，从而推动国民经济持续、稳定、健康地向前发展。因此，财经应用文必须实事求是，说真话，办实事，求实效。

（三）专业性

财经应用文反映了财经领域的经济活动，传递着各项财经工作信息，这就要求财经应用文的作者必须熟悉并掌握财经领域的运行规律，了解各项财经工作的特点，“慧眼”判断不同财经信息的价值，发现财经活动中的新事物或新问题，提出解决问题的办法，预测经济活动的新趋势。因此，财经应用文作为财经实践工作的组成部分和经济理论研究的有效手段，具有明显的专业性。专业性主要表现在：一是写作内容的专业性。财经应用文所反映的是财经领域中的各种现象、各种活动和各项工作，所要解决的是财经领域中的实际和理论问题，其专业性非常明显。二是写作语言表述的专业性。财经应用文结合了许多经济学、管理学、法学等方面的原理和方法，以叙述、说明、议论为主要表达方式，运用大量的统计数据、图表来说明问题，所用的财经专业术语较多，明显区别于其他专业应用文的语言表述。三是作者的专业性。写作内容的专业性和写作语言表述的专业性决定了财经应用文作者的专业性。

（四）规范性

财经应用文写作的文体繁多，形式各样，但又有一定的规范性。这主要表现在：一是文章题材的规范性。如市场调查报告、决算书是叙述题材，商业广告、产（商）品说明书是说明题材。二是文章格式的规范性。一种是法定格式，如党政机关公文的写作，必须严格遵循 2012 年 7 月 1 日实施的《党政机关公文处理工作条例》及《党政机关公文格式》；民事诉讼文书的写作，就应遵守 2016 年 8 月 1 日实施的《人民法院民事裁判文书制作规范》《民事诉讼文书样式》。另一种是惯用格式，即在长期使用过程中逐渐形成并被大家所承认和接受的约定俗成的格式。如经济合同、招标书和投标书等。三是语言的规范性。用规范的语言写作是对一切文章的基本要求。财经应用文写作必须使用规范的财经语言，包括财经专业术语和数据、图表、缩写、标点符号、计量单位等。此外，国家语言文字工作委员会、国家标准局和国际标准化组织以及有关职能部门对某些财经应用文体的书写格式、主要内容、用纸规格、顺序、装订方式等，也都作了规范性、通用性、标准化的明细规定，写作中必须严格执行，不得随心所欲、各行其是。

（五）时效性

财经应用文的实用性决定了其时效性。财经应用文一般是用来在特定时间处理特定问题的，具有一定的时效性，尤以经济新闻的时效性最为明显。公文有“有效期”规定，有的文种，如通告、通知、批复等，一旦工作完成，就失去效用，转为档案备查；再如市场调查报告、投标书、市场预测报告等，也是针对不同项目、不同时期所做的工作，一旦错过时机，所做的工作也就“过期”了。随着经济运作节奏的加快，机关、企事业单位的工作效率必然加快，因此必然要求为之服务的财经应用文写作更加迅捷、高效。

第二节 财经应用文的分类与作用

一、财经应用文的分类

由于社会财经活动范围广、门类杂、环节多，且随着经济全球化趋势和我国社会经济的发展，财经活动的内容和项目也越来越多，新的文种不断出现，同时交叉性的文种也不断产生。因此，财经应用文的分类变得日益复杂且难以统一。实务中，不同的编著者因其编著目的不同、使用对象不同，所采用的分类标准往往也不相同。本书将文书的性质作为分类标准，即将性质相似、特点和作用相近的文书归为一类。采用这个标准，财经应用文大致可分为财经公文、财经管理文书、财经报告文书、财经传播文书、财经策划文书、财经契约文书和财经司法文书等类文体。

二、财经应用文的作用

（一）宣传教育作用

我国的财经工作，都是根据党的路线、方针、政策和国家的法规进行的，即便是非公有制经济、混合所有制经济，在与国有经济“权利平等、机会平等、规则平等”的基本经济制度下，也必须遵守国家的法规。财经应用文可以运用各种不同的文种发挥宣传教育作用，或宣传政策法规，或研究推广新的科技，或介绍先进经验，或表彰先进，或抨击落后，也就是在处理一些具体事务上，表明支持什么、反对什么，起到宣传教育的作用。

（二）联系沟通作用

中国特色的社会主义市场是统一的大市场，是同世界经济密切联系的开放市场。为此，社会主义市场经济必须在加强与各个方面的联系和协作中求得快速发展。无论是国与国之间，还是地区与地区、单位与单位、上级与下级、个人与个人之间，在沟通思想、交流经验、传递信息、处理业务等方面，都需要财经应用文这座桥梁和纽带，把彼此连接起来，协调关系，寻找对策，求得问题的解决，推动工作的开展。

（三）指导保证作用

不仅是党和国家颁布财经法规、政策的公文，就是一些行业及单位的规章制度和经济合同等应用文，也都具有指导行动和规范行为的作用。举例说，一个企业不论是在生产还是流通、分配过程中，要保证工作的顺利进行，都离不开财经应用文。比如，建设一个新工程，事先就要进行深入地调查研究，准确论证其可行性，写出可行性研究报告；报告通过后，再开展招标，然后制订出开工计划；根据计划再制定出各种具体措施或规定，逐步加以实施。总之，为了指导、监督、保证经济活动的有效开展，无论在哪个环节，财经应用文都发挥着重要的作用。

（四）凭据参考作用

财经应用文既然是指导、监督、保证财经活动顺利开展和提高经济管理水平的一种工具，自然也是解决经济实际问题的一种依据。如上级发来的指示、会议上做出的决定、规章制度的各项条款等，有关单位和人员都要以此为依据去安排工作、处理问题。工作完成的好坏，也要以有关文件的规定进行检查、考核、总结。至于当事人双方签订的协议书、合同等，本身就是作为文字凭据而签订的，在执行中如果哪一方违反了规定，另一方就可以拿出原订文书追究责任。

《战国策·赵策一》说："前事之不忘，后事之师。"财经应用文虽然是解决现实问题的，但在解决问题的过程中却积累了大量正面或反面的经验，值得有关部门和人员借鉴，既可以作为今后改进工作、发展经济甚至制定方针、政策、法规的参考，也可为以后的发展起到资政、存史、教化的作用。

第三节 财经应用文写作的基本要求

一、符合法规，观点鲜明

政治是经济的集中反映。财经工作直接关系到国计民生，与国家昌盛、社会和谐、人民安居乐业有着极为密切的关系。表述经济现象和财经工作成果的财经应用文写作，必然有鲜明的政治性和政策性。党和国家的路线、方针和经济政策、法规等，体现了全国人民的根本利益，是一切经济部门、单位工作的依据，财经应用文写作也必须以法规政策为依据。无论是起草公文，还是拟写财经专业文书等，均要符合相应的法规政策，维护党和人民的利益，这就是观点正确。而观点鲜明，就是态度明朗，是非分明。

二、实事求是，准确无误

求真、求是是财经应用文写作的重要准则。汉代刘向赞扬《史记》"其文直，其事核，不虚美，不隐恶"。太平天国发布的《戒浮文巧言谕》中指出："实叙其事，从某年月日以来，从何地何人证据，一一叙明，语语确凿，不得一词娇艳，毋庸半字虚浮，但有虔恭之意，不须古典之言。"这些都强调了实用文体的真实性、准确性、典型性，这同样也是对现代财经应用文写作的要求。各类财经文体的内容必须坚持实事求是的原则，从实际出发，真实、准确地反映客观事物的本来面貌。所选用的材料，所引用的数据，一定要一丝不苟地反复核对，保证准确无误。经济业务活动离不开数据，财经应用文写作也要大量引用数据。在引用各种数据时，必须有切实可查的原始来源。总之，财经应用文写作的材料一定要真实、准确、科学、可靠，要坚持事真、理真、情真，做到“事信而不诞”“义直而不回”“情深而不诡”。

三、熟悉业务，表述精当

财经应用文写作具有专业性强的显著特征。而经济活动、经济战线的范围又十分广泛，有工、农、商、服务等各行业；有财政、金融、保险、审计、税收、商务等各部门；有股份、国有、民营、个体、外资等各类经济体。要能熟练地撰写各类财经应用文章，就必须懂得经济基础理论知识，熟悉本系统、本部门、本单位的业务，这样才能撰写出反映财经工作客观实际的文章来。如果不熟悉本行本职业务，就会说外行话，滥用术语、名词，表述不当，甚至可能闹笑话，也就发挥不了财经写作的效用。

四、格式规范，语言简明

财经应用文体大多形成了一定的惯用格式，内容构成要素、前后顺序、行款程式、书写位置以及习惯用语等，都有一些规范要求，已为社会公众所认可，我们必须遵循其规范的格式写作，才能达到财经应用文写作的目的。财经应用文写作的文体样式丰富多样，各种文体之间有明显的区别。因此，在撰写文稿时，必须弄清各种文体的性质、特点和使用范围，根据写作目的和内容，选择适当的文种。

财经应用文写作的语言要言之有据、言之有理、言之有序和言之得体，文字的运用必须明确、简洁、得体。明确，就是明白、确切。表达意思要清楚、贴切，不引起歧义或误解，能使人付诸实践。为了做到明确，事情发生的时间、地点、条件、范围、程度、原因等，都必须表述清楚。简洁，就是叙事简明完备，简约而不失一词。财经应用文写作应该惜墨如金，长话短说，写得尽可能短些，做到篇中无冗章，章中无冗句，句中无冗字，力求精练。得体，就是语言的运用要与写作的特定目的、特定需要、特定对象和谐一致，使发文收到预期的效果。

财经应用文讲求实效，特别提倡朴素平实的文风，要坚持“文质相称，语无旁溢”。叙事求真实、周全，说理贵平实、严谨，说明则力求明快、质朴。正如刘勰在《文心雕龙·议对》中所说：“文以辨洁为能，不以繁缛为巧；事以明核为美，不以深隐为奇：此纲领之大要也。若不达政体，而舞笔弄文，支离构辞，穿凿会巧，空骋其华，固为事实所摈，设得其理，亦为游辞所埋矣。”

第二章

财经应用文写作的基础知识

第一节 财经应用文的灵魂——主题的确定

一、主题的内涵与作用

（一）主题的含义

主题，又称主旨、题旨、立意、中心思想等，古典文论中“意”“义”“理”等的含义也与主题大体相当。主题是作者对待问题或事物的看法、态度、主张。

财经应用文的主题，一般由文稿的行文目的、基本思想、基本观点、基本主张等共同构成，是撰稿者在传达政策、发布指示、周知事项、汇报工作、总结经验、沟通交流以及处理公务时，通过各种应用文体反映出来的宗旨或基本精神。

（二）主题的作用

《旧唐书·崔彦昭传》云：“但立直标，终无曲影。”主题是文章的灵魂和生命，是文章内容首要的、核心的因素，在一篇文章中起着举足轻重的作用。主题决定着文章水平的高低、价值的大小、作用的强弱和影响的好坏。朱光潜在《写作论谭》中明确写道：“每篇文章必有一个主旨，你须把着重点完全摆在这主旨上，在这上面鞭辟入里，烘染尽致，使你所写的事理情态成了一个世界，突出于其他一切世界之上，像浮雕突出于石面上一样。”文章失去主题，如同人失去思想、三军缺少主帅，作者的构思及选择安排材料等都会失去依据。

总之，主题是财经应用文写作的关键。主题对文章的内容有制约、指向和主导的作用。主题规范文章的形式，文章的谋篇布局、表达方式的选择，目的都在于完善、集中地表现主题。

二、主题的特点和要求

（一）主题的特点

1. 强调“主题先行”

财经应用文写作常常是先确立主题，后去组织材料；或者在组织材料的过程中确立主题，而不是在写的过程中再立主题。财经应用文的写作常常是被动的，是客观需要。工作上、生活上遇到了实际问题需要询问、反映和答复，领导分配的任务，有关单位或个人约稿等，大多不是作者有感而发。这样一种被动的写作行为，又有很强的实用性、针对性，是为“事”而写，为“行”而写，所以十分强调“主题先行”“意在笔先”。作者常常是根据工作职能职责、领导或客户的要求，在反复调查、研究的基础上按商定好的主题来组织材料、拟定提纲，拟稿人不能在行文过程中再去改变主题。

2. 鲜明的时代特色

财经工作是与建设中国特色社会主义密切相关的。反映经济实践活动的财经应用文写作的主题是时代的产物，是特定历史时期经济现象和财经活动的反映，与广大人民群众的物质、精神生活息息相关，因而，它必然具有某一历史时期的某些本质特征，烙有鲜明的时代印记。从作者自身来说，其认识与实践必然要受到时代的制约，不可能超越时代。具体落实到一个部门、一个单位，财经应用文写作则要求切实反映本地区、本系统、本单位、本部门的新情况、新思路、新举措、新特点，力争有所创新，展示出崭新的时代精神。

3. 提炼过程的特殊性

财经应用文的写作要受到一些主客观因素的制约。财经应用文主题的提炼、深化过程是在写作者与其他参与者之间进行的，并不完全取决于写作者自己。首先，财经应用文是“被动”的写作，要受到领导、决策部门、约稿单位或约稿人的制约，写出来的文章要符合他们的要求；其次，要受到国家有关法律、规定和党的方针政策的制约；再次，还要受到具体情况、群众意愿以及行文规则等的制约。

4. 判断分析的客观性

财经应用文的主题具有较强的社会性、客观性。它要求对人对事的分析、评价要站在客观的立场上。在符合国家法律和党的路线、方针、政策的前提下，它代表着一定部门或一定范围的群众的利益，做出公正、客观的判断和评价，看重是否有的放矢、一针见血地揭示事物的本质。

（二）主题的写作要求

1. 集中

主题集中，就是要求内容单一、一文一事、主题简单，否则“意多必乱文”。即使是篇幅较长的文章，也是通过不同的侧面说明同一个问题，以一个主题贯穿全篇。文中各分论点要紧紧围绕一个中心开展，“一而贯摄”，才能形成一个“中心”。

2. 正确

财经应用文的主题所要求的正确，必须是在符合党的方针、政策和国家的法律、规定，符合实际情况的基础上，反映出客观事物的本质规律，对工作能起积极指导作用，经得起具体的社会实践检验。在制定目标规划时，做到实事求是、合情合理。

主题正确，是对财经应用文写作的起码要求，也是最基本的要求。不管写哪一类财经文章，都要考虑写作的目的和社会效果，坚持正确的立场、观点和方法，确立正确的主题，对工作起积极的指导作用。

3. 鲜明

财经应用文多数是管理和办事的准则，其立场、态度和看法，即赞成什么、反对什么、提倡什么、批判什么，要毫不含糊、旗帜鲜明地表达出来。主题鲜明，还要求文章明确地提出问题，抓住要害，突出重点。在表达观点时，要立场坚定、爱憎分明、尖锐泼辣，文笔干净利索，不要拖泥带水。财经公文的主题鲜明还表现为主题单一，即一篇公文只能体现一个基本思想。

4. 深刻

撰写财经应用文，要求提示事物的本质及其内部规律，体现出高度和深度。如写总结等要提炼出规律性的认识和行之有效的措施，写揭露问题的通报要找准原因、提出工作要求等。

三、主题确定的依据和主题的表现方法

（一）主题确定的依据

财经应用文的种类比较多，对主题依据的要求各不相同。一般来说，主要有以下三种。

1. 以党委、政府阶段性的任务来确定主题

面对我国仍处于并将长期处于社会主义初级阶段的基本国情，从中央到地方，都会在某一阶段提出一些阶段性的发展重点、发展主题。比如党的十八届四中全会提出的“完善和发展中国特色社会主义道路制度，推进国家治理体系和治理能力现代化”的改革总目标，就是现阶段全国各级党委、政府的工作主题。一些地方政府，在不同的发展阶段，也会提出一个发展主题，如“打造旅游强市”“创建全国‘双拥’城市”等。这些阶段性的任务，就是财经应用文写作中具有现实意义的主题。财经应用文的写作，必须体现这个“大环境”，并结合工作生活实际，接触问题的实质，解决具体问题。

2. 以领导的意图和工作的需要来确定主题

财经应用文的写作，多是“受领导之命，代单位立言”。因此，领导的意图和工作的需要就是写作目的，就是选择材料的依据和确立主题的主导依据。比如某制造企业要开展节能降耗活动，并要求做出规划，这时“节能降耗”就是撰稿人的写作主题。

3. 依据财经活动的实践材料确定主题

财经应用文要求真实、实用。“世事洞明皆学问，人情练达即文章。”丰富的经济现象、经济生活是取之不尽、用之不竭的实际材料。下工夫搜集这些材料，科学地分析这些材料，得出正确的判断，发现事物的规律与本质，是形成主题的基础和必要的条件。比如财务分析报告、市场调查报告等都是在客观真实的材料的基础上得出的。

（二）主题的表现方法

1. 标题点题

标题点题就是在标题中直接点明主题和面向受众，用关键词、字将文章的主要信息有机串联起来，形成准确、简洁、醒目的标题。

2. 篇首点题

在前言段中开门见山，使用主题句开宗托题。如公文的主题句多以介词结构“为了……”为特征；也可不出现主题句开宗托题、点题，直接阐述意义、主张或基本观点。

3. 段首点题

段首点题就是将文章主题，以合理的逻辑关系分成几个部分，每个部分用一个小标题或段首句来显示，这些小标题或段首句之“和”，就是主题。

4. 文中点题

文中以片言居要点题，即在文章的内容转换之处揭示主题，同时起到承上启下的作用。

5. 首尾显题

首尾显题就是正文开头和结尾前后呼应，以突出主题。常见的结构是开篇提出问题，篇末点明主题。

6. 篇末结题

篇末结题即“卒章显志”，用“点睛”之笔在文章的结尾处点明写作的主题。

第二节　财经应用文的血肉——材料的选择

一、材料的内涵与作用

（一）材料的含义

凡是用来确立、阐明观点的客观事物、现象、数据、观点等，都叫材料。

在文艺创作和文艺评论中，经常使用“素材”“题材”的概念。凡作者在创作前从现实生活中搜集、积累，未经综合整理的那些零碎、分散、不系统的原始材料，称为“素材”；从大量素材中经过作者选择、集中、加工、提炼而成的创作材料，则称为“题材”。在财经应用文写作和其他专业实用性写作中，一般不用“素材”和“题材”的概念，而使用较广泛的“材料”概念，即将那些没有写进文章中去的大量原始材料（即素材）叫材料，同时，将经过作者选择、集中、加工、提炼、写入文章中去的那部分材料（即题材）也叫作材料。

在财经应用文写作中，有时还使用“资料”这一概念。资料指作者在写作过程中用来参考和引用的各种材料，以及专为工作、生产、学习和科学研究等实际需要而搜集、编写的有关材料。资料常在调查报告、经济简报、经济理论研究和各种经济信息文章中使用。

（二）材料的作用

1. 材料是写作的基础

材料是构成文章内容的物质基础，是一切写作活动的前提。

“巧妇难为无米之炊。”材料充实精当，才能脍炙人口、扣人心弦。如果没有材料或材料很少，文章必然言之无物。大量地占有材料，是古今写作经验中最基本、最重要、最需要掌握的一环，再加上懂得写作方法和技巧，才能使写出来的东西言之有物，合乎客观的要求。

2. 材料是形成主题的前提

材料和主题同属于文章内容，但主题从材料中形成，材料是引发感受、提炼观点、形成主题的前提。只有从所占有的全部材料中对其内涵本质进行深入挖掘，领悟其深刻的意义，才能形成有价值的主题。

3. 材料是表现主题的支柱

《论衡》云：“人之所以生者……血脉也。”没有“血肉”，再好的主题也是“游魂”。没有材料的支撑，主题根本无法树立；没有恰当的、能够说明问题的材料，主题即使树起来了也立不牢固。

观点和材料的有机统一，是对文章的一个根本要求。毛泽东同志曾批评：“把材料和观点割裂，讲材料的时候没有观点，讲观点的时候没有材料，材料和观点互不联系。”财经应用文写作反对架空议论、虚而不实；要求应用典型、生动、有说服力的材料来证明观点、表现主题，写出观点和材料有机统一的好文章。

二、材料的分类

（一）按材料的来源划分，可分为直接材料和间接材料

直接材料是撰写者亲自获取的第一手材料。它来源于撰写者的切身感受，大多是带有典

型意义的材料。如果撰写者善于辨别真伪，它同时也是最可靠的材料，具有很强的说服力。间接材料是撰写者收集的二手资料，如通过听取介绍，查阅文件、报表、报刊、书籍等获取的资料。间接材料的范围比直接材料更为广泛，包括具体事实、基本情况、数据、理论、法律以及党和国家的方针、政策等。

（二）按材料的内容划分，可分为典型材料和综合材料

典型材料是指一般材料所不具备的、富有特征、最具代表性、最能概括和揭示事物本质的材料。因其取整体事物的一点，又称为点上材料。典型材料细致具体，有利于反映事物的深度。综合材料是事物的整体概貌，又称为面上材料。综合材料概括性强，适宜表现事物的广度。

（三）按材料的性质划分，可分为正面材料和反面材料

任何事物都有正反两个方面，写作时只有占有正反两方面的材料，才能正确地反映事物的本来面目。正面材料可以成为解决实际问题的正面的事实依据；反面材料既可以是需要克服的某种错误的倾向，又可以是解决某个问题时应防止的偏差，求得对事物的全面认识，防止片面性和简单化。

还有一些划分材料的角度，如按材料的时间分为历史材料和现实材料；按材料与主题的关系划分，可将材料分为背景材料、主要材料和比照材料；按材料的属性划分，可将材料分为广义材料和狭义材料。

三、选择材料的原则

（一）紧扣主题

主题是选材的依据。材料是服务于主题的，在选择时要根据主题的需要来决定材料的取舍。只有选择那些最能说明、表现主题的材料，才能突出主题。凡是与主题关系不大甚至无关的材料，哪怕极为生动，都要坚决舍弃。否则，材料芜杂，罗列过多，反而会淹没主题。同时材料太少也难以支撑主题。正如刘大櫆在《论文偶记》中所说：“譬如大匠操斤，无土木材料，纵有成风尽垩手段，何处实施？”

（二）真实准确

选材真实准确是财经应用文具有说服力和解决问题的保证。所谓真实，是确有其人、其事，时间、地点、事例、数据甚至细节，都是经过核查的，没有夸大和缩小，更不能随意编造，而是如实地反映事物的本来面貌。所谓准确，是说所选用的材料经过精心鉴别，是客观而非主观、是必然而非偶然、是主流而非支流、是本质而非现象的材料，文章中的引文、数字都准确无误，经得起任何检验，在本质上能反映财经活动的真实可靠。

（三）典型新颖

选材时要注意其典型性。典型材料能小中见大、以一当十、以少胜多，使道理具体化、过程形象化，有很强的说服力。选用的材料新，思想内容才能新，文章也才能生动活泼、富有魅力、为读者所喜闻乐见。

四、材料的使用

财经应用文必须使用事实材料和理论材料来证明行文的主张、目的的正确性和科学性，并使之具有说服力，既言之有物，又言之有理。总的来说，财经应用文材料的使用要“精”，做到起因、背景、结果等详写，经过过程略写，力求做到有主有次、有详有略、疏密相间、配置匀称。

（一）安排材料的主次顺序

对搜集、选择的材料，按照行文的需要进行分类排队、有序安排。深入现场，通过亲自调查、亲历亲见、借用知情者的见闻等获得第一手材料，在使用时尽量“前靠”；利用图书馆、网络等渠道检索阅读获取的间接材料，位列“后排”。事物的实质材料，要“君”用；事物的表现材料，要“佐”用。用综合的、概括的“面”上材料反映一般情况；用典型事实、统计数据等“点”上的材料说明个别情况。事实的起因、背景、结果等材料要详细使用；经过过程方面的材料一般情况下要“撮要”使用。

（二）确定材料的详略程度

详，是指周详细密，要求尽量使用各方面材料，从不同角度反映财经活动。如工作报告、总结等就可以用综合材料反映全貌，用具体材料反映特征，运用多种材料从不同角度说明取得的成绩、存在的问题。略，是指简洁明了，要求用尽可能简洁的材料来说明问题。注重材料的“剪裁”，做到能略则略，能用一句话说清楚的问题，绝不多说一句。要根据主题的需要来确定材料的详略，并做到详略得当。表现主题的材料宜详，偏离主题的材料宜略；中心材料宜详，次要材料宜略；典型新颖的材料宜详，尽人皆知的材料宜略；“点”上的材料宜详，“面”上的材料宜略。

（三）使用比较和对比性的材料

有比较才有鉴别。财经应用文在说明情况、叙述事实时常常使用对比性的材料。比如正反比较，今昔比较和新旧比较，先进与落后比较，计划目标与实际完成比较等。通过使用纵、横向比较和与“异类”性质事物的对比来说明主题，反映情况的发展变化，揭示事物的差异，说明事物的必然性和紧迫性，使主题更突出，说服力更强。

第三节　财经应用文的骨骼——结构的安排

一、结构的内涵与作用

（一）结构的含义

“结构”本为建筑学术语，是指建筑的骨架或内部构造，后被借用来指文章的组织和布局。所谓结构，是指文章的内部组织构造，也就是文章组织、安排内容的具体方式，通常称之为谋篇布局。结构实质上是如何恰当地组织材料的问题。

文章的结构一般可分为宏观结构和微观结构。宏观结构即文章的总体构思、整篇设计、大体框架；微观结构即文章结构的具体内容，包括标题、开头、主次、段落、过渡、照应、结尾等。

（二）结构的作用

第一，结构是文章内容赖以充分表现的重要手段。中国古典文论中对文章提出的基本要求是“有物有序”。“物”指文章要有真切、实在的内容；“序”指行文要有条理层次，结构要清晰严谨。结构对主题的表现和内容的表达犹如人体的骨骼，只有具备了坚实、匀称的骨骼，灵魂才有所寄托，血肉才有所依附；只有找到恰当、完美的结构形式，才能将纷繁杂乱的材料按表现主题的需要串联、编织起来，组成一个和谐、统一的有机整体，写作意图才能得以实现。

第二，结构好坏直接关系到文章的成败优劣。文章确立了主题，选定了材料，解决了“写什么”的问题，还要进一步考虑“如何写”的问题，即如何将文章的内容有条不紊、周密完整地表达出来。如果内容杂乱无章、支离破碎，那么，再好的主题也会被湮没，再好的材料也会被糟蹋。所以，结构的好坏，直接关系到文章的成败优劣。只有精心构思，文章才能成为匀称、平衡、有机的整体。谋篇布局的高下，乃是作者驾驭篇章水平的反映。结构好的文章，思路畅通、条理清晰、主题突出、材料精当、分析透辟、论证周严，有很强的说服力和感染力。犹如北京的“鸟巢”“水立方”，给人以整体美。结构不好的文章，则思路不畅、主题游移、逻辑混乱、材料失当、层次不清、论证软弱无力，缺乏说服力和感染力。

二、结构安排的原则和特点

（一）结构安排的原则

1. 服从主题的需要

主题是统帅，结构必须为主题服务。财经应用文的结构，要有助于突出主题，能够使主题突出的结构才是好结构。这主要表现在财经应用文的写作规范上。它一般在标题和开头点明主题，再围绕主题安排分几个层次构思小标题的“设计”，安排哪些材料先写、哪些材料后写、哪些材料略写、怎么过渡、如何呼应和结尾。

2. 体现不同的文种特点

财经应用文的文种繁多，因其使用的范围、条件、对象的不同，结构形式也会有所不同，不能随意混用。比如，公文、仲裁文书等有固定的、法定的格式，不能随意变动。比如，同是公文类的会议文书，决议反映的是经过会议讨论，按照法定程序表决通过以后的重大问题；决定是经过会议讨论通过的就某一具体问题做出的规定或某项重大事项做出的安排；纪要中的问题不必是重大问题，也不要求会议讨论通过后成文，凡是会议的主要情况、议定事项，都可写入纪要。

3. 符合科学规律

人类的财经活动、财经现象等客观事物，都有着自身发展、变化的规律。财经应用文的结构安排，必须遵循、总结这些规律，反映客观事物固有的内在联系，这样写出的文章才具有科学性。

（二）结构特点

1. 程式化

财经应用文是有规范体式和法定效力的文书，大都具有相对稳定的惯用格式。这些格式，有的是国家或相关职能部门制定并强制执行的，其格式和行文程序有规范化要求，不允许随意改动。如行政公文的规范格式具有很强的法定效力，必须遵循《党政机关公文处理工作条例》规定的公文的文面格式。而一些事务性公文的格式是在长期写作实践中形成的惯用格式。比如财务分析报告一般由标题、引言、主体（概括、说明、分析、评价、建议）、结论、落款等组成。

2. 条款化

即将内容进行整理归类，分条列项地逐条加以陈述说明。不少财经应用文采用条款式结构形式，这类财经应用文的正文部分，有的先总说，然后分条列项说明；有的第一条是开头，最后一条是结语，干净利落，条款脉络清晰，有效避免了连篇累牍。例如，经济合同、办法、章程、制度、守则等，常常采用这种结构方法。毛泽东在 1946 年 10 月 1 日写的《三个月总结》，开篇至结尾共 19 条，第 1 条点明“我们是能够战胜蒋介石的”主题，中间诸条则详细地总结了 1946 年 7 月～9 月的战争经验，提出了以后的作战方法、作战任务等问题，第 19 条提出要求。《三个月总结》开创了“总结”文种条款式写法的先河。

3. 图表化

计算机技术及互联网的发展，助推了应用文写作中的图表化趋势。图表，包括图和表。图即图形，如线形图、柱状图、条形图、饼状图等。表即表格。图表化是将财经应用文的一些内容、项目等用图形、表格来表现的一类结构样式。这种结构表现形式简洁明了，内容清晰，可以将十分复杂的内容、数据等形象直观地展现出来，是比较常用的格式，常作为反映、分析经济活动的重要手段、依据和凭证。采用图表化结构方法，若内容较繁、图表数量较多，要注意图表的多样性。以计算机为载体的云计算、大数据及一些制图软件等，为图表在财经应用文中的使用提供了便利。

三、结构的具体内容

财经应用文写作结构的具体内容与一般文章大致相同，包括标题、开头和结尾、层次和段落、过渡和照应、主次和详略等，也即文章的微观结构。

（一）标题

标明全文名称的，即标题，又称题目。“题好一半文”。标题是整篇文章的代表，关系到一篇文章的精神、格调。好的标题有画龙点睛之功效。对标题的基本要求是：贴切、鲜明、简洁、生动。除经济消息有多行标题（包括主标题、引题和副题）外，财经应用文一般为双标题和单标题，也有的在各部分行文中列有小标题，这一般适用于头绪多、篇幅长的文章。有些财经应用文对标题的字数有限制。如经济论文的标题，要求不能超过 20 个字。

（二）层次和段落

人们通常把总体上安排文章内容的次序、展开文章思路的步骤叫做层次。层次也叫“意义段”“逻辑段”或者“部分”“大段”“章”“节”等。作为结构单位，它仅次于“篇”，在它之下可以有若干不同等级的子层次。

层次的安排并无固定的模式，要依据文章的内容和性质来决定。层次的划分不是随意的，层次与层次之间必须按一定的顺序排列，必须具有某种逻辑关系。财经应用文的层次一般有四种：并列式、递进式、总分式、综合式。

段落是文章中思想内容最小的、可以独立的基本结构单位，它以换行、提头、空格为明显标志，通常称其为“自然段”或“语段”，它是构成层次的基础。划分段落主要是为了表示文章意思的间歇或转换，使文章的层次结构醒目、明晰，便于读者阅读和理解。

层次与段落有明显的区别。层次侧重于内容的划分，作者行文时有时并不标明它的起止，需要读者通过阅读和理解来划分。段落侧重于文字形式的表现，它是作者在行文时由于转折、强调、间歇等情况造成文字停顿，有明显的换行另起的标志。

（三）过渡和照应

过渡和照应是使文章前后贯通一气、转承衔接、形成有机整体的重要手段。巧设过渡和照应，可使文章结构严谨、文脉顺通。过渡，指各层次、各段落之间的衔接和转换。文章在内容转换、表达方式变动、意思转变时都需要过渡。过渡能够把读者的思路顺利地由一段意思，或由一层内容过渡到另一层内容，使财经应用文层次、段落清晰，结构严谨、厚实。过渡的形式有多种，通常采用“过渡段”“过渡句”和“过渡词”（多为关联词语）交替使用的形式。在财经应用文写作中还常用“文字过渡表格搭桥式”来过渡，即作者将表述内容以及观点的文字与各类表格穿插起来使用。

照应又称伏应，指文章中上下之间的相互照看、前后呼应，即通常所说的“前有所呼，后有所应”的结构方法。照应的方法有首尾照应、文题照应、文中照应等，也即开头与结尾照应、正文与标题照应、文章前后内容照应（又称前伏后垫）。

（四）开头和结尾

开头与结尾是文章结构的重要内容，由于它们在文章中处于特殊位置，具有特殊作用。人们历来重视开头和结尾，元代乔梦符就提出了“凤头、猪肚、豹尾”说。文章开头常见的有“开篇入题”和“形象导入”两种形式。财经应用文多采用“开篇入题”式，即开门见山，起句发意。有些财经应用文也用迂回的“形象化”法来开头，这多用于经济新闻、广告、调查报告等文体的写作。结尾手法常见的有：揭示主题，画龙点睛；总结建议，提炼升华；指明方向，提出希望；提出请求，祈请指示；自然收尾，含而不露；篇末提问，发人深省等。而财经应用文的结尾要特别注意意尽言止，简洁干脆，但又不可草率收尾而损害全文的整体性。有些言之已尽、不需要结尾的，切忌画蛇添足。

第四节 财经应用文的细胞——语言的表达

一、语言

（一）语言及语体

1. 语言

语言是人类特有的交际工具，是一切思想的直接显示，是使文章内容得以完美表达的文字符号。财经应用文的语言是写作者与受文对象之间交流思想、传递信息的媒介和工具，是进行财经活动思维的直接体现，是表达主题、说明事理、解决理论与现实问题、构成财经应用文的物质形式。

从语言特点与构成角度讲，财经应用文具有典雅的语言特点。曹丕《典论·论文》曰：“奏议宜雅。”陆机《文赋》云：“奏平彻以闲雅。”财经应用文还具有“直笔”，即直言其事的语言特点，常开门见山、直入主题、叙事简明。语言的组合构成则有多元化的特征，如术语多、数字多、图表多等。

财经应用文的写作，要注重不断汲取富有时代特色的新鲜的语言，如《人民日报》吸收网络语言“给力”。同时，要主动跟进“数字化发展”趋势。

2. 语体

语体是指在特定语言环境制约下形成的言语特色的综合体现，分为口头语体和书面语体。

财经应用文写作的文体多种多样，使用较多的是书面语体；但在财经调查报告、财经通讯、财经人物专访、财经简报和财经总结中，为了写群众的反映和思想动向，或为使所报道的人物、事件逼真传神，有时也要用到口头语体。

财经应用文写作中，公文使用规范、准确、质朴、简洁的政策性语体；而使用得最多、最经常的是事务语体。事务语体是在党政机关、人民团体、企事业单位以及人民群众之间相互处理事物的一种语体。各种事务语体的共同特点是：有明确的指向行文对象和适用范围；在长期使用的过程中，形成了规范的行文格式；有一套固定的专用词语和习惯用语；用词力求明晰、准确，避免发生歧义和误解，一般采用较稳定的单义词的本义和基本义，不用多义词和词的引申义、比喻义，慎用或不用口头语、俚语和方言；句式要求周密、严谨和简练，合乎语法规范；以切合实用为目的，不追求文辞的华丽优美，不使用带有强烈主观色彩的描绘性的修辞；表述的事务、事由都比较具体，讲究时间性、时宜性和时效性，要求写、发、办都要快捷及时。财经论文、财经工作研究等使用的是精确性、严谨性、术语性的人文科学语体。此外经济评论和少数带评述性的经济通讯使用的是政论语体。财经消息、财经通讯、财经人物专访等使用的是新闻语体。

在财经应用文写作的具体文种中，通常是只用一种语体，使文章顺畅通达；或以一种语体为基础，同时有选择地兼用其他语体，这样，既可以保持全文的和谐统一，又可以使文笔自由灵活。

（二）运用语言的基本要求

1. 准确清晰

财经应用文的生命在于它的可信性与真实性。所谓准确，就是精选最确切、恰当的词语，如实地反映客观事物，贴切地表达作者的思想感情。所谓清晰，则是表达要条理清楚、意思明白，力求"文能达意"。要做到准确清晰，就要对所要表现的事物和要说明的事理有着清楚、具体的认识，对它的性质、特征以及与其他事物、事理的联系了如指掌；要认真辨析词义，否则，就会用错词或用词不当；要把握好词语的分寸，认真区分某些表示分寸的词语在时间、范围、主次、程度、条件、数量等方面的差别，所引用的数据要反复核实，绝对准确；还要注意词语的感情色彩，不仅要体会、揣摩词的褒贬意义，而且要琢磨其轻重和语境。

2. 简明平实

简明就是简洁明了、明快。刘知几在《史通·叙事》中说："盖作者言虽简略，理皆要害，故能疏而不遗，俭而无阙。"就是说要用尽可能少的字、词、句表达尽可能丰富的内容，言简意赅即"文约而意丰"。财经应用文写作是用来办事的，应力求简明，增加信息密度。平实即平易朴实、质朴无华、通俗易懂。

3. 得体恰当

应用文不同的行文方向，体现着写作主题和受体之间不同的关系，或有隶属关系，或是平级、不相隶属关系等。谦恭性的语言，用语礼貌、恭敬、谦虚、恳切、简要，体现出对上级机关的尊重和负责态度，适用于礼仪文书和私人信函、下级对上级的报告和请示中；商榷性、和谐性的语言，语气平和沉稳、不卑不亢，体现出诚恳合作、协商共事的愿望，适用于简报、计划、总结、纪要、函等；规约性语言，既不同于商榷性语言那样有一定的回旋余地，也异于指令性语言那样过于强硬而给人以被动的感觉，分寸感的把握是关键；指令性语言，语气居高临下、毋庸置疑，没有讨价还价的余地，体现出领导机关的权威和政策水平，不能模棱两可，在规章类文书中表现得最为经典。此外，在命令、指示、决议中也常使用指令性语言。如："遵照"多用于上行文，"准予"多用于下行文，而"为荷""是荷""恳请"则多用于平行文。

二、语言的表达方式

（一）表达的含义及种类

表达方式也称表达、表现手段，古人称之为"笔法"，是指作者运用语言，反映社会经济生活和思想感情，实现写作目的的手段及方式。在长期的写作实践中，人们创造和积累了丰富的表达方式，并在不断地发展和更新。表达方式犹如人的外部表情和衣饰装扮，与人内在的综合素质有直接联系。比如钢材、水泥、砖石等同样的建筑材料，在不同的建筑设计师手里，就会有奥运会场馆"鸟巢"、加拿大的"梦露"等不同的建筑风格。正如日本作家小林多喜二指出的那样："即使是相同的主题，使用同一的题材，以同一的结构进行写作，但在叙述以及描写的过程中，由于叙述或是描写的技巧、技术的不同，写出来的东西，给人艺术上的感受，仍将是大大不一样的。"可见，表达方式对写作非常重要，它是衡量写作水平的重要标志之一，是增强文章表达效果不可缺少的手段。

财经应用文写作的常用表达方式有叙述、议论和说明三种。

1. 叙述

叙述，就是把人物的经历、言行和事物发生、发展、变化的过程表达出来的一种方式。在财经应用文写作中，叙述主要用来介绍情况、交代问题、说明原委。

叙述的人称根据实际情况，可以使用第一人称，如报告、请示、计划；可以使用第二人称，如批复；也可以使用第三人称，如纪要、调查报告等。但使用频率较高的是第一人称和第三人称。叙述一般包括人物、事件、时间、地点、原因、结果六要素。叙述的方式可分为总叙和分叙、详叙和略叙、直叙和间叙，按其手法又可分为顺叙、倒叙、插叙、补叙、平叙、环叙等。无论使用何种叙述方式与手法，对叙述的基本要求是：一要交代清楚，线索分明；二要抓住本质，突出重点；三要详略得当，富于变化；四是常使用强调语。强调语是一种带有强调性意味的修辞，是下行文和法令性公文经常使用的，强调语大多是副词、能愿动词，如“必须”“应当”“要”等，以增强语言的权威性、严肃性。

2. 议论

议论，就是通过事实材料和逻辑推理来阐明事理、发表意见、提出措施、表明观点的表达方式。议论是通过概念、判断、推理、论证、反驳等逻辑形式进行的，包括论点、论据、论证“三要素”。论点即回答“是什么”，是作者对所论述的问题提出的主张、看法和表达的态度，它是议论全过程的统帅，必须正确、鲜明；论据即回答“为什么”，是用来证明论点的证据和理由，分为事实论据和理论论据，要求确凿、典型、充分；论证即回答“怎么样”，就是用论据来证明论点的过程，要求严密、合理。论证的方法多种多样，主要有立论和驳论两种。立论主要运用归纳、演绎、例证、引证、喻证、比较法、因果归纳论证等办法；驳论可反驳论点，也可反驳论据和论证，有直驳法、反证法、归谬法等。对议论的基本要求是：观点正确鲜明、论据充分、论证符合逻辑。

3. 说明

说明是以言简意赅的文字客观地解说事物、剖析事理和介绍对象，使读者了解、认识、意会的一种表达方式。说明的目的是教人以知、导人以用。说明的顺序主要有以时间为序、以空间为序和以逻辑关系为序。说明的方法有介绍说明、定义说明、解释说明、分类说明、比喻说明、形象化说明、举例说明、比较说明、引用说明、数字图表说明等。对说明的基本要求是：态度客观、抓住特征、条理清晰、语言平实、通俗易懂。

（二）各类表达方式的具体运用

一般来说，财经写作的各种实用文体都要用到叙述，说明、议论也用得较为广泛，而描写和抒情却较少使用。有人将其概括为：叙述的普遍性，说明、议论的常用性，描写、抒情的慎用性。同文艺创作和其他文章相比较，财经写作在运用各种表达方式时，又呈现出自己鲜明的特点。

1. 叙述在财经写作中的运用

财经写作的各种文体都少不了叙述事实，有的以所叙述的事实作为立论的根据，如财经论文、报告、总结等；有的依据所叙述的事实做出决策或预测，如财经分析报告、市场调查报告、市场预测报告等；有的用叙述的事实作为起草、商定契约的根据，或直接以事实作为记载凭证，如协议书、合同、纪要、经济仲裁文书等。

财经应用文多用概括叙述，一般不要求对某一事件作完整、全面、详细地叙述。叙述的重点是对客观事物的性质、状况、影响、结果的叙述。叙述表现为如下特点：如实地叙述事实，力求真实、确切，绝不允许夸大或缩小；多以直陈性的概括叙述为主，只在经济司法文书和财经公文中的请示、报告、通报等文体（文种）中用到具体叙述，但从大的方面看也是直陈性的。除财经消息外，大多采用顺叙的方式；文笔简练质朴，一般较少使用修饰性的词语。

2. 说明、议论在财经写作中的运用

财经应用文写作中的说明类文体，如经济合同、产（商）品说明书等，以说明的表达方式为主；财经应用文写作中的议论类文体，如财经评论、财经工作研究、经济论文等，以议论的表达方式为主。此外，在财经写作的其他实用文体中，也要经常用到说明和议论。财经应用文写作在运用说明这一表达方式时，一般只作纯客观、公正的介绍，做到概念明确、判断准确、顺序清楚、解释确切，切忌掺有主观的好恶和炫示性的夸饰；事实、数据一定要真实、准确，不可掺有“水分”；用得较多的为举例说明、分类说明、引用说明、数字说明和图表说明等，一般少用形象化说明的方法。

财经应用文写作在运用议论这一表达方式时，通常是简括性的，它以坚实的事实为基础，以法规、政策为依据，论证力求简明概括、就事论理、抓住重点、一事一议、不枝不蔓、点到为止。即在记述某人某事的基础上，画龙点睛地予以评价；或是在摆出某一经济现象后，精当地阐明其内在实质或意义；或是在叙述工作中存在的问题之后，简要地予以分析，并提出解决的办法和意见。议论的笔调多是论断式、评判式和总结式的，强调说理性、逻辑性和通俗性。

3. 其他表达方式的运用

描写和抒情是文艺创作的主要表达方式。在财经应用文诸文体中原则上对两者是排斥的，仅在财经信息、财经通讯、财经人物专访和财经广告中，才允许有节制地适当运用。

运用描写，通常是用白描手法，很少工笔细描，即抓住主要特征，以简练的笔触真切地加以描绘，一般不作过多地刻画和修饰。慎用抒情，运用抒情时应该是自然流露出真实感情，文字力求简洁，篇幅有所节制，切忌脱离文章思想内容大段抒发感情。

三、财经应用文的数字表达

量变引起质变。任何事物的发展变化都是数量与质量的交互变化，先从数量变化开始，最终达到质量的变化。在经济活动中，质量的判定往往还由数量来表现。比如，分析衡量一个企业经济效益，只有通过数量才能看清它的质量。数字虽然不像语言那样是一种主要表达工具，但在财经应用文中却是经常、大量使用的一种辅助工具，而且有使用得越来越多的趋势。财经应用文的数字就是用来进行定量、定性分析的工具，表现出事物的数量特征，达到准确解决实际问题的目的。

（一）数字的类别

第一，绝对数。绝对数又叫总量指标，是反映客观事物（包括社会现象）在一定条件（包括时间、地点）下总的规模和水平在数量上的表现。一个国家、一个地区的生产总值、人口总数、公共财政预算收入等都属于绝对数。

第二，相对数。相对数又叫相对指标。它是把两个绝对数对比以后得出来的数量指标。通过绝对数虽然能了解事物总的规模和水平但通过相对数能了解此事物与其他事物的联系，和事物发展变化的程度。相对数通常用倍数、百分数、千分数来表示，财经应用文普遍应用的是倍数、百分数。

第三，平均数。平均数是一种综合指标，亦称“平均指标”。它是反映同质事物一般水平的数量指标，如城镇居民人均可支配收入。

绝对数、相对数、平均数提供的基本上是一种静态的分析。在反映事物发展变化，了解其发展规律、发展趋势时，往往需要把上面几种数字结合在一起，从动态方面加以分析，形成动态数列（即按时间顺序把一系列统计指标排列在一起）。

（二）数字的运用

1. 运用数字的基本要求

（1）全面性。为了全面说明问题，常常需要把绝对数和相对数结合起来使用，以避免片面性。例如，2010 年第二季度起，我国已超过日本，成为世界第二大经济体。2015 年，我国 GDP 已占全球 GDP 总量的近五分之一。但如果按人均计算，中国的人均 GDP 只有日本的七分之一。这就要求我们不能盲目乐观，要坚定不移地发展中国特色的社会主义，进一步加快我国经济建设的步伐。

（2）明晰性。有些情况，如果只用一种数字，就难以使人有清楚的了解，甚至产生怀疑。比如我国人口老龄化问题。2015 年年底，我国 60 周岁以上老年人口已达 2.4 亿，2025 年，将突破 3 亿。为此，我国必须加快发展养老服务业发展，不断满足老年人持续增长的养老服务需求。

（3）确切性。数字的准确，不仅仅是计算的真实无误，没有丝毫弄虚作假的地方，而且还要注意数据来源是否可靠、合理，以及计算方法是否正确。如国家统计局曝光的广东省中山市横栏镇统计造假事件。该镇编报 2012 年年报工业总产值 85.1 亿元，初步核实为 22.2 亿元，虚报 62.9 亿元。

2. 计算的技巧和方法

数字是比较枯燥的东西，为了提高它的表现力，扩大它的信息接受面，使其鲜明、易懂，常常需要加工换算。换算的方法很多，通常有以下几种。

（1）扩算法。有些现象从局部或当前来看并不怎么样，但如果扩展开来、发展下去就相当严重了。如地球每分钟在每平方厘米土地上能得到太阳输送的 2 卡路里的热量，对整个地球来说，每分钟太阳放出相当于燃烧 4 亿吨煤炭的热量，这些热量比全世界的总发电量高出几万倍。

（2）化小法，有的叫缩算法。有时数字太大，不但难于记住，而且很难把握。例如，某市针织厂年产袜子 31104000 双，很难记忆。但如果把它改成每秒钟产一双，就会给人以深刻的印象。

（3）比较法。比较是认识同类事物特征的常用方法。比较可分为纵比和横比。在反映事物发展变化时用纵比。如 2015 年 11 月，国家统计局公布，我国科技经费投入继续保持稳定增长。全国共投入研究与试验发展（R&D）经费 13015.6 亿元，比上年增加 1169.0 亿元，增长 9.9%；研究与试验发展（R&D）经费投入强度（与国内生产总值之比）为 2.05%，比上年提高 0.04 个百分点。按研究与试验发展人员（全时工作量）计算的人均经费支出为 35.1 万元，比上年增加 1.6 万元。

在反映事物之间的差距时用横比。比如我国 2015 年人均国民生产总值达到 49228 元。但若与同期发达国家如美国的人均国民生产总值做横向比较，则相差近十倍，可见差距之大。要想对事物有全面正确的认识，就应该把纵比和横比结合起来进行分析。比如就人均国民生产总值这个问题来说，用纵比可以看出我国发展速度相当快，用横比又可以看出我国生产力还比较落后。

（4）对比法。是拿“异类”的事物来相比的方法。如俗话说的“一文钱逼死英雄汉”，就价值很小的“一文钱”与价值很高的“英雄汉”对比，可以看出事情的严重性。这种对比要求两者之间有较大的差异性。例如，过去 10 年的经济增长，中国人口占世界的 20%，却耗用了 30%的资源，说明建设生态文明、构建节约型社会的重要性。这种对比要求两者数字相似，但性质却相反。

（5）形象法。数字不但比较枯燥，也比较抽象。数字太大就不容易了解大到什么程度，数字过小也不容易了解小到什么程度。为了使人容易把握，获得鲜明的印象，就常常需要将数字形象化。形象化的方法也是多种多样的，常用的有如下几种：

① 转化法。有些数字太大，人们难以想象，就转化成较熟悉的数字来说明。“我们距抬头可见的太阳，足有 1.5 亿千米。如果一个婴儿乘坐时速 200 千米的高速列车去太阳，到达时已经白发苍苍了，因为需要整整 86 年。人们如果乘坐时速 1400 千米的超音速飞机，也要连续不断地飞 12 年才能到达太阳。”

② 分化法。有些大的数字一下难以理解，就把它化成几部分，再把这几部分加在一起，人们也就容易获得清晰的印象。如在 2016 年 7 月国际超级计算机大会上，“神威・太湖之光”获评全球“运算速度最快的计算机”。“神威・太湖之光”全部采用中国国产处理器构建，是世界上首台峰值计算速度超过十亿亿次的超级计算机，其峰值计算速度达每秒 12.54 亿亿次，其一分钟的计算能力相当于全球 72 亿人口同时用计算器连续不间断地计算 32 年。

③ 计时法。具体的时间人们都较易掌握，因此，一些大的数字，如用具体的时间来计算，人们也就容易了解了。如国民党统治时期物价飞涨，从 1937 年至 1949 年上涨了 8.5 万亿倍，即原来一元钱一碗面涨到 8.5 万亿元一碗。如果用时间计算，那就可以这么说：“一秒钟数一元钱，不停地数下去，要数二十六万九千一百七十多年才数得完。”

④ 移用法。有些数字，仅从原来的情况看似乎算不了什么，但是如果换在别的地方，其严重性立刻就露出来了。如“中子星”全是由中子一个挨一个构成的，因此，它的体积虽小但质量却很大，密度就更大得惊人。“中子星”上一个核桃大小的东西，在地球上要用几万艘万吨巨轮才能拖得动。

（三）文字与数字的配合

文字与数字的配合要恰当。运用数字常常需要文字来配合，文字说明数字，数字佐证文字，否则，问题也不易说清楚。

1. 准确

首先，要弄清各类数字，如基数、序数、分数、小数、倍数、概数等用法及其区别，不能乱用、混用。如“二”和“两”，有相同之处又有不同之处。作为度量衡单位称数时，可以通用。如“二斤”或者“两斤”，“二尺”或“两尺”，怎么说都行。但“二吨”“二公里”，通常都说成“两吨”“两公里”；在读数字和在序数（“第二”）、分数（“二分之一”）、小数（“三点二”）中的“二”，都不能写成“两”；在量词前（“两个人”“两条路”）和概数中（“过两天”等于“过几天”，“吃两口”等于“吃几口”）只能用“两”，不能用“二”；在多位数中，百、十、个位用“二”，不能用“两”，如“二十二”“二百二十二”，而千、万、亿的前面，“两”和“二”可以通用，但如“四万二千”“三亿二千”，即千在万、亿后，一般多用“二”。其次，在说明数量的增加或减少时，一定要弄清是否把原数包括在内，否则就会导致错误。表示数量的增加时，有两种情况：一是在“提高、扩大、增加、增长、上升”之后，带上“至、为、到”等词，是包括原数说的，即说明是加上“增加数”后的“和数”。如“无线电厂彩电年产量由 5 万台增加到 30 万台，效率提高了 5 倍”。这“30 万台”就包括了“5 万台”的原数，而成为“和数”。二是在“增加”之后带个“了”字或不带任何字，则不包括原数，只是说增加了多少数目。如“无线电厂彩电年产量增加（了）25 万台，效率提高了 5 倍”。

表示数量的减少时，也有两种情况：一是在“降低、下降、减少、缩小”等词后面带上“至、为、到”等字，说明原数减去“减少数”后的差数。如“棉纺厂年产总值由 2 亿元减少到 1.8 亿元”。这 1.8 亿元就是从原数“2 亿元”，减去 2000 万元的“减少数”后得到的“差数”；二是在“降低”等词后带“了”或不带任何字，则说明后面数字是“减少数”。如前例就可说成：“棉纺厂年产总值减少了 2000 万元。”如果把“了”错写成了“到”，那就变成原来的 2 亿元只剩下 2000 万元，意思就完全不同了。

增加和减少都可以用百分比来说明，但倍数却只能用于增加，不能用于减少，说成“减少（降低）×倍”，就违背了事理。因为“倍”指的就是跟原数相等的数，某数的几倍，就是用那个数乘几。

2. 清楚

首先，数字的界限一定要划分清楚。任何数字都表明了数量的范围，在几个数字并列在一起时，为了不致使范围含混不清，常用“以上”“以下”等词语来给数字分界。使用“以上”“以下”等词语给数字分界时有三种情形：第一种，“以上”包括了本数，但常需“不到、不满、不足、小于、少于”等词同它配合。如“60 分以上为及格，不满 60 分为不及格”。第二种，“以下”不包括本数，但常需“满、够、大于、多于、超过”等词同它配合。如“满 60 分为及格，不满 60 分为不及格”。第三种，“以上”“以下”都排除本数时，则把本数单独写出。如“超产 20%或 20%以上获一等奖，超产 20%以下获二等奖”。其次，数字本来是文字的辅助工具，目的在于是把事物说得更清楚。使用时应忌数字滥用，一定要使用那些关键性的、能反映事物本质的、有助于阐明观点的数字。

同时，数字也需要文字的配合。

四、财经应用文的图表表达

一张好的数字图或数字表格可以包含大量的信息，同时又让数字一目了然。图表，包括图与表两大部分。其中表指的是表格。常用的图主要有饼状图、条形图、柱状图、线形图等。用表格和图形的形式来表达数据，比用文字表达更清晰、更简明，可以帮助人们发现其中的统计规律，为进一步的分析提供思路，在统计软件里，可以很容易的绘制各个变量的统计图形，包括条形图、饼状图和折线图等。随着计算机技术地快速发展，图表的大量应用已经成为常态。甚至在一些网站上，出现了“图解财经”“一张图看懂××××”的表达形式。

（一）列表法

1. 表格的含义

统计表是由纵横交叉线条所绘制的表格来表现统计资料的一种形式。表现数字资料整理结果的最常用的形式就是表格。

2. 表格的作用

列表法的作用表现在：一是用数量说明研究对象之间的相互关系；二是用数量把研究对象之间的变化规律显著地表示出来；三是用数量把研究对象之间的差别显著地表示出来。

3. 表格的分类

统计表的形式繁简不一，通常按项目的多少分为单式统计表和复式统计表两种。只对某一个项目的数据进行统计的表格，叫做“单式统计表”，也叫做“简单统计表”。统计项目在两个或两个以上的统计表格，叫做“复式统计表”。统计表按分组情况不同分为：简单表、简单分组表、复合分组表。简单表即不经任何分组，仅按时间或单位进行简单排列的表。通常是对调查来的原始资料初步整理所采用的形式。

4. 表格的制作

统计表一般包括总标题、横栏标题、纵栏标题、数字资料、单位、制表日期。总标题是指表的名称，它能简明扼要地反映出表的主要内容；横栏标题是指每一横行内数据的意义；纵栏标题是指每一纵栏内数据的意义；数字资料是指各空格内按要求填写的数字；单位是指表格里数据的计量单位。在数据单位相同时，一般把单位放在表格的左上角。如果各项目的数据单位不同时，可在表格里注明。制表日期放在表的右上角。各种统计表都可有“备注”或“附注”栏，以便必要时填入不属于表内各项的事实或说明。

统计表内容由主词和宾词两部分构成。主词是说明总体的，它可以是各个总体单位的名称、各个分组的名称。形式上表现为横行标题。宾词是说明总体的指标名称和数值的，形式上表现为纵栏标题和指标数值。

统计表示例（见表 2.4.1）。

表 2.4.1　　　　　　××服装公司××年销售统计表

填表时间：　　年　月　日　　　　　　　　　　　　　　　　　　　　单位：亿元

2015 年服装连锁上市公司营收排行

业态	排名	企业	营收（亿元）	增幅	净利（亿元）	增幅	门店数
运动服饰	1	安踏体育	111.26	24.70%	20.41	20.00%	7031
	2	李宁	70.89	17%	0.14		6133
	3	特步国际	52.95	10.80%	6.23	30.30%	7000
	4	361°	44.59	14.10%	5.18	30.20%	7218
男装	1	雅戈尔	145.05	-8.79%	43.96	39.01	
	2	中国利郎	26.89	10.53%	6.25	12.70%	2985
	3	红豆股份	26.51	-6.73%	0.86	31.38%	775
	4	七匹狼	24.86	3.99%	2.73	-5.43%	
休闲装	1	森马服饰	94.54	16.05%	13.49	23.53%	3477
	2	美邦服饰	62.85	-5%	-4.31	-396%	
	3	佐丹奴	45.08	-3%	3.57	4.00%	2371
	4	搜于特	19.83	51.84%	1.94	57.47%	

5. 注意事项

由于研究目的、统计数据特点及个人偏好的差异，统计表在形式上和结构上会有较大的差异，但其基本设计原则和要求是一致的。在统计表的设计过程中不仅要遵循科学、实用、美观的原则，还应注意以下几点：

（1）统计表一般为横长方形，上下两端封闭且为粗线，左右两端开口。一般来说，应尽量避免使用大于 5×5 的表格，即多于 5 行或 5 列的表格。

（2）统计表栏目多时要编号，一般主词部分按甲、乙、丙等编号，宾词部分按“（1）、（2）”等次序编号。

（3）统计表总标题应简明扼要，符合表的内容。

（4）主词与宾词位置可互换，各栏排列次序应以时间先后、数量大小、空间位置等自然顺序编排。

（5）计量单位一般写在表的右上方或总栏标题下方。

（6）表内资料需要说明解释部分，如注解、资料来源等，写在表的下方。

（7）填写数字资料不留空格，无数字的空格用符号“—”表示，当缺乏某项资料时用符号“……”表示，以免被误认为漏项，表内还应列出合计数，便于核对和运用。

（二）图解法

1. 图形的含义与特点

一般说来，用图形来显示频数分布比统计表更形象、直观。图形是根据统计数字，用几何图形、事物形象和地图等表示的各种图形。它具有直观、形象、生动、具体等特点。图形可以使复杂的统计数字简单化、通俗化、形象化，使内容、数据一目了然，便于理解和比较。随着计算机技术地不断发展，图表制作越来越便捷、多样、美观，不少网站出现了“数读”“图说”模式。因此，图形在财经应用文写作中占有重要地位，并得到了广泛应用。

2. 图形的分类

图形的类型有很多，而且随着计算机技术的发展日趋丰富多样。常用的主要有：条形图、扇形图、折线统计图、曲线图、雷达图、直方图等。

3. 图形的制作

下面主要介绍条形图等五种统计图形的绘制方法：

（1）条形图。又称直条图，表示独立指标在不同阶段的情况，有二维或多维。用一个单位长度（如 1 厘米）表示一定的数量，根据数量的多少，画出相应比例的直条，并按一定顺序排列起来，这样的统计图，称为条形统计图。条形统计图可以清楚地表明各种数量的多少。条形图是统计图资料分析中最常用的图形。按照排列方式的不同，可分为条形比较图和条形结构图。条形统计图的优点是：①能够使人们一眼看出各个数据的大小；②易于比较数据之间的差距；③能清楚地表示出数量的多少。

条形图示例（见图 2.4.1）。

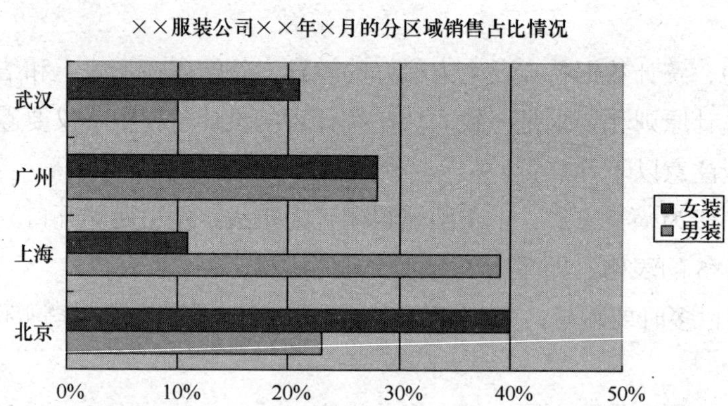

图 2.4.1

（2）扇形图。描述百分比（构成比）的大小，用颜色或各种图形将不同比例的数字表达出来。以一个圆的面积表示事物的总体，以扇形面积表示部分占总体的百分数的统计图，叫做扇形统计图，也叫做百分比比较图、饼状图。扇形统计图可比较清楚地反映出部分与部分、部分与整体之间的数量关系，具有利于显示每组数据相对于总数的大小的特点。

扇形图示例（见图 2.4.2）。

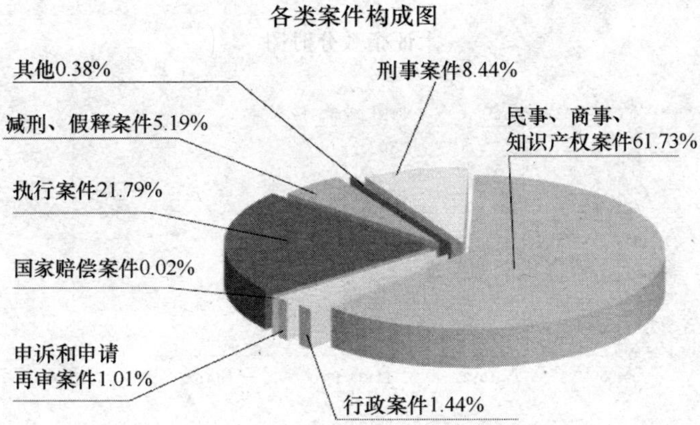

图 2.4.2

（3）折线图。用线条的升降表示事物的发展变化趋势，主要用于计量资料，描述两个变量的关系。

以折线的上升或下降来表示统计数量的增减变化的统计图，叫作折线统计图。与条形统计图比较，折线统计图不仅可以表示数量的多少，而且可以反映同一事物在不同时间里的发展变化的情况，在生活中运用的非常普遍。虽然它不直接给出精确的数据，但只要掌握了一定的技巧，熟练运用“坐标法”也可以很快地确定某个具体的数据。

折线图示例（见图 2.4.3）。

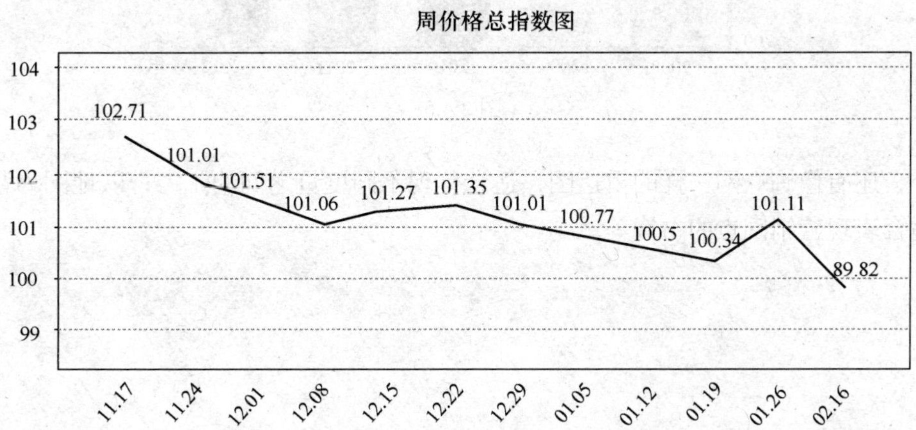

图 2.4.3

（4）曲线图。曲线图常用于显示趋势。

曲线图示例（见图 2.4.4）。

（5）直方图。用矩形的宽度和高度（即面积）来表示频数分布的图形。直方图又称柱状图、质量分布图，是表示资料变化情况的一种主要工具和统计报告图，由一系列高度不等的纵向条纹或线段表示数据分布的情况，可以从中解析出数据的规律性。一般用横轴表示数据类型，纵轴表示分布情况。

上证指数分时图

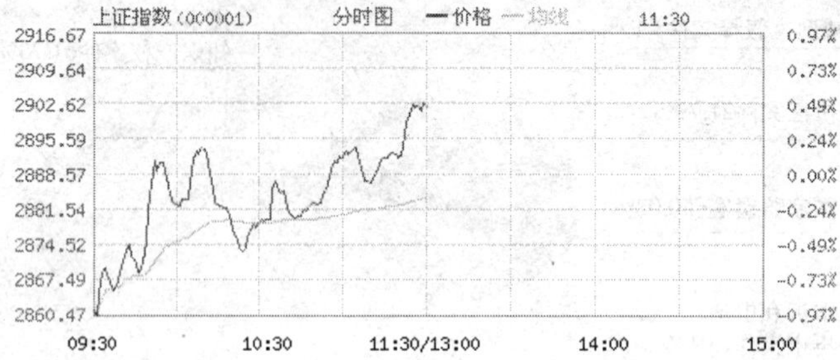

图 2.4.4

直方图示例（见图 2.4.5）。

5年审执结案数量图

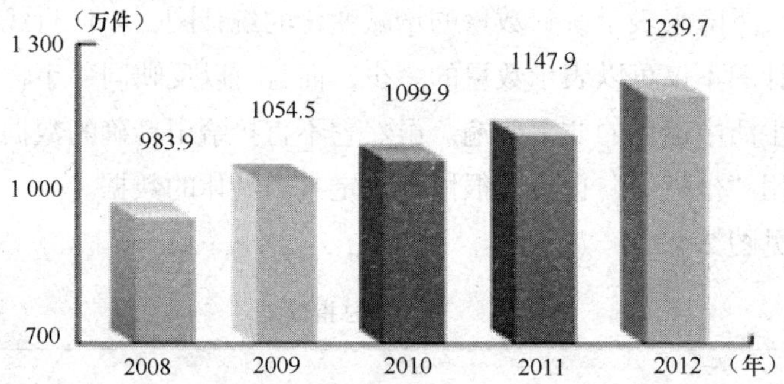

图 2.4.5

此外，还有像蜘蛛网一样的雷达图，适合体现不同度量之间的张力；以地图为背景的星点图，适合表现营销网点的布局等。

第三章
财经公文概述

第一节 财经公文规范体式

党政机关公文是党政机关实施领导、履行职能、处理公务的具有特定效力和规范体式的文书。党政机关公文是传达贯彻党和国家的方针政策，公布法规和规章，指导、布置和商洽工作，请示和答复问题，报告、通报和交流情况的重要工具。通知、通报、报告、请示、批复、意见、函和纪要等文种，是在经济领域中应用广泛的公文，因而可称之为财经公文。

财经公文不仅为党政机关所用，也为依法成立的企事业单位、社团组织所用。财经公文的收发由专门的文秘部门（如办公厅、秘书处、办公室等）负责办理。财经公文与一般文章有很大的区别，下面分别从文种、行文规则等方面阐述财经公文的特殊要求。

一、文种种类

2012 年 4 月 16 日，中共中央办公厅、国务院办公厅颁布，于 2012 年 7 月 1 日起实施的《党政机关公文处理工作条例》中规定的十五种公文文种如下。

1. 决议

适用于会议讨论通过的重大决策事项。如《中国共产党第十八次全国代表大会关于十七届中央委员会报告的决议》。

2. 决定

适用于对重要事项做出决策和部署、奖惩有关单位和人员、变更或者撤销下级机关不适当的决定事项。如《中共中央关于推动文化大发展大繁荣的决定》。

3. 命令（令）

适用于公布行政法规和规章、宣布施行重大强制性措施、批准授予和晋升衔级、嘉奖有关单位和人员。如《中华人民共和国国务院令》《××省人民政府令》《国务院中央军委关于授予钱学森同志国家杰出贡献科学家荣誉称号的命令》。

4. 公报

适用于公布重要决定或者重大事项。如《中国共产党第十八届中央委员会第六次全体会议公报》《××××年山东省国民经济和社会发展统计公报》。

5. 公告

适用于向国内外宣布的重要事项或者法定事项。"公告"的行文方向是面向国内外或者加上"且"，必须通过媒体公开发布的重要事项或者法定事项。如《中华人民共和国财政部公告》《全国第六次人口普查公告》。

6. 通告

适用于在一定范围内公布应当遵守或者周知的事项。"通告"的行文方向是面向社会公众公开发布，可以媒体的方式进行张贴和传播。如《××区人民政府兵役登记通告》。

7. 意见

适用于对重要问题提出见解和处理办法。用于指导下级工作或向上级机关提出建议。如《国务院办公厅关于金融支持经济结构调整和转型升级的指导意见》。

8. 通知

适用于发布、传达要求下级机关执行和有关单位周知或者执行的事项，以及批转、转发公文。用于批转下级机关的公文，转发上级机关和不相隶属机关的公文，传达要求下级机关办理和需要有关单位周知或者执行的事项等。

9. 通报

适用于表彰先进、批评错误、传达重要精神和告知重要情况的事项。各级行政机关均可使用。表彰先进，如《山东省人民政府关于表彰全省矿业秩序治理整顿工作先进单位的通报》。批评错误，如《国务院办公厅关于四川山东两省部分市（县）乱收集资乱收费问题的通报》。告知重要情况，如《××市教育局关于 2016 年全市高中招生情况的通报》。

10. 报告

适用于向上级机关汇报工作、反映情况和回复上级机关的询问。如《国家税务总局关于落实涉农税收优惠政策促进农民增加收入情况的报告》。

11. 请示

适用于向上级机关请求指示、批准。如《××省人民政府关于增拨防汛抢险救灾物资的请示》。

12. 批复

适用于答复下级机关请示事项。用于对下级机关的请示事项的答复。如《国务院关于同意设立“文化和自然遗产日”的批复》。

13. 议案

适用于各级人民政府按照法律程序向同级人民代表大会或者人民代表大会常务委员会提请审议事项。议案的行文方向只对人民代表大会及其常务委员会。如《国务院关于提请审议兴建长江三峡工程的议案》。

14. 函

适用于不相隶属机关之间商洽工作、询问和答复问题、请求批准和答复审批事项。不相隶属机关之间商洽工作，如《吉林省人民政府关于请对虎滩海滨花园项目建设给予支持关照的函》(吉林省人民政府致函大连市人民政府)。

15. 纪要

适用于记载会议主要情况和议定事项。如《国务院物价小组会议纪要》。

二、行文规则

《党政机关公文处理工作条例》规定的十五种公文文种，选用时主要依据发文机关的职权、层级、行文目的、隶属关系来确定，其中隶属关系和职权范围至关重要。隶属关系和职权范围决定着行文关系，行文关系决定着行文方向，行文方向决定着文种的选择和使用。

(一)隶属关系

《党政机关公文处理工作条例》规定，“行文关系根据隶属关系和职权范围确定”。通常情况下，党政机关之间的关系可分为四种类型：一是领导与被领导的关系，即处于统一组织系统的上下级机关之间，如国务院与其所属各部委的上下级机关之间，国务院与各省、自治区、直辖市政府；二是指导与被指导的关系，即处于同一专业系统的上级主管业务部门与下级主管业务部门之间，如财政部与各省、自治区、直辖市的财政厅，省教育厅与市教育局；三是平行关系，即处于同一组织系统或专业系统的同级机关之间，如山东省政府与浙江省政府，省科技厅与省教育厅；四是不相隶属关系，即非同一系统中的机关之间，如地方党委工作部门与地方政府组成的部门。“具有隶属关系”主要是指第一种和第二种关系。

(二)行文方向

机关之间由于工作需要相互行文，依据是否具有隶属关系，构成了一定的行文主体与受体之间的行文关系、行文方向。根据公文授受机关的工作关系不同，可以将行文方向划分为上行文、下行文和平行文。上行文和下行文主要存在于领导与被领导的关系、指导与被指导的关系中。明确行文方向，有助于准确选择公文的文种。

上行文是指下级机关向上级机关报送的公文。文种主要有请示、报告两种。

下行文是指上级机关向下级机关发送的公文。文种主要有决议、决定、命令（令）、公报、公告、通告、通知、通报、批复、纪要等十种。

平行文主要存在于平行关系、不相隶属关系中，同级机关和不相隶属机关之间的相互行文都是平行文。文种主要有议案、函两种。

“意见”属于兼容性的文种，一般划归为下行文。但在使用中根据实际情况和需要，可以上行、平行、下行，但主要用于下行。

（三）行文规则

《党政机关公文处理工作条例》规定，行文应当确有必要、讲求实效、注重针对性和可操作性。行文关系根据隶属关系和职权范围确定。一般不得越级行文，特殊情况需要越级行文的，应当同时抄送被越过的机关。

《党政机关公文处理工作条例》对向上级机关行文、向下级机关行文和联合行文等应遵循的规则，作了详细的规定。

（四）文种适用

1. 党的机关与行政机关

《党政机关公文处理工作条例》列入的15个文种在使用范围表述上并没有指定哪个文种适用于党的机关，或哪个文种适用于行政机关，但一些文种的适用是有职能权限限制的，如“命令”适用于公布行政法规和规章、宣布施行重大强制性措施，其中公布行政法规，这一规定只适用于国务院，因为只有国务院才有权制定行政法规。公布规章，这一规定只适用于有制定行政规章权的行政机关，即国务院直属工作部门、省级政府、国务院批准的较大市政府。宣布施行重大强制性行政措施，要严格按照《中华人民共和国宪法》规定的权限使用。又如“议案”适用于各级人民政府按照法律程序向同级人民代表大会或人民代表大会常务委员会提请审议事项，很明显“议案”的制发机关必定是一级政府。

在实际工作中，党的机关一般不使用“命令”“公告”“议案”，行政机关一般不使用“决议”。

2. 文种选择

在公文处理工作中，应当正确地依据隶属关系和职权范围，准确地处理机关公文往来。如《党政机关公文处理工作条例》规定，“请示”适用于向上级机关请求指示、批准。“函”适用于不相隶属机关之间商洽工作、询问和答复问题、请求批准和答复审批事项。由此可见，“请示”与“函”都有答复审批事项的功能，但行文对象是有区别的。“请示”的行文对象是上级机关，与发文机关一般属于同一个系统（系列），如同属于教育系统、财政系统等；由于“请示”是系统内部行文，因此行文对象的范围较窄。而“函”的行文对象与发文单位通常不属于同一个系统，因涉及方方面面，错综复杂的事物，所以行文频繁，行文对象的范围也比较广。需要指出的是，二者在答复上有着明显的区别。“请示”一般用“批复”来答复，而“函”

一般用“函”来答复审批事项。

三、公文拟制

公文拟制包括公文的起草、审核、签发等程序。

（一）公文起草

公文起草就是拟稿。没经审核的文稿叫草稿，经过审核决定发出的文稿叫定稿。草稿有广义、狭义的分别。狭义的草稿，多指问题比较单一、涉及面不太广的稿子；广义的草稿，常指问题复杂、涉及面广、要经过多次反复修改的稿子，包括讨论稿、修改稿、送审稿、草案、修正草案等。但不管哪种草稿，都是公文的原稿本，是供修改用的。一些规划、章程、规定、办法的草案，就是为了征求意见或通过实践再修改而公布的。

公文起草应当做到：

（1）符合国家法律法规和党的路线方针政策，完整准确地体现发文机关的意图，并同现行有关公文相衔接。

（2）一切从实际出发，分析问题实事求是，所提政策措施和办法切实可行。

（3）内容简洁，主题突出，观点鲜明，结构严谨，表述准确，文字精炼。

（4）文种正确，格式规范。

（5）深入调查研究，充分进行论证，广泛听取意见。

（6）公文涉及其他地区或者部门职权范围内的事项时，起草单位必须征求相关地区或者部门意见，力求达成一致。

（7）机关负责人应当主持、指导重要公文的起草工作。

（二）公文审核

公文文稿签发前，应当由发文机关办公厅（室）进行审核。审核是指主办部门的负责人对草稿内容、格式和文字，进行认真地审核，在确定一切正确后签字再送交本单位主要领导审阅签发。如果公文内容涉及其他几个部门，应请其他有关部门负责人会审。

公文审核的重点是：

（1）行文理由是否充分，行文依据是否准确。

（2）内容是否符合国家法律法规和党的路线方针政策；是否完整准确体现发文机关意图；是否同现行有关公文相衔接；所提政策措施和办法是否切实可行。

（3）涉及有关地区或者部门职权范围内的事项是否经过充分协商并达成一致意见。

（4）文种是否正确，格式是否规范；人名、地名、时间、数字、段落顺序、引文等是否准确；文字、数字、计量单位和标点符号等用法是否规范。

（5）其他内容是否符合公文起草的有关要求。需要发文机关审议的重要公文文稿，审议前由发文机关办公厅（室）进行初核。

（6）结构层次序数是否正确，第一层为“一、”，第二层为“(一)”，第三层为“1.”，第四层为“(1)”。

（7）应当使用国家法定计量单位。

（8）文内使用非规范化简称，应当先用全称并注明简称。使用国际组织外文名称或其缩写形式，应当在第一次出现时注明准确的中文译名。

（9）公文中的数字，部分结构层次序数和在词、词组、惯用语、缩略语、具有修辞色彩的语句中作为词素的数字必须使用汉字外，应当使用阿拉伯数字。

经审核不宜发文的公文文稿，应当退回起草单位并说明理由；符合发文条件但内容需作进一步研究和修改的，由起草单位修改后重新报送。

（三）公文签发

签发就是对审核后的草稿，由机关负责人进行最后地审阅修改，然后核准签发，使草稿成为定稿。

公文应当经本机关负责人或者按照有关规定签发。重要公文和上行文由机关主要负责人签发。签发人签发公文，应当签署意见、姓名和完整日期；圈阅或者签名的，视为同意。联合发文由所有联署机关的负责人会签。

四、公文办理

公文办理包括收文办理、发文办理和整理归档。

（一）收文办理

收文办理主要程序如下。

1. 签收

对收到的公文应当逐件清点，核对无误后签字或者盖章，并注明签收时间。

2. 登记

使用公文收文登记簿对公文的主要信息和办理情况予以详细记载。

3. 初审

对收到的公文应当进行初审。初审的重点是：是否应当由本机关办理；多部门联合行文的，本机关是主办还是协办；涉及其他地区或者部门职权范围内的事项是否已经经过协商、会签等。经初审不符合规定的公文，应当及时退回发文单位并说明理由。

4. 承办

阅知性公文应当根据公文内容、要求和工作需要确定范围后分送。批办性公文应当提出拟办意见报本机关负责人批示或者转有关部门办理；需要两个以上部门办理的，应当明确主办部门。紧急公文应当明确办理时限。承办部门对交办的公文应当及时办理，有明确办理时限要求的应当在规定时限内办理完毕。

5. 传阅

根据领导批示和工作需要将公文及时送传阅对象阅知或者批示。办理公文传阅应当随时掌握公文去向，不得漏传、误传、延误。

6. 催办

及时了解掌握公文的办理进展情况，督促承办部门按期办结。紧急公文或者重要公文应当由专人负责催办。

7. 答复

公文的办理结果应当及时答复来文单位，并根据需要告知相关单位。

（二）发文办理

发文办理主要程序如下。

1. 复核

已经发文机关负责人签批的公文，印发前应当对公文的审批手续、内容、文种、格式等进行复核；需作实质性修改的，应当报原签批人复审。

2. 登记

对复核后的公文，应当确定发文字号、分送范围和印制份数并详细记载。

3. 印制

公文印制必须确保质量和时效。涉密公文应当在符合保密要求的场所印制。

4. 核发

公文印制完毕，应当在对公文的文字、格式和印刷质量进行检查后分发。

涉密公文应当通过机要交通、邮政机要通信、城市机要文件交换站或者收发件机关机要收发人员进行传递，或通过密码电报或者符合国家保密规定的计算机信息系统进行传输。

（三）整理归档

需要归档的公文及有关材料，应当根据有关档案法律法规以及机关档案管理规定，及时收集齐全、整理归档。两个以上机关联合办理的公文，原件由主办机关归档，相关机关保存复制件。机关负责人兼任其他机关职务的，在履行所兼职务过程中形成的公文，由其兼职机关归档。

五、公文管理

各级党政机关应当建立健全本机关公文管理制度，确保管理严格规范，充分发挥公文效用。

（一）党政机关公文由文秘部门或者专人统一管理。设立党委（党组）的县级以上单位应当建立机要保密室和机要阅文室，并按照有关保密规定配备工作人员和必要的安全保密设施设备。

（二）公文确定密级前，应当按照拟定的密级先行采取保密措施。确定密级后，应当按照所定密级严格管理。绝密级公文应当由专人管理。

公文的密级需要变更或者解除的，由原确定密级的机关或者其上级机关决定。

（三）公文的印发传达范围应当按照发文机关的要求执行；需要变更的，应当经发文机关批准。

涉密公文公开发布前应当履行解密程序。公开发布的时间、形式和渠道，由发文机关确定。

经批准公开发布的公文，同发文机关正式印发的公文具有同等效力。

（四）复制、汇编机密级和秘密级公文，应当符合有关规定并经本机关负责人批准。绝密级公文一般不得复制、汇编，确有工作需要的，应当经发文机关或者其上级机关批准。

复制、汇编的公文视同原件管理。复制件应当加盖复制机关戳记。翻印件应当注明翻印的机关名称、日期。汇编本的密级按照编入公文的最高密级标注。

（五）公文的撤销和废止，由发文机关、上级机关或者权力机关根据职权范围和有关法律法规决定。公文被撤销的，视为自始无效；公文被废止的，视为自废止之日起失效。

涉密公文应当按照发文机关的要求和有关规定进行清退或者销毁。

不具备归档和保存价值的公文，经批准后可以销毁。销毁涉密公文必须严格按照有关规定履行审批登记手续，确保不丢失、不漏销。个人不得私自销毁、留存涉密公文。

（六）机关合并时，全部公文应当随之合并管理；机关撤销时，需要归档的公文经整理后按照有关规定移交档案管理部门。

工作人员离岗离职时，所在机关应当督促其将暂存、借用的公文按照有关规定移交、清退。

（七）新设立的机关应当向本级党委、政府的办公厅（室）提出发文立户申请。经审查符合条件的，列为发文单位。机关合并或者撤销时，进行相应调整。没有“发文单位”资格的，不得发文。

《党政机关公文处理工作条例》

第二节 财经公文行文格式

一、公文用纸及版面安排

（一）公文用纸幅面尺寸

公文用纸采用 GB/T 148 中规定的 A4 纸，其成品幅面尺寸为：210mm×297mm。

（二）版面

1. 页边与版心尺寸

公文用纸天头（上白边）为 37mm ± 1mm，地边（下白边）为 35mm；公文用纸订口（左白边）为 28mm±1mm，右白边 26mm；版心尺寸为 156mm×225mm。

2. 字体和字号

如无特殊说明，公文格式各要素中，“密级和保密期限”和“紧急程度”一般用 3 号黑体字；“标题”一般用 2 号小标宋体字，正文部分一般用 3 号仿宋体字；“抄送机关”和“印发机关和印发日期”一般用 4 号仿宋体字。特定情况可以作适当调整。

3. 行数和字数

一般每面排 22 行，每行排 28 个字，并撑满版心。特定情况可以作适当调整。

4. 文字的颜色

如无特殊说明，公文中文字的颜色均为黑色。

二、公文文面与编排格式

公文文面格式指公文的规格样式，即公文各组成部分在页面上的表现形式，也叫公文的外部组织形式。它是规范化和标准化的格式。

版心内的公文格式各要素划分为版头、主体、版记三部分。公文首页红色分隔线以上的部分称为版头，又称眉首、文头；公文首页红色分隔线（不含）以下、公文末页首条分隔线（不含）以上的部分称为主体，又称正文；公文末页首条分隔线以下、末条分隔线以上的部分称为版记。页码位于版心外。

（一）版头

1. 份号

公文印制份数的顺序号。涉密公文应当标注份号。一般用 6 位 3 号阿拉伯数字，顶格编排在版心左上角第一行。如 000077。

2. 密级和保密期限

如需标注密级和保密期限，一般用 3 号黑体字，顶格编排在版心左上角“份号”下一行；保密期限中的数字用阿拉伯数字标注。秘密等级分为三种：绝密、机密、秘密。按照 2010 年 4 月 29 日十一届全国人大常委会十四次会议通过的《中华人民共和国保密法》规定，不同密级的公文保密期满将自行解密：绝密级不超过 30 年，机密级不超过 20 年，秘密级不超过 10 年。绝密性的公文，是指具有国家核心秘密内容的文件，如泄密，将会严重损害国家的安全和利益。机密性的公文，是指具有国家重要秘密内容的文件，如泄密，将会使国家的安全和利益受到较大的损害。秘密性的公文，是指具有国家一般性秘密内容的文件，如泄密，会使国家的安全和利益受到一定程度的损害。

3. 紧急程度

位于版心左上角“份号”“密级和保密期限”下方。即公文送达和办理的时限要求。根据紧急程度，紧急公文应当分别标注“特急”或“加急”；电报应当分别标注“特提”“特急”“加急”“平急”。一般用 3 号黑体字。

如需同时标注份号、密级和保密期限、紧急程度，按照份号、密级和保密期限、紧急程度的顺序自上而下分行排列，即以上三种要素编排的先后上下顺序为“份密紧”。

4. 发文机关标志

排于“版头”的核心位置，红色小标宋体字。由发文机关全称或者规范化简称加“文件”二字组成，也可以使用发文机关全称或者规范化简称。联合行文时，发文机关标志可以并用联合发文机关名称，也可以单独用主办机关名称。在实践中，党的机关发文标志一般有两种：一种是与行政机关一致，即使用发文机关全称或者规范化简称加“文件”；另一种是发文机关全称或者规范化简称加圆括号标注文种组成，如《中国共产党××市委员会（通知）》。

发文机关标志居中排布，上边缘至版心上边缘为37mm（即上白边37mm±1mm处），推荐使用小标宋体字，颜色为红色，以醒目、美观、庄重为原则。一般地，每个字的长度，中共中央、国务院为27mm，省部级为25mm，市县级为22mm。

联合行文时，如需同时标注联署发文机关名称，一般应当将主办机关名称排列在前；如有“文件”二字，应当置于发文机关名称右侧，以联署发文机关名称为准上下居中排布。

5. 发文字号

编排在发文机关标志下空二行位置，居中排布。发文字号由“发文机关代字＋发文年份＋发文顺序号”三部分组成。机关代字是发文机关的代称，年份是发文的年度，序号是发文的顺序号。如“鲁政办发〔2017〕2 号”，其中，“鲁政办”即“山东省人民政府办公厅”的代称。年份、发文顺序号用阿拉伯数字标注。年份应标全称，用六角括号“〔 〕”括入。发文顺序号不加“第”字，不编虚位（即1不编为01），在阿拉伯数字后加“号”字。

上行文的发文字号居左空一字编排，与最后一个签发人姓名处在同一行。

联合行文时，使用主办机关的发文字号。

6. 签发人

上行文应当标注签发人姓名。其由“签发人”三字加全角冒号和签发人姓名组成，居右空一字，编排在发文机关标志下空二行位置。“签发人”三字用3号仿宋体字，签发人姓名用3号楷体字。

如有多个签发人，签发人姓名按照发文机关的排列顺序从左到右、自上而下依次均匀编排，一般每行排两个姓名，回行时与上一行第一个签发人姓名对齐。最后一个签发人姓名与红色分隔线距离为4mm。

7. 版头中的分隔线

发文字号之下 4mm 处居中印一条与版心等宽的红色分隔线。实践中，党的机关用特定版头制发的公文（党发、党通、党办发），眉首部分与主体部分用两条各长 71mm 宽 1mm 的红色横线中间加 2 号实体五角星隔开，也可用一条长 156mm 的红色横线。行政机关用一条长 156mm 宽 0.7mm 的红色横线隔开，中间没有五角星。

（二）主体

1. 标题

标题由发文机关名称、事由和文种组成。主标题一般用 2 号小标宋体字，副标题用 3 号楷体字，编排于红色分隔线下空二行位置，分一行或多行居中排布。回行时，要做到词意完整，排列对称，长短适宜，间距恰当。标题排列应当使用梯形或菱形。

《党政机关公文处理工作条例》没有对标题使用标点符号做出规定，但实践中，公文标题中除法规、规章名称外，一般不使用标点符号，必要时可使用引号、书名号和连接号等。

4 个以上（含）机关联合行文时，标题中发文机关名称可简略。

2. 主送机关

公文的主要受理机关，应当使用机关全称、规范化简称或者同类型机关统称。主送机关编排于标题下空一行位置，居左顶格，回行时仍顶格，最后一个机关名称后标全角冒号，用 3 号仿宋字排印。如主送机关名称过多导致公文首页不能显示正文时，应当将主送机关名称移至版记，除将“主送机关”改为“抄送机关”外，编排方法同“主送机关”。既有“主送机关”又有“抄送机关”时，应当将“主送机关”置于“抄送机关”之上一行，之间不加分隔线。

普发性公文，主送机关名称用统称。在党政机关常用公文中，一般地，通知、报告、请示、批复、议案、函 6 种公文标注主送机关；决议、决定、命令（令）、公报、公告、通告、纪要 7 种公文不标注主送机关；意见、通报视情况可标注也可不标注主送机关。

3. 正文

公文的主体，用来表述公文的内容。公文首页必须显示正文。一般用 3 号仿宋体字，编排于主送机关名称下一行，每个自然段左空二字，回行顶格。文中结构层次序数依次可以用“一、”“（一）”“1.”“（1）”标注。小标题一般第一层用黑体字、第二层用楷体字、第三层和第四层用仿宋体字标注。

4. 附注

公文印发传达范围等需要说明的事项。居左空二字加圆括号，编排在成文日期下一行。标注的内容主要有：一是信息公开属性。按照《中华人民共和国政府信息公开条例》规定，依需标注“此件主动公开”“此件不予公开”“此件依申请公开”。二是标注传达范围。如“此件发至县团级”。三是标注联系人、联系方式。需要注意的是，“附注”不是对公文的内容做出解释或注释。

5. 附件说明

公文正文的说明、补充或者参考资料。如有附件，在正文下空一行居左空二字编排“附件”二字，后标全角冒号和附件名称。如有多个附件，使用阿拉伯数字标注附件顺序号（如“附件：1.××××××”），附件名称后不加标点符号。附件名称较长需回行时，应当与上一行附件名称的首字对齐。

6. 发文机关署名、成文日期和印章

公文中有发文机关署名的，应当加盖发文机关印章，并与署名机关相符。有特定发文机关标志的普发性公文和电报可以不加盖印章。

（1）加盖印章的公文。成文日期一般居右空四字编排，印章用红色，不得出现空白印章。

单一机关行文时，一般在成文日期之上、以成文日期为准居中编排发文机关署名，印章端正、居中下压发文机关署名和成文日期，使发文机关署名和成文日期居印章中心偏下位置，印章顶端应当上距正文（或附件说明）一行之内。即“上大下小，骑年压月”。

联合行文时，一般将各发文机关署名按照发文机关顺序整齐排列在相应位置，印章应逐一对应、端正、居中下压发文机关署名，最后一个印章端正、居中下压发文机关署名和成文日期，印章之间排列整齐、互不相交或相切，每排印章两端不得超出版心，首排印章顶端应当上距正文（或附件说明）一行之内。

（2）不加盖印章的公文。单一机关行文时，在正文（或附件说明）下空一行居右空二字编排发文机关署名，在发文机关署名下一行编排成文日期，首字比发文机关署名首字右移二字。如成文日期长于发文机关署名，应使成文日期居右空二字编排，并相应增加发文机关署名右空字数。

联合行文时，应当先编排主办机关署名，其余发文机关署名依次向下编排。联合上行文，发文机关署名只有主办机关时，可以只加盖主办机关印章。

电报和党的机关有特定发文机关标志的普发性公文可以不加盖印章。

（3）成文日期中的数字。使用阿拉伯数字将年、月、日标全，年份应标全称，月、日一般不编虚位（即 1 不编为 01）。成文日期，使用阿拉伯数字标示，如“2017 年 1 月 6 日”。

（4）特殊情况说明。当公文排版后所剩空白处不能容下印章或签发人签名章、成文日期时，可以采取调整行距、字距的措施解决。

7. 主文附件

附件是随主文一起附送的文件材料，是整个公文的重要组成部分。附件有两种：一种是用于补充说明或证实正文的文件材料，包括一些图表、凭据及有关资料；另一种是随通知等发布、批转或转发、印发的文件材料。

“附件”一般是另面编排，并且放在“版记”前面，与公文正文一起装订。“附件”二字及附件顺序号用 3 号黑体字顶格编排在版心左上角第一行。附件标题居中编排在版心第三行。附件顺序号和附件标题应当与附件说明的表述一致。附件格式要求同正文。如附件与正文不能一起装订，应当在附件左上角第一行顶格编排公文的发文字号并在其后标注“附件”二字及附件顺序号。

（三）版记

1. 版记中的分隔线

版记中的分隔线与版心等宽，首条分隔线和末条分隔线用粗线（推荐高度为 0.35mm），中间的分隔线用细线（推荐高度为 0.25mm）。首条分隔线位于版记中第一个要素之上，末条分隔线与公文最后一面的版心下边缘重合。

2. 抄送机关

抄送机关是指除主送机关以外须执行的或知晓公文的其他机关，应使用全称或规范化简称，如向下级机关的重要行文，应同时抄送给主管上级。抄送机关一般只了解公文的内容而不负责答复和办理。

抄送机关一般用 4 号仿宋体字，在印发机关和印发日期上一行、左右各空一字编排。“抄送”二字后加全角冒号和抄送机关名称，回行时与冒号后的首字对齐，最后一个抄送机关名称后标句号。

3. 印发机关和印发日期

印发机关也称“落款”“下款”，其名称位置在版记间隔线内末列。印发机关应写全称或规范简称。

印发机关和印发日期在同列中编排一般用 4 号仿宋体字，编排在末条分隔线之上，印发机关居左空一字，印发日期居右空一字，用阿拉伯数字将年、月、日标全，年份应标全称，月、日不编虚位（即 1 月不编为 01 月）。上行文的，印发日期后接着排“印”字。下行文、平行文的，后加“印发”二字。

版记中如有其他要素，应当将其与印发机关和印发日期用一条细分隔线隔开。

（四）页码

一般用 4 号半角宋体阿拉伯数字，编排在公文版心下边缘之下，数字左右各排一条一字线。一字线上距版心下边缘 7mm。单页码居右空一字，双页码居左空一字。公文的版记页前有空白页的，空白页和版记页均不编排页码。公文的附件与正文一起装订时，页码应当连续编排。

三、公文的特定格式

（一）信函格式

发文机关标志使用发文机关全称或者规范化简称，居中排布，上边缘至上页边 30mm，推荐使用红色小标宋体字。联合行文时，使用主发文机关标志。

发文机关标志下 4mm 处印一条红色双线（上粗下细，俗称武文线），距下页边 20mm 处印一条红色双线（上细下粗，俗称文武线），线长均为 170mm，居中排布。

如需标注份号、密级和保密期限、紧急程度，应当顶格居版心左边缘编排在第一条红色双线下，按照份号、密级和保密期限、紧急程度的顺序自上而下分行排列，第一个要素与该线的距离为 3 号汉字高度的 7/8。

发文字号顶格居版心右边缘编排在第一条红色双线下，与该线的距离为 3 号汉字高度的 7/8。

标题居中编排，与其上最后一个要素相距两行。

第二条红色双线上一行如有文字，与该线的距离为 3 号汉字高度的 7/8。

首页不显示页码。

版记位于公文最后一面版心内最下方，只标注一个“抄送机关”，不标注分隔线，不加印发机关和印发日期。

（二）命令（令）格式

发文机关标志由发文机关全称加“命令”或“令”字组成，居中排布，上边缘至版心上边缘 20mm，推荐使用红色小标宋体字。

发文机关标志下空二行居中编排令号，令号下空二行编排正文。

单一机关制发的公文加盖签发人签名章时，在正文（或附件说明）下空二行居右空四字加盖签发人签名章，签名章居左空二字标注签发人职务，以签名章为准上下居中排布。在签发人签名章下空一行居右空四字编排成文日期。

联合行文时，应当先编排主办机关签发人职务、签名章，其余机关签发人职务、签名章依次向下编排，与主办机关签发人职务、签名章上下对齐。每行编排一个机关的签发人职务、签名章。签发人职务应当标注全称。签名章一般用红色。

（三）纪要格式

纪要标志由“×××××纪要”组成，居中排布，上边缘至版心上页边 35mm，推荐使用红色小标宋体字。

标注出席人员名单，一般用 3 号黑体字，在正文或附件说明下空一行居左空二字编排“出席”二字，后标全角冒号，冒号后用 3 号仿宋体字标注出席人单位、姓名，回行时与冒号后的首字对齐。

标注请假和列席人员名单，除依次另起一行并将“出席”二字改为“请假”或“列席”外，编排方法同出席人员名单。

纪要格式可以根据实际制定。

四、电报格式

《党政机关公文处理工作条例》规定中涉及电报文种的，散见于第九条、第二十六条等，未单独对其做出具体的规定，目前亦未见到电报格式国家标准的出台，只有有关职能部门制订施行的《党政机关电报格式规范》。《党政机关电报格式规范》规定：电报的版心尺寸为 156mm×225mm。电报的报头颜色有两种：一种是用红色字体套印发文机关标志作报头的密电；另一种是用绿色字体套印发文机关标志作报头的内部明电。电报按紧急程度分别标注“特提”“特急”“加急”“平急”，其办理公文的时间要求分别是即刻、2 天、4 天、6 天。上行的电报，应当有“签发人”。电报每面25行，每行28个字。电报首页不标注页码，第二页起标注页码，且页码居中标注在下白边的位置。电报装订采用左上角装订或左侧装订。

第三节　电子公文

一、电子公文的含义

国务院办公厅《电子公文传输管理办法》中的定义是：“电子公文是指经国务院办公厅统一配置的电子公文传输系统处理后形成的具有规范格式的公文的电子数据。”电子公文与纸质公文相比不仅具有节省纸张费用、环保等优点，还可实现高速检索、信息资源共享、远程信息传递与交流，大大提高效率。

二、电子公文的组成要素

《电子文件管理指南》将电子文件要素描述为内容、背景和结构。

1. 内容

内容是表达行为主体的思想、意图及对象（客体）的过程、结果的信息，通俗地说是文件内容信息。

2. 背景

背景是证明文件形成和办理过程与文件之间相互关系的信息。一般包含以下内容：①文件的形成机构与其他相关责任人；②与文件有关或曾经有关的其他机构；③文件履行机构的职责与目的；④文件的形成时间；⑤与文件有关的其他时间；⑥机构职能所体现的文件价值与重要性；⑦曾与文件有过关系的文件产生与保存系统；⑧该文件与其他文件和资料间的关系；⑨对该文件有影响的法律、协议、实践、程序、计划、条件等。

背景信息直接与电子文件的真实性相关。完整意义上的电子公文包括以下组成部分：符合规范的电子公文正文（版式文件）；电子公文定稿（签发文）和附件；重要文件的历次修改稿；电子公文文件处理以及领导审阅签署的重要意见；记录文件产生修改过程的日志文件；电子公文元数据。

3. 结构

结构是指电子公文内容信息的组织表达形式，如文字的段落安排，电子文件使用的代码、数据结构、格式，以及载体、附件等方面的信息。电子文件的结构直接关系到电子文件的可读性。

电子文件的管理不是单纯的管理与保存文件的内容，而是将文件内容信息、背景信息及其结构信息一起管理与保存。电子文件的管理实质上就是对这三种信息进行综合管理的过程。

在现代电子文件管理的研究与实践中，一般将内容描述信息、背景信息和结构信息合称为“元数据”，它直接关系到电子文件长期保存的真实性、可读性。

三、电子公文的格式

电子公文的格式分为：文本文件、数据文件、图形文件、图像文件、影像文件、声音（音频）文件、程序（命令）文件、多媒体文件、超文本文件、超媒体文件等。

1. 文本文件

文本文件是使用文字处理软件生成的，由字、词、数字或符号组成的文件。不同的文字处理软件生成的文本文件一般不能交换使用，但是纯文本文件不含格式代码，其使用不受计算机软硬件类型的限制。常见的文本文件有 TXT 文本文件、WORD 文本文件、WPS 文本文件、BTF 文本文件、CHM 文本文件、HTML 文本文件、PDF 文本文件、CEB 文本文件等。常见的文本文件及特性比较见表 3.3.1。

表 3.3.1　常见文本文件及特性比较

格式	通用性	兼容性	保密性	功能
TXT	好	好	无	无
RIF	好	好	无	少
DOC	差	差	有	多
PDF	差	差	有	多
HTML	好	好	无	多
XML	好	好	有	多

2. 数据文件

数据文件是以数据表格和数据库形式存在的具有文件属性的记录。数据库也是一种常见的电子文件的格式，但是其在归档方式、备份方式、脱机备份的还原、数据库升级与转换、动态数据库的管理等方面与电子文件存在很大差异，必须制定出一整套的科学技术方案进行规范。

3. 图形文件

图形文件是根据一定的算法规则绘制的图表、曲线图等，常见的有位图和矢量图。它既可以用特殊的代码格式存储，也可以转换成纯文本的代码格式存储。常见的图形文件格式有 DWG 文件、DGN 文件、GIF 文件、TIFF 文件、PNG 文件、DXB 文件、DXF 文件、EPS 文件等。各行业所使用的图形文件格式有各自的专业性。

4. 图像文件

图像文件是使用数字设备（扫描仪、数码相机等）采集或制作的画面。纸质文件、光学照片及缩微胶片经扫描可转换为数字图像文件（数码照片）。常见的图像文件有 JPG/JPRG 文件、TGA 文件、BMP 文件、GIF 文件和 TIFF 文件等。

5. 影像文件

影像文件是用数字视频捕捉设备录入数字影像或用动画软件生成的二维、三维动画等动态画面。影像文件有不同的格式和标准，播放时需使用相关的设备和程序。常见的影像文件有 MPEG1、MPEG2、MPEG4 等。

6. 声音（或音频）文件

声音（或音频）文件是用数字音频设备录入或用编曲软件生成的文件。常见的音频文件有 MIDI 文件、MP3 文件、WAV 文件、WMA 文件、RA 文件、RAM 文件、AIFF 文件等。

7. 程序（或命令）文件

程序（或命令）文件是为处理某种事务编写的计算机程序，是一种计算机软件（系统软件、应用软件或游戏软件）。机构开发（自主开发、委托开发、购买）应用软件必须归档。要修订机构档案分类体系，正确划定应用软件开发的归档范围。

8. 多媒体文件

多媒体文件是由上述两种或两种以上文件形式构成的文件。许多电子文件本身就是多媒体文件。

9. 超文本文件

超文本文件是具有对其他文件链接功能的文件。其特点是多链接和非线性，用超文本技术制作，是一种全局性的信息结构形式，将不同文档中的信息内容通过关键字建立链接，实现信息的交互式搜索。WEB 文件就是典型的超文本文件。

10. 超媒体文件

超媒体文件是应用于交互环境中的多媒体组合文件。跨越不同的媒体（网页、计算机、数据库、网络）把多种文件结合在一起，可在超媒体的节点上漫游。

四、电子公文的要素

1. 电子公文系统处理的内容

电子公文系统处理的对象既包括党政机关、企事业单位、群众团体等组织在公文活动中形成和使用的通用公文，也包括军事类、司法类、涉外类等专用公文；既有党政机关法定公文，也有信息类、简报类、信函类、礼仪类和讲话类等非法定公文。电子公文系统处理的内容包括收文处理、发文处理和公文管理。

2. 电子公文系统的软件需求

主要有公文交换、收发文办理系统和文档一体化管理系统，辅助系统包括系统控制、安全防范、电子版式及电子印章软件系统。

3. 电子公文系统的硬件需求

主要有计算机及打印、扫描、复印等办公设备，具有键盘、语音、手写、扫描输入和网上直接下载、复制、粘贴等功能。机关内部的 OA 网和外部的传输网络应当互联互通。

4. 电子公文系统的制度需求

电子公文处理需建立规范的收文、发文、交换和文档一体化等管理制度，并要针对电子公文的特点，制定相应的制作排版、电子用印、网络传输、加密控制、流程控制、权限控制和备份等技术规范。文秘人员和审核签发公文的领导不仅需要熟悉公文处理的基础知识，还需要掌握基本的计算机操作技能和打印、复印、扫描、发送等技能，并了解相应的公文种类，行文规则，收文、发文程序及要求等公文处理基础知识。

五、电子公文的处理系统

电子公文处理系统由电子公文处理软件系统、硬件设施、传输网络以及相应的管理制度和现代信息管理技术组成。

宏观层次的电子公文处理系统，是以保证电子文件的科学管理和高效利用为目的的技术、设备、管理、法律、标准、人员等所有相关因素组成的信息系统；中观层次的电子公文处理系统，是指与电子文件相关的计算机软件、硬件系统；微观层次电子公文处理系统，是指电子文件管理的系统软件，它由一组软件程序组成，共同对机构产生的电子文件进行管理。

这三个层次的电子公文处理系统含义既相互联系、层层递进，在不同语言环境中，概念又有所不同。常用的电子公文处理系统为 Lotus Domino/Notes R5。

六、电子公文的核心技术

（一）电子印章技术

电子印章是将印章数字化处理，并通过 PKI 等安全手段对印章的数字信息加密处理，以安全可靠的方式对数字化的印章进行存储、应用与管理。其作用一是保证公文内容的完整性，二是身份确认。

电子印章技术特点是：①在整个使用过程中不涉及证书、CA 等新概念，无需学习有关知识即可使用；②确保印章成为签名有效的表现形式；③一个实物印章只能对应一个电子印章；④电子印章必须存储在可移动介质上；⑤为了使加盖电子印章后的电子文件与纸张文件有相同的外观等特性，必须采用先进可靠的公文编辑排版软件，软件不仅需要具有强大的版面描述能力，无论多么复杂的版面，只要能画在纸上就都能表现出来，还要具有版面一致性、不可篡改性和不可分割性等功能。

（二）版式技术

公文具有非常严格的版式要求，要求在任何一台电脑上打开都必须一致，包括格式、字体、字号、页码等等，这是目前一般的文档做不到的。

目前我国提供电子公文版式的主要有：①SEP 文档转换系统，它是一种通用的工具，可以将 Word、Excel、PowerPoint、WPS、TIFF、BMP、HTML、S2、S72、PS2、S92 等各种格式的文档统一转换成 SEP 安全版式文件；②北大方正电子文档技术 CEB，它运行于方正 Apabi 电子公文处理平台，能提供版式文件的格式技术；③PDF 格式，PDF 是一种压缩文件，能在不同环境下真实显示和打印，保证公文的严肃性、规范性、统一性。

七、注意事项

（一）强调真实性、完整性与有效性的保障措施

建立规范的制度和工作程序并结合相应的技术措施，从电子文件形成开始不间断地对有关处理操作进行管理登记，保证电子文件的产生、处理过程符合规范。

采取可靠的安全保护技术措施，保证电子文件的真实性。建立电子文件完整性管理制度并采取相应的技术措施采集背景信息和元数据。

建立电子文件有效管理制度并采取相应的技术保证措施。电子文件的处理和保存应符合国家的安全保密规定，针对自然灾害、非法访问、非法操作、病毒侵害等采取与系统安全和保密等级要求相符的防范对策。

（二）需要前端控制与全程管理

前端控制指电子文件全程管理的过程。它涉及电子文件前端控制、电子文件的利用和保存等每一项具体工作。将对文件、档案的管理与控制提前到它们的设计与形成之前，提前介入分析需求和功能，是对归档前公文处理的提前指导。

前端控制是全程管理原则的核心，没有前端控制就无法实现全程管理。前端控制是电子文件科学管理的核心及必由之路。前端控制是确保电子文件真实性、完整性、可读性的最基本、最有效策略。

第四节 公文写作的基本要求

一、实事求是，讲求实效

公文是为解决公务的实际问题而制定的，因此写作首先就应考虑这一公文的制法是否必要、是否真能解决实际问题，是否真能取得实际效果。能不发的坚决不发，能少发的决不多发。要使公文有效地解决实际问题，公文的内容必须符合实际情况，真正反映事物的客观规律。向上级反映情况、提出请求和意见等，必须如实反映，绝不能“报喜不报忧”；对下级发出指示、提出任务和要求等，必须符合下情，能确切办到。

二、依法办事，保证质量

这里所说的依法办事的“法”，包括两层意思：一层是依法治国的“法”，另一层是写作方法的“法”。

先说第一种“法”。公文的性质作用决定公文是依法治国的一种工具，是为贯彻国家法规和党的方针、政策而制发的。它本身就具有一定的法律效力和行政约束力。因此，要使公

文真正发挥这种作用，公文的内容首先必须符合国家的法律、法规，符合党和政府的方针、政策及有关规定。即使出现了新情况，一时找不到法规和政策的依据，也必须在宪法的许可范围内，实事求是地加以考虑、处理。

一般公文都是领导指示、根据领导意图而制发的，撰写者不能自作主张、任意发挥。但是，任何正确的领导也必须是依法办事的。如果领导的指示和意图违法时，撰写者有责任依法据理力争，不能盲目遵从。

再说第二种“法”。公文是一种具有特定体式的文书，首先就应该按其特定的体式来写作。不但要选用恰当的文种，而且要根据不同文种的特点来下笔。请示问题，要坚持一文一事制度，报告中不能夹带其他请示事项。只有如此，才能保证公文的规范性、科学性、实践性和有效性，也便于公文的处理。其次，公文的用语也有它自身的特点。公文处理的公务，具有广泛的社会性，必须重视它的社会效益。因此，它的语言必须简洁、明了，使人一看就懂，不能产生疑义、歧义。一般人不易了解的专门术语最好不用。非用不可，也要注解。不是通用的简称也不能用，必须使用简称时，也要先用全称。人名、地名、数字、计量单位、引文以及标点符号都必须符合规范，更不允许用词不当、文理不通现象的出现。公文中免不了出现各种各样的提法，那更需慎重，要掌握好分寸。重点突出、观点鲜明、结构严谨、条理清楚等写作的基本要求，在公文中显得尤其重要，必须反复推敲，以便更好地发挥公文的特定效力。

三、按部就班，有条不紊

财经公文的写作，必须按照一定的步骤和方法，有条有理地进行。起草、审核、签发等等，必须按照规定程序办理。以公文起草为例，在明确“主题”后，经过讨论或调研，撰写出草稿，然后由起草者呈给上级，一级一级修改后，才能报给本单位主要领导审阅签发。

第四章

公务文书

第一节　通知与意见

一、通知

（一）通知的含义

通知适用于发布、传达要求下级机关执行和有关单位周知或者执行的事项，批转、转发公文。适用于批转下级机关的公文，转发上级机关和不相隶属机关的公文，传达要求下级机关办理和需要有关单位周知或者执行的事项等。

在党政公文中，通知是在各级党政机关、企事业单位、社会团体的日常工作中使用范围最广、使用频率最高的晓谕性公文。通知常用于下行，有时也用于平行。

（二）通知的功能

通知的功能大致有三个方面：

一是发布功能。即具有发布性，有些还具有指示性功能的发布、传达要求下级机关执行和有关单位周知或者执行的事项。发布，或称“颁发”“印发”“颁布”性通知主要是将本机关的有关法规、制度、会议文件、领导讲话等发给下级机关，要求下级机关认真学习，深刻领会，切实贯彻执行，或供参考、借鉴。发布性通知，发布或印发的对象来源是本机关，主要用于本机关有关公务文书。发布性通知主要用于发布指示、布置工作。如国务院《关于实施支持农业转移人口市民化若干财政政策的通知》（国发〔2016〕44号，2016年8月5日）。此外，还有两种使用情况：一种是用于解决一些非法定公文文种和法定效力问题。如发布不属于法定文种、也没有公文的法定效力的纲要、方案、办法等文种时，只能使用“通知”。例如，国务院为实行《关于印发消费品标准和质量提升规划（2016—2020年）的通知》（国发〔2016〕68号，2016年9月12日）。另一种是用于解决各级领导同志的重要讲话的发文问题。各级机关整理的领导同志的重要讲话，需要发至有关单位和部门学习、贯彻，可以用通知。如《××县人民政府办公室关于印发××同志在×××工作会议上的讲话的通知》。

二是批转功能。批转性通知是上级机关批准，转发某个下级机关文件，要求其他各下级单位执行或参照执行。其最大的特点在于一个“批”字，上级机关往往有比较重要的批示性内容。有的还借批转下级公文的机会下指标、提要求或提出政策性规定。批转性通知主要用于上级机关批转下级机关的公文。

三是转发功能。转发性通知是将上级机关、平行机关和不相隶属机关的公文转发给下级单位。其特点是一个“转”字。在转发时可以用一两句话要求下级单位执行或参考、借鉴，还可以结合本部门实际情况做出具体要求或补充规定。转发性通知主要用于转发上级机关及不相隶属机关的有关公文。一种情况是贯彻落实上级机关、平行机关的文件精神，提出相应的贯彻要求或意见、建议等；如《国务院办公厅转发财政部发展改革委人民银行关于在公共服务领域推广政府和社会资本合作模式指导意见的通知》（国办发〔2015〕42号，2015年5月19日）。第二种是宣传不相隶属单位的文件精神或典型经验，提出相应的学习、参考等意见或建议等。如《中国保监会办公厅转发民政部关于开展2013年度社会组织评估工作的通知》（保监厅发〔2013〕19号）。

涉及“人事任免”事项，在《党政机关公文处理工作条例》颁发之前，一般使用“通知”。而《党政机关公文处理工作条例》中“通知”没有规定“人事任免”功能。考察《党政机关公文处理工作条例》颁发后公文运行实践，2012年7月1日后一些公开的信息表明，涉及“人事任免”事项既可以用“通知”，也可以用“决定”。一般地，对省部级干部的重要任免事项，中共中央都是使用“决定”；而对地方党政机关的一般性的人事任免，则多使用“通知”；至于在干部大会上宣布任免事项的，常常使用“决定”。也就是说，“决定”的规格较“通知”突出，任免的人员职务层级较高。

（三）通知的分类

1. 指示性通知

上级机关对下级机关布置工作、交代任务，要求贯彻执行某些事项而有指示性的通知。

2. 附发性通知

转发上级机关和不相隶属机关的公文，批转下级机关的公文。可分发布、批转、转发性通知。因为发布、批转、转发文件时都附有原文件，正文只是对附件的批语，故统称附发性通知。需要指出的是，有些附发性通知具有指示性功能。如印发领导讲话的通知等。

（四）通知的写作

1. 格式应讲究

（1）标题。除比较简单的只标明“通知”这个文种外，一般内容较为重要、复杂的通知，都应采用规范化的标题。指示性通知的标题，由发文机关、事由、文种组成。附发性通知（含发布、批转、转发性通知），标题一般包括发文机关、发布（批转、转发）、被发布机关名称、被发布（批转、转发）文件标题、文件名称（通知）等要素。被发布、批转、转发公文如为法规、规章，一般应加上书名号。如果两个及以上单位共同发通知，标题中要写所有发文机关的名称，并加“联合通知”字样。如果有特殊的情况，还要在“通知”前加“紧急”“重要”“补充”之类的字样。

（2）主送机关。一般应使用全称或规范化的简称。普发性的通知可用统称或省略。

（3）正文。一般分导语（开头）、主体、结语三部分，可分为：通知的缘由、通知事项、通知的执行要求、结语。

通知的导语具有准确、精炼、概括和模式化的特点，其主要作用一是说明缘由，二是点明主题。通知导语主要由三个部分构成：第一，缘由。即通过说明开展工作的根据、目的、意义、作用、前期工作概况、工作背景等，直接或间接地说明为什么下发通知。第二，主题。即概括说明通知的主要事项，点明主题。第三，过渡句。用习惯性用语过渡。

指示性通知的开头一般说明发文缘由、根据或目的，尾句多为习惯性用语，如“现将有关事项通知如下”。开头应写得言简意赅。指示性通知的主体是通知的核心部分，多采用条款式的写法。主要是说明需要执行办理的具体事项，必须写得清晰、具体，以便于下级机关掌握执行。结语，即正文的结束语。一般用“特此通知”等惯用语或以提出希望要求、发出号召作结。采用条款式写法的通知，大多不用结语。总之，指示性通知必须写清楚以下内容：为什么通知？通知做什么？怎么做和做到什么程度？需要注意的事项有哪些？

附发性通知都是“附发”原文件性质的公文，即由正文和附件组成。其发文的主要目的就是为了发布、批转、转发后置的附件内容，对主送机关就后置附件的发布、批转、转发目的作简要说明、提出相关要求。因此，正文一般比较简短。发布、批转、转发性通知的正文基本写作模式有以下三种：

“现将《××××××》印发（转发）给你们，请遵照（认真贯彻）执行。”

“××××同意××《关于××××的××××××》，现印发（转发）给你们，请结合本地区、本部门实际，认真贯彻执行。”

“《××××××》已经×××同意，现印发（转发）给你们，请遵照（参照）执行。”

（4）附件。

（5）发文机关署名、成文日期和印章。

（6）版记与页码。

2. 写作重点和方式要分“型”

（1）指示性通知。指示性通知作为上级对下级布置工作、交代任务、要求贯彻执行某些事项公文，多用于具体的一般性的具体工作布置上。这种通知要求情况清楚，任务明确，要求具体，措施得当。

（2）附发性通知。包括发布、转发、批转三种形式。在向下级单位和有关人员发布本机关行政法规时，用“颁布”或“印发”的形式发出通知；在传达对本机关有指导或借鉴作用的上级机关、同级机关或不相隶属机关的文件时，用转发的形式发出通知；如下级机关的文件对其他单位工作也有参考、推动价值时，在批准后用批转的形式向有关单位发出通知。附发性通知的主要精神在附件中，正文的批语只说明文件的价值和意义。必要时，也可结合实际提出实施的意见和办法。批语要求写得简短中肯，便于执行。

例文 4.1.1　指示性通知

财政部

关于在公共服务领域深入推进政府和社会资本合作工作的通知

财经〔2016〕90号

各省、自治区、直辖市、计划单列市财政厅（局），新疆生产建设兵团财务局：

为进一步贯彻落实党中央、国务院工作部署，统筹推进公共服务领域深化政府和社会资本合作（PPP）改革工作，提升我国公共服务供给质量和效率，巩固和增强经济持续增长动力，现将有关事项通知如下：

一、大力践行公共服务领域供给侧结构性改革。各级财政部门要联合有关部门，继续坚持推广 PPP 模式“促改革、惠民生、稳增长”的定位，切实践行供给侧结构性改革的最新要求，进一步推动公共服务从政府供给向合作供给、从单一投入向多元投入、从短期平衡向中长期平衡转变。要以改革实现公共服务供给结构调整，扩大有效供给，提高公共服务的供给质量和效率。要以改革激发社会资本活力和创造力，形成经济增长的内生动力，推动经济社会持续健康发展。

二、进一步加大 PPP 模式推广应用力度。在中央财政给予支持的公共服务领域，可根据行业特点和成熟度，探索开展两个“强制”试点。在垃圾处理、污水处理等公共服务领域，项目一般有现金流，市场化程度较高，PPP 模式运用较为广泛，操作相对成熟，各地新建项目要“强制”应用 PPP 模式，中央财政将逐步减少并取消专项建设资金补助。在其他中央财政给予支持的公共服务领域，对于有现金流、具备运营条件的项目，要“强制”实施 PPP 模式识别论证，鼓励尝试运用 PPP 模式，注重项目运营，提高公共服务质量。

三、积极引导各类社会资本参与。各级财政部门要联合有关部门营造公平竞争环境，鼓励国有控股企业、民营企业、混合所有制企业、外商投资企业等各类型企业，按同等标准、同等待遇参与 PPP 项目。要会同有关行业部门合理设定采购标准和条件，确保采购过程公平、公正、公开，不得以不合理的采购条件（包括设置过高或无关的资格条件，过高的保证金等）对潜在合作方实行差别待遇或歧视性待遇，着力激发和促进民间投资。对民营资本设置差别条款和歧视性条款的 PPP 项目，各级财政部门将不再安排资金和政策支持。

四、扎实做好项目前期论证。在充分论证项目可行性的基础上，各级财政部门要及时会同行业主管部门开展物有所值评价和财政承受能力论证。各级财政部门要聚焦公共服务领域，根据《国务院办公厅转发财政部 发展改革委 人民银行关于在公共服务领域推广政府和社会资本合作模式指导意见的通知》（国办发〔2015〕42 号）规定，确保公共资金、资产和资源优先用于提升公共服务的质量和水平，按照政府采购法相关规定择优确定社会资本合作伙伴，切实防止无效投资和重复建设。要严格区分公共服务项目和产业发展项目，在能源、交通运输、市政工程、农业、林业、水利、环境保护、保障性安居工程、医疗卫生、养老、教育、科技、文化、体育、旅游等公共服务领域深化 PPP 改革工作，依托 PPP 综合信息平台，建立本地区 PPP 项目开发目录。

五、着力规范推进项目实施。各级财政部门要会同有关部门统筹论证项目合作周期、收费定价机制、投资收益水平、风险分配框架和政府补贴等因素，科学设计 PPP 项目实施方案，确保充分体现“风险分担、收益共享、激励相容”的内涵特征，防止政府以固定回报承诺、回购安排、明股实债等方式承担过度支出责任，避免将当期政府购买服务支出代替 PPP 项目中长期的支出责任，规避 PPP 相关评价论证程序，加剧地方政府财政债务风险隐患。要加强项目全生命周期的合同履约管理，确保政府和社会资本双方权利义务对等，政府支出责任与公共服务绩效挂钩。

六、充分发挥示范项目引领作用。各级财政部门要联合有关部门，按照“又快又实”“能进能出”的原则，大力推动 PPP 示范项目规范实施。要积极为项目实施创造条件，加强示范项目定向辅导，指导项目单位科学编制实施方案，合理选择运作方式，择优选择社会资本，详细签订项目合同，加强项目实施监管，确保示范项目实施质量，充分发挥示范项目的引领性和带动性。要积极做好示范项目督导工作，推动项目加快实施，在一定期限内仍不具备签约条件的，将不再作为示范项目实施。

七、因地制宜完善管理制度机制。各级财政部门要根据财政部 PPP 相关制度政策，结合各地实际情况，进一步建立健全本地区推广实施 PPP 模式的制度政策体系，细化对地市及县域地区的政策指导。要结合内部职能调整，进一步整合和加强专门力量，健全机构建设，并研究建立部门间的 PPP 协同管理机制，进一步梳理 PPP 相关工作的流程环节，明确管理职责，强调按制度管理、按程序办事。

八、切实有效履行财政管理职能。各级财政部门要会同行业主管部门合理确定公共服务成本，统筹安排公共资金、资产和资源，平衡好公众负担和社会资本回报诉求，构建 PPP 项目合理回报机制。对于政府性基金预算，可在符合政策方向和相关规定的前提下，统筹用于支持 PPP 项目。对于使用者付费项目，涉及特许经营权的要依法定程序评估价值，合理折价入股或授予转让，切实防止国有资产流失。对于使用者付费完全覆盖成本和收益的项目，要依据合同将超额收益的政府方分成部分及时足额监缴入国库，并按照事先约定的价格调整机制，确保实现价格动态调整，切实减轻公众负担。

九、简政放权释放市场主体潜力。各级财政部门要联合有关部门，加强项目前期立项程序与 PPP 模式操作流程的优化与衔接，进一步减少行政审批环节。对于涉及工程建设、设备采购或服务外包的 PPP 项目，已经依据政府采购法选定社会资本合作方的，合作方依法能够自行建设、生产或者提供服务的，按照《招标投标法实施条例》第九条规定，合作方可以不再进行招标。

十、进一步加大财政扶持力度。各级财政部门要落实好国家支持公共服务领域 PPP 项目的财政税收优惠政策，加强政策解读和宣传，积极与中国政企合作投资基金做好项目对接，基金将优先支持符合条件的各级财政部门示范项目。鼓励各级财政部门因地制宜、主动作为，探索财政资金撬动社会资金和金融资本参与 PPP 项目的有效方式，通过前期费用补助、以奖代补等手段，为项目规范实施营造良好的政策环境。

十一、充分发挥 PPP 综合信息平台作用。各级财政部门要通过 PPP 综合信息平台加快项目库、专家库建设，增强监管能力和服务水平。要督促项目实施单位，依托 PPP 综合信息平台，及时向社会公开项目实施方案、合同、实施情况等信息。要加强信息共享，促进项目对接，确保项目实施公开透明、有序推进，保证项目实施质量。

各级财政部门要高度重视，切实发挥好统筹协调作用，主动与有关部门沟通合作，合力做好公共服务领域深化 PPP 改革工作，更好地汇聚社会力量增加公共服务供给。

财政部

2016 年 10 月 11 日

例文 4.1.2　附发性通知

山东省商务厅
关于印发山东省会展业转型升级实施方案的通知
鲁商办发〔2016〕4号

各市商务主管部门、会展业主管部门，有关企业：

按照省政府“敲开核桃，一业一策”，推进服务业转型升级总体部署，《山东省会展业转型升级实施方案》已经有关部门会签同意，现印发给你们，请认真贯彻执行。

附件　山东省会展业转型升级实施方案（2015—2020 年）（略）

山东省商务厅

2016 年 8 月 12 日

二、意见

（一）意见的含义

意见适用于对重要问题提出见解和处理办法。

（二）意见的功能

意见作为上行文，可向上级机关提出工作、学习、队伍建设等方面的建设性意见，应按上行文的程序和要求办理。作为下行文，对提出的要求，下级机关应遵照执行或参照执行。作为平行文，提出的意见供对方参考，写作时要注意措辞的平和，避免使用强制性和命令性语言。

需要注意的是，《党政机关公文处理工作条例》把向上级机关提出建议功能赋予“意见”，也就是说，向上级机关提出建议，不能使用“报告”，应当使用“意见”。

（三）意见的特点

1. 事项的重要性

意见所涉及的问题都是带有全局性的重要工作或事关国计民生的重要事项，并应提出见解、政策性措施和具体处理办法。

2. 行文的多样性

意见作为具有兼容性特点的公文，可以用于上行、下行和平行，但主要用于下行。作为上行文时，应按请示性公文的程序和要求办理。

3. 执行的灵活性

意见虽然也要求有关机关执行，但往往不具有较强的强制性和规定性，给有关机关留有一定的回旋余地和创造性工作的空间。

4. 表述的具体性

意见一般对将要开展的工作的重要意义、指导思想、目标任务、组织领导等进行阐述，并提出具体的处理办法和措施要求。

（四）意见的分类

依据意见的功能，按照性质和用途的不同，意见可分为五类：

1. 指示性意见（下行意见）

指示性意见用于领导机关向下布置工作，它对下级有一定的规范作用和行政约束力。上级机关有时部署工作不宜以决定、命令、通知等文种行文时，便多以意见行文，以阐明工作的原则、方法，并提出要求。这类意见要注重原则性和灵活性的结合，为下级办文留有一定灵活处理的余地。指示性意见因机关层次的不同而有不同要求。不同层次的领导机关使用这类意见时，内容的侧重点也不同。高层领导机关发布的意见比较原则，理论性较强；下层领导机关的意见则比较具体，操作性比较强。如《国务院关于进一步做好防范和处置非法集资工作的意见》（国发〔2015〕59 号，2016 年 2 月 4 日）提出了防范和处置非法集资工作的重要性、指导思想、基本原则、主要目标及措施要求。

2. 指导性意见（下行意见）

近年来，从中央到地方，制定出台了为数众多的“指导意见”。指导意见是各级党政领导机关及其职能部门对某些重要问题提出的见解和处理办法，用于指导有关机关单位有序、有效开展工作活动的新的“意见”类型。

指导意见主要是对工作进行指导，体现了一种民主协商的作风。它注重原则性和灵活性、规定性和变通性的结合，指导性和可操作性强，有较大的灵活性，在执行过程中允许有关机关有所创造和发挥，它的语气平和、舒缓，不像指示性意见那样带有指令性色彩。如《国务院办公厅关于促进金融租赁行业健康发展的指导意见》（国办发〔2015〕69 号，2015 年 9 月 1 日）。

3. 实施性意见（下行意见）

这类意见，一般是对某项重要工作提出具体的、切实可行的政策规定和可操作性的处理办法，并要求下级机关执行。如《山东省人民政府关于大力推进绿色建筑行动的实施意见》（鲁政发）〔2013〕10 号，2013 年 4 月 27 日），提出大力推进山东省绿色建筑行动的意义、基本原则、主要目标、重点任务、保障措施等。

4. 建议性意见（上行意见）

又称建设性意见，呈转性意见。这是向上级提出工作建议、设想的上行文。它又可分为供领导决策参考的呈报性建议意见和请求批转更大范围的有关方面执行的呈转性建议意见。如民政部、国务院扶贫办、中央农办、财政部、国家统计局、中国残联《关于做好农村最低生活保障制度与扶贫开发政策有效衔接的指导意见》，即属于“请求批转”的呈转性意见，经国务院同意，国务院办公厅于 2016 年 9 月 17 日以“国办发〔2016〕70 号”文件转发。建议性意见一定要具体明确、切实可行。正文中提出的建议、意见主要不是针对上级，而是对下级和有关方面提出的，因此撰写时尤其要注意行文的得体。

5. 评估性意见（平行意见）

评估性意见是业务职能部门或专业机构就某项专门工作和业务工作经过调查、研究或者鉴定、评审后，把商定的鉴定、评估结果写成意见送交有关方面。多用于不相隶属组织间的平行文。它又可以分为鉴定性意见和批评性意见。

（五）意见的写作

1. 标题

一般由发文机关、事由和文种组成。如《教育部关于大力推进高等学校创新创业教育和大学生自主创业工作的意见》。

2. 主送机关

用于上行、平行时，一般为一个主送机关；用于下行时，多为一或数个主送机关，且常使用统称。

3. 正文

（1）开头。重点写意见的缘由。一般在开头用于申明行文的目的，复杂一些的还要先简要说明背景、根据。这部分的文字不宜太长，主要是为展开下文做好铺垫。然后以“现提出如下意见”等惯用句式作为过渡语。

（2）主体。主体部分主要写意见事项。分述指导思想、总体要求、目标任务、措施办法、组织领导，或者建议事项、意见等。为了清晰，应根据内容的多少，在每部分前用小标题或段旨句锁定，以便区分不同内容。这部分内容常采用条文形式。主体部分重点是写好见解和解决办法。

（3）结尾。意见的结尾，一般使用简要的语言，向有关机关提出贯彻执行的要求或希望。如果主体部分已提出要求，就可不必再写结尾。

不同类型的意见，常采用不同的结束语。如指导性意见常用“上述意见，请结合实际情况贯彻执行”作结；呈报性建议意见常用“以上意见是否可行，仅供领导决策参考”作结；呈转性建议意见常用“以上意见如无不妥，请予转发有关部门执行”作结。指示性和实施性意见，一般不单独作结，而是体现在如“组织领导”“工作要求”等主体的一段内容里。

4. 落款

写明发文机关和成文时间，加盖发文机关印章。

例文 4.1.3　指示性意见

国务院
关于积极稳妥降低企业杠杆率的意见
国发〔2016〕54号

各省、自治区、直辖市人民政府，国务院各部委、各直属机构：

近年来，我国企业杠杆率高企，债务规模增长过快，企业债务负担不断加重。在国际经济环境更趋复杂、我国经济下行压力仍然较大的背景下，一些企业经营困难加剧，一定程度上导致债务风险上升。为贯彻落实党中央、国务院关于推进供给侧结构性改革、重点做好“三去一降一补”工作的决策部署，促进建立和完善现代企业制度，增强经济中长期发展韧性，现就积极稳妥降低企业杠杆率（以下简称降杠杆）提出以下意见。

一、总体要求

降杠杆的总体思路是：全面贯彻党的十八大和十八届三中、四中、五中全会精神，认真落实中央经济工作会议和政府工作报告的工作部署，坚持积极的财政政策和稳健的货币政策取向，以市场化、法治化方式，通过推进兼并重组、完善现代企业制度强化自我约束、盘活存量资产、优化债务结构、有序开展市场化银行债权转股权、依法破产、发展股权融资，积极稳妥降低企业杠杆率，助推供给侧结构性改革，助推国有企业改革深化，助推经济转型升级和优化布局，为经济长期持续健康发展夯实基础。

在推进降杠杆过程中，要坚持以下基本原则：

市场化原则。充分发挥市场在资源配置中的决定性作用和更好发挥政府作用。债权人和债务人等市场主体依据自身需求开展或参与降杠杆，自主协商确定各类交易的价格与条件并自担风险、自享收益。政府通过制定引导政策，完善相关监管规则，维护公平竞争的市场秩序，做好必要的组织协调工作，保持社会稳定，为降杠杆营造良好环境。

法治化原则。依法依规开展降杠杆工作，政府与各市场主体都要严格依法行事，尤其要注重保护债权人、投资者和企业职工合法权益。加强社会信用体系建设，防范道德风险，严厉打击逃废债行为，防止应由市场主体承担的责任不合理地转嫁给政府或其他相关主体。明确政府责任范围，政府不承担损失的兜底责任。

有序开展原则。降杠杆要把握好稳增长、调结构、防风险的关系，注意防范和化解降杠杆过程中可能出现的各类风险。尊重经济规律，充分考虑不同类型行业和企业的杠杆特征，分类施策，有扶有控，不搞“一刀切”，防止一哄而起，稳妥有序地予以推进。

统筹协调原则。降杠杆是一项时间跨度较长的系统工程。要立足当前、着眼长远，标本兼治、综合施策。要把建立规范现代企业制度、完善公司治理结构、强化自身约束机制作为降杠杆的根本途径。降杠杆要综合运用多种手段，与企业改组改制、降低实体经济企业成本、化解过剩产能、促进企业转型升级等工作有机结合、协同推进。

二、主要途径

（一）积极推进企业兼并重组

1. 鼓励跨地区、跨所有制兼并重组。支持通过兼并重组培育优质企业。进一步打破地方保护、区域封锁，鼓励企业跨地区开展兼并重组。推动混合所有制改革，鼓励国有企业通过出让股份、增资扩股、合资合作等方式引入民营资本。加快垄断行业改革，向民营资本开放垄断行业的竞争性业务领域。

2. 推动重点行业兼并重组。发挥好产业政策的引导作用，鼓励产能过剩行业企业加大兼并重组力度，加快“僵尸企业”退出，有效化解过剩产能，实现市场出清。加大对产业集中度不高、同质化竞争突出行业或产业的联合重组，加强资源整合，发展规模经济，实施减员增效，提高综合竞争力。

3. 引导企业业务结构重组。引导企业精益化经营，突出主业，优化产业链布局，克服盲目扩张粗放经营。通过出售转让非主业或低收益业务回收资金、减少债务和支出，降低企业资金低效占用，提高企业运营效率和经营效益。

4. 加大对企业兼并重组的金融支持。通过并购贷款等措施，支持符合条件的企业开展并购重组。允许符合条件的企业通过发行优先股、可转换债券等方式筹集兼并重组资金。进一步创新融资方式，满足企业兼并重组不同阶段的融资需求。鼓励各类投资者通过股权投资基金、创业投资基金、产业投资基金等形式参与企业兼并重组。

（二）完善现代企业制度强化自我约束

1. 建立和完善现代企业制度。建立健全现代企业制度、完善公司治理结构，对企业负债行为建立权责明确、制衡有效的决策执行监督机制，加强企业自身财务杠杆约束，合理安排债务融资规模，有效控制企业杠杆率，形成合理资产负债结构。

2. 明确企业降杠杆的主体责任。企业是降杠杆的第一责任主体。强化企业管理层资产负债管理责任，合理设计激励约束制度，处理好企业长期发展和短期业绩的关系，树立审慎经营观念，防止激进经营过度负债。落实企业股东责任，按照出资义务依法缴足出资，根据股权先于债权吸收损失原则承担必要的降杠杆成本。

3. 强化国有企业降杠杆的考核机制。各级国有资产管理部门应切实履行职责，积极推动国有企业降杠杆工作，将降杠杆纳入国有资产管理部门对国有企业的业绩考核体系。统筹运用政绩考核、人事任免、创新型试点政策倾斜等机制，调动地方各级人民政府和国有企业降杠杆的积极性。

（三）多措并举盘活企业存量资产

1. 分类清理企业存量资产。规范化清理资产，做好闲置存量资产相关尽职调查、资产清查、财产评估等工作，清退无效资产，实现人资分离，使资产达到可交易状态。

2. 采取多种方式盘活闲置资产。对土地、厂房、设备等闲置资产以及各类重资产，采取出售、转让、租赁、回租、招商合作等多种形式予以盘活，实现有效利用。引导企业进入产权交易市场，充分发挥产权交易市场价格发现、价值实现功能。

3. 加大存量资产整合力度。鼓励企业整合内部资源，将与主业相关的资产整合清理后并入主业板块，提高存量资产的利用水平，改善企业经营效益。

4. 有序开展企业资产证券化。按照“真实出售、破产隔离”原则，积极开展以企业应收账款、租赁债权等财产权利和基础设施、商业物业等不动产财产或财产权益为基础资产的资产证券化业务。支持房地产企业通过发展房地产信托投资基金向轻资产经营模式转型。

（四）多方式优化企业债务结构

1. 推动企业开展债务清理和债务整合。加大清欠力度，减少无效占用，加快资金周转，降低资产负债率。多措并举清理因担保圈、债务链形成的三角债。加快清理以政府、大企业为源头的资金拖欠，推动开展中小企业应收账款融资。对发展前景良好、生产经营较为正常，有技术、有订单，但由于阶段性原因成为资金拖欠源头的企业，鼓励充分调动多方力量，在政策允许范围内，统筹运用盘活资产、发行债券和银行信贷等多种手段，予以必要支持。

2. 降低企业财务负担。加快公司信用类债券产品创新，丰富债券品种，推动企业在风险可控的前提下利用债券市场提高直接融资比重，优化企业债务结构。鼓励企业加强资金集中管理，支持符合条件的企业设立财务公司，加强内部资金融通，提高企业资金使用效率。通过大力发展政府支持的担保机构等措施，提高企业信用等级，降低融资成本。

（五）有序开展市场化银行债权转股权

1. 以市场化法治化方式开展债转股。由银行、实施机构和企业依据国家政策导向自主协商确定转股对象、转股债权以及转股价格和条件，实施机构市场化筹集债转股所需资金，并多渠道、多方式实现股权市场化退出。

2. 以促进优胜劣汰为目的开展市场化债转股。鼓励面向发展前景良好但遇到暂时困难的优质企业开展市场化债转股，严禁将“僵尸企业”、失信企业和不符合国家产业政策的企业作为市场化债转股对象。

3. 鼓励多类型实施机构参与开展市场化债转股。除国家另有规定外，银行不得直接将债权转为股权。银行将债权转为股权应通过向实施机构转让债权、由实施机构将债权转为对象企业股权的方式实现。鼓励金融资产管理公司、保险资产管理机构、国有资本投资运营公司等多种类型实施机构参与开展市场化债转股；支持银行充分利用现有符合条件的所属机构，或允许申请设立符合规定的新机构开展市场化债转股；鼓励实施机构引入社会资本，发展混合所有制，增强资本实力。

（六）依法依规实施企业破产

1. 建立健全依法破产的体制机制。充分发挥企业破产在解决债务矛盾、公平保障各方权利、优化资源配置等方面的重要作用。完善破产清算司法解释和司法政策。健全破产管理人制度。探索建立关联企业合并破产制度。细化工作流程规则，切实解决破产程序中的违法执行问题。支持法院建立专门清算与破产审判庭，积极支持优化法官配备并加强专业培训，强化破产司法能力建设。规范和引导律师事务所、会计师事务所等中介机构依法履职，增强破产清算服务能力。

2. 因企制宜实施企业破产清算、重整与和解。对于扭亏无望、已失去生存发展前景的“僵尸企业”，要破除障碍，依司法程序进行破产清算，全面清查破产企业财产，清偿破产企业债务并注销破产企业法人资格，妥善安置人员。对符合破产条件但仍有发展前景的企业，支持债权人和企业按照法院破产重整程序或自主协商对企业进行债务重组。鼓励企业与债权人依据破产和解程序达成和解协议，实施和解。在企业破产过程中，切实发挥债权人委员会作用，保护各类债权人和企业职工合法权益。

3. 健全企业破产配套制度。政府与法院依法依规加强企业破产工作沟通协调，解决破产程序启动难问题，做好破产企业职工安置和权益保障、企业互保联保和民间融资风险化解、维护社会稳定等各方面工作。加快完善清算后工商登记注销等配套政策。

（七）积极发展股权融资

1. 加快健全和完善多层次股权市场。加快完善全国中小企业股份转让系统，健全小额、快速、灵活、多元的投融资体制。研究全国中小企业股份转让系统挂牌公司转板创业板相关制度。规范发展服务中小微企业的区域性股权市场。支持区域性股权市场运营模式和服务方式创新，强化融资功能。

2. 推动交易所市场平稳健康发展。进一步发展壮大证券交易所主板，深入发展中小企业板，深化创业板改革，加强发行、退市、交易等基础性制度建设，切实加强市场监管，依法保护投资者权益，支持符合条件的企业在证券交易所市场发行股票进行股权融资。

3. 创新和丰富股权融资工具。大力发展私募股权投资基金，促进创业投资。创新财政资金使用方式，发挥产业投资基金的引导作用。规范发展各类股权类受托管理资金。在有效监管的前提下，探索运用股债结合、投贷联动和夹层融资工具。

4. 拓宽股权融资资金来源。鼓励保险资金、年金、基本养老保险基金等长期性资金按相关规定进行股权投资。有序引导储蓄转化为股本投资。积极有效引进国外直接投资和国外创业投资资金。

三、营造良好的市场与政策环境

1. 落实和完善降杠杆财税支持政策。发挥积极的财政政策作用，落实并完善企业兼并重组、破产清算、资产证券化、债转股和银行不良资产核销等相关税收政策。根据需要，采取适当财政支持方式激励引导降杠杆。

2. 提高银行不良资产核销和处置能力。拓宽不良资产市场转让渠道，探索扩大银行不良资产受让主体，强化不良资产处置市场竞争。加大力度落实不良资产转让政策，支持银行向金融资产管理公司打包转让不良资产。推动银行不良资产证券化。多渠道补充银行核心和非核心资本，提高损失吸收能力。

3. 加强市场主体信用约束。建立相关企业和机构及其法定代表人、高级管理人员的信用记录，并纳入全国信用信息共享平台。构建参与各方失信行为联合惩戒机制，依据相关法律法规严格追究恶意逃废债和国有资产流失等违法违规单位及相关人员责任。

4. 强化金融机构授信约束。银行业金融机构应通过建立债权人委员会、联合授信等机制，完善客户信息共享，综合确定企业授信额度，并可通过合同约定等方式，避免过度授信，防止企业杠杆率超出合理水平。对授信银行超过一定数量、授信金额超过一定规模的企业原则上以银团联合方式发放贷款，有效限制对高杠杆企业贷款。

5. 健全投资者适当性管理制度。合理确定投资者参与降杠杆的资格与条件。鼓励具有丰富企业管理经验或专业投资分析能力，并有相应风险承受力的机构投资者参与企业市场化降杠杆。完善个人投资者适当性管理制度，依法建立合格个人投资者识别风险和自担风险的信用承诺制度，防止不合格个人投资者投资降杠杆相关金融产品和超出能力承担风险。

6. 切实减轻企业社会负担。完善减轻企业非债务负担配套政策，落实已出台的各项清理规范涉企行政性、事业性收费以及具有强制垄断性的经营服务收费、行业协会涉企收费政策。加大对企业在降杠杆过程中剥离相关社会负担和辅业资产的政策支持力度。

7. 稳妥做好重组企业的职工分流安置工作。各级人民政府要高度重视降杠杆过程中的职工安置，充分发挥企业主体作用，多措并举做好职工安置工作。鼓励企业充分挖掘内部潜力，通过协商薪酬、转岗培训等方式，稳定现有工作岗位。支持企业依靠现有场地、设施、技术开辟新的就业岗位。对不裁员或少裁员的企业，按规定由失业保险实施稳岗补贴政策。依法妥善处理职工劳动关系，稳妥接续社会保险关系，按规定落实社会保险待遇。积极做好再就业帮扶，落实就业扶持政策，加大职业培训力度，提供公共就业服务，对就业困难人员按规定实施公益性岗位托底安置。

8. 落实产业升级配套政策。进一步落实重点行业产业转型升级和化解过剩产能的配套支持措施，加大对重点企业兼并重组和产业整合的支持力度，发挥产业投资基金作用，吸引社会资本参与，实行市场化运作，推动重点行业破局性、战略性重组，实现产业链整合及产业融合，通过资源重新配置降低企业杠杆率，进一步提升优质企业竞争力。

9. 严密监测和有效防范风险。加强政策协调，强化信息沟通与研判预警，提高防范风险的预见性、有效性，严密监控降杠杆可能导致的股市、汇市、债市等金融市场风险，防止风险跨市场传染。填补监管空白与漏洞，实现监管全覆盖，完善风险处置预案，严守不发生系统性风险的底线。

10. 规范履行相关程序。在降杠杆过程中，涉及政府管理事项的，要严格履行相关核准或备案程序，严禁违法违规操作。为适应开展降杠杆工作的需要，有关部门和单位应进一步明确、规范和简化相关程序，提高行政效率。

11. 更好发挥政府作用。政府在降杠杆工作中的职责是制定规则，完善政策，适当引导，依法监督，维护公平竞争的市场秩序，保持社会稳定，做好职工合法权益保护等社会保障兜底工作，确保降杠杆在市场化、法治化轨道上平稳有序推进。政府在引导降杠杆过程中，要依法依规、遵循规律、规范行为，不干预降杠杆工作中各市场主体的相关决策和具体事务。同时，各级人民政府要切实履行好国有企业出资人职责，在国有企业降杠杆决策中依照法律法规和公司章程行使国有股东权利。

国家发展改革委、人民银行、财政部、银监会等相关部门和单位要建立积极稳妥降低企业杠杆率部际联席会议制度，加强综合协调指导，完善配套措施，组织先行先试，统筹推进各项工作。及时了解新情况，研究、解决降杠杆过程中出现的新问题。通过多种方式，加强舆论引导，适时适度做好宣传报道和政策解读工作，回应社会关切，营造良好的舆论环境。及时归集、整理降杠杆相关信息并进行分析研究，适时开展降杠杆政策效果评估，重大问题及时向国务院报告。

附件：关于市场化银行债权转股权的指导意见（略）

国务院

2016 年 9 月 22 日

例文 4.1.4：建议性意见

××市交通局
关于改善我市交通拥堵情况的意见

市政府：

我市是一个拥有 700 万人口的大城市。全年车辆拥有量万辆。城市交通流量每天万辆。

城市交通拥堵一直是困扰我们的一个“老大难”问题。造成我市交通拥堵的主要原因有：一是历史原因造成的道路狭窄，布局不合理；二是城市交通管理手段落后，管理水平低；三是公共交通满足不了城市大众的乘车需求；四是市民自觉维护城市交通的法制意识差，违规占道、违规穿行等现象较为普遍。因此，要解决我市交通拥堵现状，必须动员全市方方面面的力量，共同努力才能奏效。为尽快改进我市交通拥堵状况，特提出以下建议：

一、提高认识，转变观念，把搞好城市交通工程提上重要日程

我市作为北方的大城市，市场经济的发展和南方沿海城市相比，差距仍很大。不仅经济落后，观念也落后。交通是城市的血脉，是城市经济发展重要基础的观念还未在全市完全形成。因此，建议市政府通过交通工作会议等形式，向全市党政干部讲清楚我市的交通状况及与经济发展的密切关系，彻底转变一些部门和单位认为交通发展和交通管理与己无关或无足轻重的观念，树立全市人民关心交通、重视交通、支持交通的新局面，为全面加强我市交通建设、改善我市交通管理，奠定坚实的思想基础。为配合这一活动，市交通管理部门拟举办一次城市交通展览会。展览会的主要内容是：展示我市改革开放以来交通建设和交通管理的巨大成就；揭示我市交通建设和管理方面的问题，特别是对经济发展的制约；介绍国外发达国家和我国沿海先进城市交通建设和管理的经验。展览会拟在五月份举行。

二、举全市之力，修路架桥，彻底缓解城市交通拥堵状况

目前，我市交通拥堵的一个重要原因是历史遗留下来的城市道路狭窄，布局不合理问题。因此，建议市政府增加城市交通建设的财政投入，同时也可通过引进外资共建共享的办法，进行城市主干道的改建、扩建、新建。建议在三环路的基础上再建一条四环路，减缓城区车辆的压力。同时在区、两个城市中心区的路等十条主干道上建造5座高架桥。积极筹建高价轻轨，力争3～5年内建成，从而彻底缓解我市道路拥堵状况。

三、引进先进管理模式，科学管理城市交通

目前，我市交通管理十分落后，建议市政府增加投入，扩建市交通指挥中心，配备现代化的交通监控系统，对全市实行微机监控。同时引进国外先进城市交通管理办法，对市内的街路按功能划分为高速路、快速路、主干道、次干道、支路、生活区路，并进行分级管理，限定不同的时速。为解决市内乱停车问题，建议在年内制定出台《市车辆停放管理条例》。同时建议市政府对全市新建、扩建的大型广场和商厦的停车场建设规模、功能等做出限制性规定，增加地下停车空间，缓解地面压力。

四、强化市民素质教育，动员全市人民维护城市交通秩序

城市交通与全市人民的生活息息相关。维护全市交通秩序不仅是城市交通管理部门的事情，也是全市人民的事情。为解决目前市民交通意识淡薄、行人和自行车违章变道等问题，建议由市政府办公厅牵头，组织全市有关部门开展一次全市人民关心交通、维护交通宣传教育活动。充分利用电台、电视台、报纸、宣传板等媒体及通过组织专题讲座、交通知识竞赛、“当一天交通警察”（协勤）等活动，对全市人民进行一次深入的城市交通管理教育。

同时，加大对交通违章违规行为的处理力度。在主要路段增加交通协勤人员，强化交通秩序管理力度。

五、大力发展城市公共交通事业

我国的国情和国外发达国家不同，我国城市人口密集、国民收入低，城市交通应该以公共交通为主。鉴于我市公共交通还很落后，企业长期亏损，财政暂时拿不出更多资金的现状，建议采取与外资合作经营城市公共交通的办法，解决资金来源问题，发展城市公共交通。可先选部分路线试点，成功后再全面铺开。另一方案是改变目前的乘车管理办法，取消月票，采取IC卡计费的办法。缓解公共汽车公司的经营压力，使其扭亏为盈，增加盈利能力。

预计采取以上举措后，每年可增加收入×××万元，两年左右可将市内现存的陈旧车辆全部更新。但这个办法，可能要增加部分市民的生活支出，有可能引起社会争议。因此，应在广泛征求各方面意见，取得共识的情况下实施。

××市交通局

20××年×月×日

第二节　通告与通报

一、通告

（一）通告的含义

通告是常用的下行公文，适用于公布社会各有关方面应当遵守或者周知的事项。受文对象是党政机关之外的非特定的“社会各有关方面”。

（二）通告的特点

1. 发布形式的公开性

通告适用于公布一定范围内社会各方面应当遵守或者周知的事项。因对象无法限定而具有普遍告知性，采用对外张贴或者利用新闻媒体公开发布。如《××区人民政府兵役登记通告》。

2. 对受文者的制约性

通告一般对不特定人的行为做出了制约，社会各方面应当遵守，因此通告具有对“社会各方面”的相应行为的制约性。

（三）通告的分类

1. 周知性通告

在一定的范围内，需要通告告知。如《××市公安局关于出入境接待大厅作息时间调整的通告》，发文的目的是告知需要办理出入境事务的有关人员作息时间作了调整，以免带来不便。

2. 制约性通告

亦称禁止性、行止性、规定性通告。这类通告的内容常常涉及到要求人们遵守的事项，如若违反，就要承担责任。制约性通告具有很强的严肃性和权威性。如《××市公安局关于查禁收缴枪支弹药仿真枪和管制刀具 严厉打击违法犯罪活动的通告》，要求在全市范围内集中开展查禁收缴枪支弹药、仿真枪和管制刀具，打击违法犯罪活动。市民应当在规定的时间内主动上缴个人持有的枪支弹药、仿真枪、管制刀具，否则，应受到处罚。

（四）文种辨析

1. 通告与公告

通告和公告都是公布性的公文。公告适用于“向国内外宣布重要事项或者法定事项”。公告一般是具有“宣布重要事项或者法定事项”权限的领导机关使用的，一般通过新闻媒体向国内外大范围公布。由此可见，公告涉及的事项重大，发布机关的级别较高。通告是一定范围，如一定区域内公布、遵照执行的事项，一般属于小的局部性事项和非法定事项，在范围和重要性上比公告要“差”些。如，东海舰队在东海演习，使用“公告”。而某市因维修电力线路停电、某银行营业部周日调休等，则应使用“通告”。

2. 通告和通知

通知，一般地说是党政机关的内部行文，发文对象是特定的。通告，一般地说是外部行文，发文对象是党政机关以外的非特定的社会各有关方面，凡是要求非特定的社会各有关方面遵守或者周知的，都应当使用通告。以某县人民政府财政预算公开为例，如果只向县政府各委、办、局等限定范围的内部公开，可使用通知；如果是向社会各界不限定范围公开，应使用通告。

（五）通告的写作

1. 标题

通告应采用要素齐全式标题，即发文机关 + 发文事由 + 文种。如《国家税务总局关于车船税征管若干问题的通告》（国家税务总局公告 2013 第 42 号，2013 年 7 月 26 日）。

2. 主送机关

通告的对象是非特定的，所以通告不写主送机关。

3. 正文

通告的正文一般由通告的缘由、通告事项、通告结语构成，通常采用条文式写作。周知性通告的正文通常由“告知什么事、需注意事项”组成。制约性通告的正文一般由以下要素构成：缘由（原因、目的）、法规依据、处罚条款、生效条款。

禁止性通告正文开头部分应交代行文的法规政策依据，以体现通告的政策性、严肃性。如 2011 年 9 月 21 日发布的《最高人民法院 最高人民检察院 公安部 司法部有关敦促在逃犯罪人员投案自首的通告》，阐明了发布通告的依据是刑法、刑事诉讼法。然后用“现通告如下”过渡。通告如果没有处罚性规定，就会削弱通告的效力、执行力。生效条款，即规定的生效日期。一种是发布日期即生效日期；一种是发布时间滞后一段时间的施行日期。

一般地，制约性通告的写作模式为：先写缘由（“原因＋目的＋依据”或“目的＋依据”），然后分条写明通告的事项。制约性通告有的需借助于“禁止”“严禁”“不准”“必须”来实现制约行为的效果。

通告的结语常用惯用语“特此通告”作结。或写明实施日期，如“本通告自发布之日起实施”。

4. 发文机关署名和成文时间

例文 4.2.1 周知性通告

北京市地方税务局
关于开展2013年减免税统计调查工作的通告
北地税通〔2013〕2号

为全面掌握减免税政策执行情况，提高为纳税人享受税收优惠政策的服务水平，根据《国家税务总局关于印发〈2013 年减免税统计调查实施方案〉的通知》（国税发〔2013〕51 号），

北京市地方税务局开展 2013 年减免税统计调查工作。现将有关事项通告如下：

一、调查范围

（一）调查对象。2012 年 12 月 31 日前，所有已办理税务登记的纳税人（不包括个体工商户）无论有无减免税，均需参加调查。

（二）税种界定。由地税部门负责征收管理的营业税、企业所得税、个人所得税、资源税、城市维护建设税、房产税、印花税、城镇土地使用税、土地增值税、车船税、耕地占用税和契税。

（三）时间界定。企业在 2012 年 1 月 1 日至 2012 年 12 月 31 日期间实际发生的各项减免税，按企业会计年度填报。对 2012 年已审批但实际未退税或实际未抵减的税，则不统计。

二、调查方式

所有被调查企业，无论 2012 年是否享受减免税，均需报送《2013 年企业减免税调查表》（以下简称《调查表》）。享受减免税的企业，根据《调查表》的具体内容和要求逐项填报；没有享受减免税的企业，也需实行零报告，填写纳税人名称、纳税人识别号、联系人、联系电话、电子邮箱、登记注册类型、所属行业等项后报送。具体报送方式如下：

方法一：具备网上申报条件的纳税人，登陆北京市地方税务局网站（www.tax861.gov.cn），通过主页上的“纳税申报”栏目进行填报。

方法二：不具备网上申报条件的纳税人，可以从北京市地方税务局网站下载电子《调查表》或到基层主管税务机关领取纸质《调查表》，正确填写后将电子或纸质《调查表》交回基

层主管税务机关。

三、报送时间

2013 年 7 月 1 日 – 7 月 20 日。

四、咨询方式

纳税人在《调查表》填报过程中如遇到问题，可向主管税务机关咨询，也可登陆北京市地方税务局网站查询相关内容或拨打电话 12366 进行咨询。

五、调查要求

根据《中华人民共和国税收征收管理法》的相关规定，纳税人应积极配合税务机关做好减免税统计调查工作，如实向税务机关提供相关信息，确保资料真实、数据准确、填报及时。税务机关对纳税人上报的资料负有保密责任。

北京市地方税务局

2013 年 6 月 14 日

例文 4.2.2　禁止性通告

卫生部 公安部
关于维护医疗机构秩序的通告
卫通〔2012〕7号

为有效维护医疗机构正常秩序，保证各项诊疗工作有序进行，依照国家有关法律法规的规定，特通告如下：

一、医疗机构是履行救死扶伤责任、保障人民生命健康的重要场所，禁止任何单位和个人以任何理由、手段扰乱医疗机构的正常诊疗秩序，侵害患者合法权益，危害医务人员人身安全，损坏医疗机构财产。

二、医疗机构及其医务人员应当坚持救死扶伤、全心全意为人民服务的宗旨，严格执行医疗管理相关法律、法规和诊疗技术规范，切实加强内部管理，提高医疗服务质量，保障医疗安全，优化服务流程，增进医患沟通，积极预防化解医患矛盾。

三、患者在医疗机构就诊，其合法权益受法律保护。患者及家属应当遵守医疗机构的有关规章制度。

四、医疗机构应当按照《医院投诉管理办法（试行）》的规定，采取设立统一投诉窗口、公布投诉电话等形式接受患者投诉，并在显著位置公布医疗纠纷的解决途径、程序以及医疗纠纷人民调解组织等相关机构的职责、地址和联系方式。患者及家属应依法按程序解决医疗纠纷。

五、患者在医疗机构死亡后，必须按规定将遗体立即移放太平间，并及时处理。未经医疗机构允许，严禁将遗体停放在太平间以外的医疗机构其他场所。

六、公安机关要会同有关部门做好维护医疗机构治安秩序的工作，依法严厉打击侵害医务人员和患者人身安全、扰乱医疗机构秩序的违法犯罪活动。

七、有下列违反治安管理行为之一的，由公安机关依据《中华人民共和国治安管理处罚法》予以处罚。构成犯罪的，依法追究刑事责任：

（一）在医疗机构焚烧纸钱、摆设灵堂、摆放花圈、违规停尸、聚众滋事的；

（二）在医疗机构内寻衅滋事的；

（三）非法携带易燃、易爆危险物品和管制器具进入医疗机构的；

（四）侮辱、威胁、恐吓、故意伤害医务人员或者非法限制医务人员人身自由的；

（五）在医疗机构内故意损毁、盗窃、抢夺公私财物的；

（六）倒卖医疗机构挂号凭证的；

（七）其他扰乱医疗机构正常秩序的行为。

本通告自公布之日起施行。

二〇一二年四月三十日

二、通报

（一）通报的含义

通报适用于表彰先进，批评错误，传达重要精神或情况。通报是党政机关、企事业单位常用的下行文。

（二）通报的特点

1. 语体的特殊性

通报是介于叙述性文体和议论性文体之间的一种特殊文体。一方面，通报需要叙述通报事实，具有叙述性文体的特点；另一方面，通报还需要对通报事实做出评价，表明发文机关的态度和主张，这又具有议论性文体的特点。

2. 内容的典型性

通报作为表彰先进、批评错误、传达重要精神或告知重要情况的公文，应用和影响广泛，其事实必须准确、真实，内容必须具有典型性、导向性，应针对工作和学习中出现的比较突出的新情况、新问题，予以反映和揭示。既要让人们知晓内容，又要以引起人们的重视、警觉，以最大限度地发挥通报的宣传、教育、引导作用。

3. 事实的准确性

通报必须以事实为依据，事实必须准确、真实。通报的教育、指导作用，从一定意义上讲，体现了事实本身。因此，必须对事实进行认真负责地调查、核对。维护事实的真实性，就是维护通报的严肃性，就是对组织和被通报者负责。因此，撰写通报时必须做到准确无误，没有水分。

4．行文的及时性

通报要抓住适当时机，看准火候，把问题解决在萌芽之中，才能充分发挥通报的教育作用和指导作用。

（三）通报的分类

1．按表述的方式

通报可分为直述通报或转述通报两种。直述通报就是发文机关直接发出的通报，通报的内容直接在正文中写出。转述通报是发文机关转发某种文件、材料或其他单位的通报，通报的内容在附件中已写明，通报的正文只说明转发的意义、目的和要求即可。

2．按性质和用途

（1）表彰性通报。主要是表扬好人好事或宣传先进经验（典型）。这类通报的目的在于树立榜样，以供人们学习、借鉴。

表扬先进，有时使用"命令"或"决定"。"命令""决定"与"通报"的主要区别体现在先进性的差别上。"通报""决定""命令"表扬的先进人物相较，在表彰的层级、典型性上，在影响的程度、范围上为递进关系，后者中表扬的先进人物其先进事迹更突出、更典型、影响更大，更有教育意义。

（2）批评性通报。主要是通报典型事故或批评错误行为，起到引人注意、使人汲取教训的作用，达到警戒、教育的目的。

也有学者把表彰性通报、批评性通报统称为"典型性通报。"

（3）情况通报。主要是向有关单位和人员传达重要决策，阐明工作指导方针；通报信息，告知值得重视或应该知道的情况、动向，事先做好准备、安排，以利于工作的推进，避免被动局面的出现。如毛泽东在1948年3月20日为中共中央写的党内通报《关于情况的通报》。

有时督查工作，也使用通报，有的学者称此类通报为"督查通报"。

通报的内容应该是重要的、具有典型性和指导意义的、其发展趋势值得注意的情况。

（四）文种辨析

情况通报与指示性通知都具有知照性，但却各有侧重。指示性通知不仅使其"知"，往往还要其"照"（照办，即告知其干什么和怎样干），具有一定的约束力。情况通报侧重于使其"知情"，并予以"警"，即预警、警醒。情况通报告知的目的，重在让对方全面了解情况，推动工作。

（五）通报的写作

1．通报的结构

通报的结构大体上和通知相同。

（1）标题。多使用规范化的标题，即“发文机关＋事由＋文种”三要素都具备。如果是表彰性的通报，标题中往往要加上“表彰”的字样，如《××市政府表彰×××同志廉洁奉公拒受巨额贿款事迹的通报》；如果是情况通报，就要加上“情况”两字，如《××市文化局关于查禁非法淫秽出版物情况的通报》；如果是批评性的通报，一般只在“事由”中写明批评的现象或事故，不加“批评”的字样，如《××省人民政府办公厅关于×××煤矿三起重大伤亡事故的通报》。有时标题也直接用“通报”二字。

（2）抬头。因为通报带有周知性，抬头往往用统称，如顶格写“各县（市区）人民政府”。普发性的情况通报也可以不用抬头，直接发往有关部门、单位。

（3）正文。通报正文的逻辑结构通常可分为：为什么通报、通报什么、注意什么等，一般都包含开头、主体、结语三部分。开头，又叫引言，常用的有两种：简述缘由和交代概况。然后常以一些惯用语作为过渡，引出主体。如“特通报表扬，望认真组织学习”、“特通报批评，望从中汲取教训，引以为戒”。主体，是通报基干，主要由事实和论断两部分组成。通报主要是通过典型事例来进行教育、指导或推进工作的。因此，它所写的事实，不仅是真实的，而且是典型的。所谓典型，就是要求个性与共性的高度统一。个性指的是通报的事实或情况必须是具体的、特殊的；共性指的是它还具有代表性，能反映出该类事物的共同特性和本质，对一定范围内的单位和人员，具有普遍的意义和作用。叙述事实或情况时，既要具体清楚，又要简明扼要，切忌主次不分，啰唆重复。叙述事实或情况的目的，在于从中发掘出能够给人提供经验、教训、警戒的东西。因此，必须对事实加以分析，做出论断，充分揭示出事物所包含的本质意义。

通报通常都从事实产生的原因、事实的性质和产生的影响三个方面进行分析。当然，不是每一份通报都有全面（三个方面都包括）的分析，而是根据需要，分析一两个方面即可。分析要恰如其分，既不能拔高，也不能“无限上纲”。分析应该点到为止，切忌空讲大道理。分析之后，还要提出处置意见。表扬性的，应做出给予精神或物质奖励的决定，批评性的应做出处理的决定。结语，提出希望、要求或号召。

（4）发文机关署名和成文日期。通报需要注明发文机关和成文日期。

2. 通报的写作方式、方法

表彰性通报、批评性通报、情况性通报虽然在宏观结构上具有一致性，但在内容侧重点上却有区别。

（1）表彰性通报。一般结构通常为导语、主要做法（事迹及经过）、分析评价、嘉奖决定、希望或要求。因此，除了要把先进事迹（经验）交代清楚，还应着重写明其先进性，找出规律性的东西，指明学习的重点。对于某些先进经验，还可以适当指出不足之处和改进的方法，使其趋于完善。

（2）批评性通报。《文心雕龙》云“明罚敕法，则辞有秋霜之烈”，即对待错误与不足，要明确指出，不能含糊。批评性通报主要是通报典型事故或批评错误行为，起到引人警觉、汲取教训的作用，达到警戒、教育的目的。批评性通报正文的写作，一般分为四个部分：一是介绍事实情况。无论是工作失误情况、责任事故，还是所犯错误的事实，都要将事实行为发生的时间、地点、原因、结果交代清楚。二是分析评价。全面、中肯、客观地对事实进行分析评价，剖析性质及其危害，深挖细找思想根源与原因（如一时查不清原因，也应特别说明），指出应汲取的经验教训。三是通报处理结果情况。四是提出希望和要求。即提出消除恶劣影响、引以为戒，杜绝类似现象再度发生的要求。

（3）情况通报。主要是向有关单位和人员告知值得重视或应该知道的情况、动向，事先做好准备、安排，以利工作的推进，避免被动局面的出现。情况通报的一般结构为导语、主要情况与措施、存在的不足、要求。情况通报侧重于对情况的叙述，通过有重点的介绍，使受文者了解全局，交流情况，学习先进，正视问题，以达到推动工作的目的。

情况通报中的督查通报，是机关工作中经常用到的一种公文，它的写法与调研报告有相似之处，但更注重鞭策后进、督促工作。其正文结构一般包括情况综述、总结经验、指出问题、提出意见建议。

例文 4.2.3 表彰性通报

国务院办公厅
关于对“十二五”时期实行最严格水资源管理制度
成绩突出的省级人民政府给予表扬的通报
国办发〔2016〕79号

各省、自治区、直辖市人民政府，国务院各部委、各直属机构：

“十二五”时期，在党中央、国务院正确领导下，各地区、各部门把实行最严格水资源管理制度作为推进产业转型升级、实现经济发展方式转变的重要抓手，采取有力措施，取得了显著成效。2015年，全国用水总量6103.2亿立方米，农田灌溉水有效利用系数达到0.536，万元工业增加值用水量比2010年下降36.7%，重要江河湖泊水功能区水质达标率为70.8%，均实现了“十二五”期末控制目标，为经济社会发展提供了重要支撑。

为表扬先进、宣传典型，进一步落实最严格水资源管理制度，经国务院同意，对“十二五”期间实行最严格水资源管理制度成绩突出的山东、江苏、浙江、重庆、上海5个省（市）人民政府予以通报表扬。希望受到表扬的地区珍惜荣誉，发扬成绩，再接再厉，做出更大贡献。

各地区、各部门要认真贯彻党中央、国务院决策部署，牢固树立创新、协调、绿色、开放、共享的发展理念，振奋精神，奋发有为，勇于担当，攻坚克难，把节约用水贯穿于经济社会发展和生态文明建设全过程，大力实施水资源消耗总量和强度双控行动，强化水资源承载能力刚性约束，促进经济发展方式和用水方式转变，更好地保障经济社会持续健康发展。

国务院办公厅

2016年11月2日

例文 4.2.4　批评性通报

教育部办公厅
关于近期连续发生四起学生溺水事故的通报
教基一厅〔2013〕6号

各省、自治区、直辖市教育厅（教委），新疆生产建设兵团教育局，部属各高等学校：

6月22日（星期六），内蒙古自治区呼伦贝尔市扎兰屯市11名中小学生自行结伴到雅鲁河玩耍时，5名学生跌入深水区溺亡。同日，内蒙古大学鄂尔多斯学院12名学生到康巴什新区乌兰木伦河道野炊，1名学生在洗脚时掉入河中，其余学生组织救援，造成4名学生溺亡。6月18日（星期二），河南省信阳市潢川县魏岗乡中心小学3名学生在放学后到张楼村一水塘洗澡时溺亡。6月16日（星期日），河南省南阳市宛城区瓦店镇逵营村4名中小学生在白河洗澡时滑入深水区溺亡。

在全国深入开展安全生产大检查期间，尽管已三令五申，仍接连发生多起学生溺水事故，造成重大学生伤亡，暴露出一些地方和学校安全工作仍然存在漏洞。各地各校要引以为戒，进一步强化安全工作责任制，完善安全工作机制，全面落实国办发明电〔2013〕16号和教发函〔2013〕106号通知要求，以高度的责任感切实做好安全生产大检查，彻底排查整改各类安全隐患。特别是盛夏来临，要把预防学生溺水作为一项重点工作，按照教基一厅〔2013〕5号通报要求，把预防学生溺水工作做实、做细、做到位，严防溺水事故发生。

特此通报。

教育部办公厅
2013年6月23日

例文 4.2.5　情况通报

国务院办公厅
关于2016年第二次全国政府网站抽查情况的通报
国办函〔2016〕68号

各省、自治区、直辖市人民政府，国务院各部委、各直属机构：

为进一步加强全国政府网站信息内容建设，更好地发挥其政务公开和服务群众主平台作用，国务院办公厅组织开展了2016年第二次全国政府网站抽查。现将有关情况通报如下：

一、总体情况

2016年6月，按照《国务院办公厅关于开展第一次全国政府网站普查的通知》（国办发〔2015〕15号）确定的检查标准，国务院办公厅随机抽查了各级政府网站746个，大部分政府网站内容和保障水平显著提升，“僵尸”“睡眠”等现象明显减少，总体抽查合格率85%，比一季度有所提高。国务院部门（含内设、垂直管理机构）政府网站抽查合格率为 98.5%。北京、辽宁、青海等地政府网站抽查合格率达 100%，广东、湖北、山东、浙江、四川、湖南等地政府网站抽查合格率超过 90%。

此外，按照《国务院办公厅关于加强政府网站信息内容建设的意见》（国办发〔2014〕57 号）中做好国务院重要政策信息转载的有关要求，本次抽查还对 71 个国务院部门网站、32 个省级政府（含新疆生产建设兵团）门户网站转载中国政府网发布的国务院重要信息情况开展了专项检查。90%以上的省部级政府门户网站在首页显著位置开设了国务院重要政策信息专栏，超过 80%的网站能够在国务院重要信息发布后 24 小时内进行转载。

二、抽查发现的主要问题

（一）个别基层网站仍存在严重问题。抽查发现不合格网站 112 个。其中，云南省“勐腊县保护所”网超过 6 年未更新，内蒙古自治区科尔沁右翼中旗“科右中旗统计信息网”、黑龙江省“北安市公安局”网超过 2 年未更新；福建省福安市“晓阳镇人民政府”网存在大量空白栏目；陕西省“西乡县国土资源局”网部分咨询留言超过半年未回应；山西省“寿阳县环境保护局”网大量栏目无法访问。此外，山西省和黑龙江省连续两季度抽查不合格率均较高，陕西省被抽查的网站中无法访问的比例达 14.3%。

（二）网站关停整改工作需进一步规范。个别网站出现关停整改不到位的情况。如安徽省“蒙城县王集乡人民政府”网申请暂时关停后本应于今年 3 月份完成整改并开通运行，但至今页面仍提示“升级改版中”；福建省屏南县“屏南人事人才网”、河南省“民权县司法局”网已申请关停超过半年但尚未完成迁移及关停工作，仍“带病运行”。

（三）一些地方和部门忽视政府网站基本信息填报工作。从全国政府网站信息报送系统中的数据看，一些地方、部门网站主管单位错报、漏报和未及时填报新版网站信息的情况依然存在。如，山西省偏关县“偏关公安便民服务在线”报送的网址与实际网址不一致，内蒙古自治区“林西县环境保护局”网改版后未报送新网址等。网站基本情况得不到真实反映，降低了全国政府网站基本信息数据库的准确性，给政府网站管理工作带来困难。

三、有关工作要求

各地区、各部门要高度重视政府网站管理工作，建立完善常态化监管机制，切实提高本地区、本部门政府网站的建设管理水平。

（一）建立完善常态化监管机制。各级人民政府办公厅（室）是本级政府网站建设管理的第一责任主体。国务院办公厅负责对全国政府网站进行统一监管，各省（区、市）人民政府办公厅负责本地区政府网站的监管，国务院各部门办公厅（室）负责本部门政府网站的监管，中央垂直管理的部门由其办公厅（室）负责本系统政府网站的监管。各地区、各部门要加强对政府网站的日常监测，及时发现和解决存在的问题；建立季度抽查机制，抽查比例不低于 10%，并于每季度末将抽查名单、抽查结果及有关网站整改情况报送国务院办公厅政府信息与政务公开办公室。

（二）加强各级政府门户网站与中国政府网的协同联动。中国政府网发布的对全局工作有指导意义、需要社会广泛知晓的政策信息，国务院部门和地方各级政府门户网站应在24小时内转载；涉及某个行业或地区的政策信息，有关部门和地方网站要及时转载。各级政府门户网站应在首页显著位置开设专栏转载国务院重要政策信息，转载内容参见中国政府网“国务院信息”栏目（http：//www.gov.cn/pushinfo/v150203/index.htm）。国务院办公厅将把国务院部门及县级以上地方人民政府门户网站转载情况纳入抽查范围。

（三）做好存在严重问题网站的关停整改工作。严格遵循政府网站关停标准和程序，县级以上人民政府门户网站不得申请关停，如需整改或改版升级，应在确保网站正常运行的情况下进行；其他政府网站申请暂时关停每年不得超过1次，关停时间不超过60天；拟永久关停的政府网站要做好内容迁移和公告等工作。推进网站集约化建设，将没有人力、财力保障的基层网站迁移到上级政府网站技术平台统一管理。做好全国政府网站信息报送系统有关数据核查更新工作，新建、改版、关停网站要及时填报有关信息，确保本地区、本部门政府网站信息的准确性和完整性，避免错报漏报。

（四）强化对政府网站的监督考核。中国政府网已开设了“我为政府网站找错”监督举报平台，县级以上地方各级政府门户网站和国务院部门网站要在首页添加平台入口（具体操作见全国政府网站信息报送系统“政府网站找错平台添加说明”）。对网民举报的问题，国务院办公厅政府信息与政务公开办公室将及时通过网站信息报送系统转有关地区和部门办公厅（室）进行处理。各地区、各部门要建立健全政府网站绩效考核问责机制，对成绩突出的予以表扬，对多次出现问题且长期整改不到位的要进行通报批评和约谈问责。

对本次通报的问题网站，各有关地区和部门要采取有力措施进行整改，并于8月15日前将整改情况书面报送国务院办公厅政府信息与政务公开办公室。

附件：（略）

国务院办公厅

2016年7月18日

第三节　报告与请示

一、报告

（一）报告的含义

报告适用于向上级机关汇报工作、反映情况，回复上级机关的询问。报告属于陈述性上行文，报送的对象是上级机关。

（二）报告的作用

报告作为上行文，是下情上达的重要手段和上悉下情的重要渠道。国务院及地方人民政府制定的《工作原则》都十分重视报告制度的建设。对于上级机关来说，通过报告（定期或不定期）了解下级机关工作的情况，可以有针对性地进行分类指导，或做出相应的决策，制定必要的政策、法规与规章。对于下级机关来说，写作报告的过程也具有分析总结、调查研究、开拓思路、促进工作的作用。

（三）报告的特点

1. 内容的客观性

报告作为向上级机关汇报工作、学习、贯彻执行等情况的上行文，必须做到真实无误，不得弄虚作假、欺上瞒下、“报喜不报忧”，影响领导机关的决策。不得在报告中夹带请示事项。需要注意的是，依据《党政机关公文处理工作条例》规定，向上级机关提出建议，应使用意见，不能使用报告。

2. 目的的禀报性

采用叙述和说明的表达方式，实事求是地报告工作或答复询问，做了什么、如何做的、取得了哪些成绩、存在什么问题，要一一向上级报告。反映的情况要全面，时间、地点、人物、事件、原因、结果，应当叙述得清清楚楚。

3. 使用的广泛性

报告作为两种上行文（请示、报告）之一，使用广泛，且使用频率较高。

4. 时间的灵活性

请示须事前行文，而报告没有严格的时间限制，可以事前报告工作计划、事中报告工作动态、事后报告工作全貌。

（四）报告的分类

按内容和性质分类，报告可分为汇报工作、反映情况、答复查询和报送文件或物件等四种报告。

按内容的含量分类，可分为专题报告和综合报告。

按报告的时间分类，可分为定时（日报、周报、月报、季度报、年度报）的例行报告和不定时的报告。

按写作的目的分，可分为呈报性报告、呈转性报告、评估性报告。

其实，各种报告都是互相交叉的，一种报告常常具有几种报告的性质。如工作报告，既可以是专题报告，也可以是综合报告；既可以是例行报告，也可以是不定时报告或呈转性报告。反之，专题报告，既可以是工作报告，也可以是情况报告、呈报性报告，还可以是呈转性报告、不定时报告，等等。下面按内容性质，分类介绍几种常用报告写作的基本要求。

（五）报告的写作

1. 上行签发人

报告属于上行文，按照格式规范要求，在版头间隔线右上应有“签发人”，需发文机关负责人签名。

2. 标题

一般由发文机关、事由、文种三要素构成。有的还标明报告的性质如“工作报告”“情况报告”“事故报告”“检查报告”之类。如《国家税务总局关于落实涉农税收优惠政策促进农民增加收入情况的报告》。

3. 主送机关

报告的主送机关为一个上级机关。需同时报送其他机关的，以抄送形式处理。

4. 正文

包括开头、主体、结语三部分。正文的开头，又叫引据部分，一般先顶格写主送机关，然后简要交代发文的依据、原因或目的。继之用“现报告如下”之类的惯用语过渡。有些工作情况报告往往省略了这一部分，直接进入正文的主体。主体，是正文的基干，一般包含四个部分：基本情况、主要做法、成绩与问题、下步设想。这四部分的详略、轻重、取舍等，应根据行文目的、报告类型灵活处理，不要死守固定程式。但不管什么报告，在陈述基本内容时，都必须遵守几个基本原则：（1）实事求是。绝对不允许弄虚作假，虚报瞒报，文过饰非。（2）抓住重点。所谓重点，一是指那些具有关键性、倾向性、动向性的情况或问题，二是指新情况、新问题、新经验。（3）有分析、有判断。写报告的目的不是就事论事，而是从事实中找出规律性的东西，用以提高工作效率和质量，推动工作更好地向前发展。为此，必须对提出的事实进行深入地分析，表明自己的观点。分析中观点与材料必须统一，既可用相同的材料说明一个观点，也可综合几个材料说明一个观点，还可用不同的材料相对比说明一个观点；既可用事实材料说明观点，也可以用数字材料说明观点。分析不能太多，能表明自己的观点即可。结语，如单纯汇报工作情况，通常写“特此报告”“以上报告请审阅”等；如需要批转，则写“以上报告，如无不妥，请批转”“以上报告，如无不当，请批转各地参照执行”等惯用语。

5. 报告的分类写法

（1）工作报告。按照一般规定，每做完一项工作都需向上级汇报。一些重要的、大型的、时间跨度长的工作没做完，进行到一定阶段，往往也按期向上级提交例行报告。如果是某项工作的报告，通常用专题报告的形式。主要是汇报这一工作的进展情况，包括做了什么、怎么做的、取得了哪些成绩、存在什么问题等内容。最后，针对上述情况，提出今后打算。本来任何报告都带有专题的性质，即专门向上级机关汇报工作、情况或做出回答的，但为了与综合报告有所区别，就把“一事一报”的报告叫做专题报告。因此，这种报告必须在“一事”上做文章，不要旁生枝节，扯到别的事情上。如果是汇报某一地区或某一单位一定时期内的几项工作或全面工作，则用综合报告。如各级人民政府向人民代表大会所作的政府报告便是综合报告。下级机关按季度、年度向上级所作的例行报告，也是综合报告。综合报告既可以按工作的项目分开来写，即一项工作作为一部分，写完一项，再写另一项；也可以把各项工作综合在一起，归纳成为几大部分：如基本情况、主要做法与成绩、存在的问题与改进措施等。

（2）情况报告。情况报告是就工作进行中或本单位日常生活中发生的突出的新情况、新问题，需要上级了解，以便获得指导，避免产生重大失误时而作的书面汇报。既可用于新情况、新问题的反映、认识、处置上，也可用于事故的反映、解决、检讨上。这种报告的写法是：说明情况，适当分析因果，依据与处置情况，表态。即在清楚说明情况、问题、事故后，还应进行适当地分析，指明其产生的原因、后果，最后还要提出处理的意见或办法。情况报告着重的是工作或生活中的突出情况，工作报告着重的是工作把握的原则与过程。

（3）答复报告。它是答复上级对某些情况、问题的查询而做出的报告。这种报告比较简单，上级询问什么，就回答什么，切忌节外生枝，更不能答非所问。其正文开头一般引述上级机关来文或事由的字号（或日期）、标题或内容要点等，以明确报告的针对性，然后用“现报告如下”等惯用语过渡，转入具体工作或情况的叙述、说明。

（4）报送报告。它是向上级机关报送文件或物件时写的简短的说明性报告。这也是一种简单的报告，只需将报送的文件或物件的有关事宜讲清楚即可。其结尾往往用“请核收”收束。

例文 4.3.1　工作报告

山东省人民政府
关于报送山东省环境保护大检查和环境监管网格划分工作的
总结报告
鲁政呈〔2016〕4号

国务院：

按照《国务院办公厅关于加强环境监管执法的通知》（国办发〔2014〕56号）和环境保护部办公厅《关于印发〈环境保护大检查工作方案〉的通知》（环办〔2014〕112号）要求，山东省开展了为期一年的环境保护大检查和网格化环境监管体系划分工作。现将有关情况报告如下：

一、基本情况

在环境保护大检查工作中，我省着力强化环境执法监管工作力度，坚持检查、处罚、整改、规范相结合，以检查促整改、查改规范并重，综合利用法律、行政、经济、舆论等手段，强力推进环境保护，保持了环境执法的高压态势，有力震慑了各类环境违法行为。通过近一年的不懈努力，摸清了全省环保违规建设项目的底数和所有排污企业的状况，促进了群众举报投诉重点问题的解决，为实现我省环境质量的持续改善奠定了坚实基础。在网格化环境监管体系建设工作中，我省着力强化各市、县级政府对本行政区域环境监管执法工作的领导责任，按区域派驻环境监管执法人员，建立起了各级政府组织实施、环保部门统一协调、相关部门各负其责、全社会广泛参与的环境监管大格局。

（一）全面检查排污企业，切实摸清企业底数。以摸清辖区内排污企业底数为目的，以拉网式检查为手段，以检查污染治理设施建设、运行状况为主要内容，实施了全省范围内排污企业的摸底检查。2015 年，全省共检查企业 98357 家次，其中查处违法排污企业 2916 家；责令停止建设项目 953 个；责令停产企业 2557 家；责令限期改正或限期治理企业 5775 家；关停取缔企业 1861 家；处罚案件 4185 起，处罚金额 19267 余万元；环保部门向公安机关移送环境污染违法犯罪案件 395 起。目前，已完成整改任务的企业有 3104 家。

（二）稳妥有序推进环保违规建设项目的处理工作。按照实事求是、依法行政、分批处理、防范风险、统筹兼顾、力求共赢的原则，对清查出的环保违规项目，甄别不同情况，按照“三个一批”分类分批进行处理，即淘汰一批产能落后、环保不达标、扶持也没有意义的项目；规范一批符合产业政策、环保尚未达标的项目；完善一批符合产业政策和环境管理要求项目的环保手续。全省共清理出环保违规建设项目 7019 个，目前已有 2574 个项目完成整改。其中（1）淘汰类项目共 1312 个，已有 1201 个完成淘汰。（2）规范类项目共 3665 个，已有 609 个完善了环保手续，完成了整改。列为限产整治的项目共 2440 个，已有 707 个项目完成了整治，276 个项目完善了手续；列为停产整治的项目共 408 个，已有 117 个项目完成了整治，52 个项目完善了手续；列为停止建设的项目共 817 个，已有 281 个项目完善了手续。（3）完善类项目共 2042 个，已有 764 个项目完善了手续。所有违规建设项目的清理工作，将于 2016 年 12 月 31 日前完成。

（三）全面清理阻碍环境监管执法的“土政策”。我省坚持将查处环境违法问题与检查清理阻碍环境监管执法的“土政策”相结合，重点检查各市、县（市、区）是否存在以实行封闭式管理或者预先报告、限制环保部门执法次数等方式，阻碍环境监管执法的突出问题。并结合对排污企业的日常督查、巡查，对各县（市、区）环保部门开展了专项稽查工作，全面清查有无违反排污费征收规定，人为干涉、擅自减免征收排污费或者采取协议收费、定额收费等形式降低收费标准，利用招商引资优惠性政策违反环保管理规定等违规违法行为。各市环保部门还联合监察机关、法制部门对出台的有关环境保护工作的规范性文件、规章制度等进行了认真梳理。按照要求，全省 17 市政府分别向省政府提交了清理、废除阻碍环境监管执法的“土政策”的情况报告，均未发现阻碍环境监管执法的“土政策”。2015 年 10 月 12 日，省政府向国务院上报了清理、废除阻碍环境监管执法的“土政策”的有关情况。

（四）扎实开展网格化环境监管体系建设。为指导各级地方政府全面构建网格化环境监管体系，有效落实政府和职能部门的责任，推动环境监管执法全覆盖，省政府办公厅印发了《关于贯彻落实国办发〔2014〕56 号文件加强环境监管执法工作的通知》（鲁政办发〔2015〕15 号），明确要求完善环境监管执法体制，实行“定区域、定职责、定人员、定任务、定考核”，将环境监管责任落实到单位、岗位。为进一步加强对各级地方政府环境监管网格划分工作的业务指导，经省政府同意，省环保厅出台了《关于山东省网格化环境监管体系建设的指导意见》(鲁环发〔2015〕113 号)，明确了全省网格化环境监管体系建设的总体思路、目标任务、网格划分原则、运行管理机制、实施步骤。省政府分管领导同志对网格化环境监管体系建设工作多次做出重要批示，省政府督查室要求对症施措、加大力度，按期完成网格化环境监管体系建设。目前，全省 17 个设区市政府已全部完成环境监管网格划分，并将划分方案报省政府备案、向社会公开。

二、主要做法

（一）提高认识，健全制度，切实加强组织领导。省政府对环境保护大检查和网格化环境监管体系建设高度重视，多次召开会议专题研究环境保护大检查和网格化环境监管体系建设工作，下发了《山东省环境保护大检查实施方案》(鲁政办字〔2015〕22 号)，制定了环保违规建设项目整改工作方案。省环保厅结合厅机关各处室、直属单位制定了《贯彻落实山东省环境保护大检查工作方案的任务分工》，对大检查方案中确定的检查重点、具体任务进行细化分解，每月、每季度调度各市环境保护大检查工作进展情况，以确保对各类突出环境问题查处到位、整改到位。2015 年 9 月，省环保厅组织召开各市环保局长座谈会，听取各市环境保护大检查工作汇报，对大检查工作进一步提出要求。自 9 月起，每月调度各市工作情况，并上报环保部。11 月，经省政府同意，省环保厅采取听取汇报、查阅资料、现场检查、即时反馈等方式，组织对全省 17 市开展了环境保护大检查和网格化环境监管体系建设督查工作。全省 17 市政府认真落实环保部和省政府的指示要求，全部制定了环保大检查具体实施方案，设立了网格化环境监管体系建设小组，细化任务、明确责任、狠抓落实。各市政府分管领导定期主持召开情况调度会，听取工作汇报，制定推进措施。各县（市、区）政府将环境保护大检查和网格化环境监管体系建设作为 2015 年环保工作的重中之重，全面落实责任，认真自查自纠，全方位夯实环境保护工作基础，建立健全环境监管执法长效机制，推进大检查活动深入开展和网格化环境监管全覆盖。东营、泰安、聊城市政府领导亲自带队对辖区内相关企业进行检查。济南、临沂市多次召开市委常委扩大会和政府常务会，研究加强执法监管、加快改善环境质量的具体问题。济南、青岛、济宁等市政府主要领导做出批示，要求高度重视网格化环境监管体系建设工作。

（二）突出重点，严肃查处，确保工作取得实效。各市紧密围绕省政府办公厅印发的大检查实施方案和省环保厅印发的网格化建设指导意见，明确重点工作任务，从摸清企业底数入手，在建立完善企业档案的同时，严格执行新《环境保护法》及配套实施办法，对企业的项目手续、治理措施、生产装置、在线监测、无组织排放、生产安全、固废管理、环境信息公开、制度建设 9 个方面开展详查。检查期间，将辖区内所有污染物排放企业作为检查重点，对污染严重、群众反映强烈、影响社会稳定的典型环境污染问题，依法严肃查处。对检查中发现的各类恶意违法排污、涉嫌环境污染犯罪案件，及时移交公安机关进行处理。凡是检查发现符合按日计罚、查封扣押、限产停产、移交移送情形的，一律按程序执行到位。潍坊、烟台、菏泽等市还专门制定实施了挂牌督办、约谈等办法，对辖区内存在突出问题的企业实施了挂牌督办，对企业负责人进行了约谈，效果较为明显。青岛市通过采取“环保执法大会战”等方式，开展大气、流域污染专项执法检查活动，坚持“四不放过”，即不查不放过、不查清不放过、不处理不放过、不整改不放过，解决了一批影响群众健康的难点问题。济南市、临沂市针对当地特点，分别采取了“啄木鸟”和“夜鹰”行动，严肃查处排污企业的违法行为。菏泽市连续开展了4次全市集中督导大检查，并针对夜间异味突出的问题，成立了夜间异味巡察组开展夜间巡察。烟台市投资130余万元配备移动执法设备、执法服装和2台环保无人机，丰富了监管手段。为保障网格化环境监管体系建设工作顺利进行，各级环保部门在政府统一领导下，积极开展省内外调研，召开座谈会、调度会，结合当地实际，明确职责，切实将网格监管的领导责任、主体责任、直接责任具体落实到单位、个人。

（三）部门协同，联动执法，推动工作深入开展。2015年3—5月，省政府组织实施了全省环保专项行动，围绕“大气污染防治”主题，由省发展改革委、经济和信息化委、环保厅、住房城乡建设厅、公安厅、商务厅、质监局等部门分别带队，针对能源结构与产业结构调整、工业企业污染治理、城市环境综合整治、机动车排气控制和黄标车淘汰、油品升级与加油站油气回收的情况等，组成6个检查组，同时开展环保执法检查。检查结束后，省政府听取各组检查情况汇报，并印发检查情况通报。各市也建立部门协作配合工作机制，开展联合督查检查，进一步凝聚执法监管力度。在网格化环境监管体系建设中，青岛市按照《青岛市城乡综合治理网格化工作方案》，将环境保护工作纳入城乡综合治理网格化管理体系，统筹城市管理、安全生产、食药监管、社会治安、城乡建设、文化执法、人口健康、环境保护和民政等领域社会资源，逐步实现城乡综合治理领域的全方位、全覆盖、无缝隙管理，走专业化、规范化监管服务之路。并由青岛市城市管理局组织建设网格化监管平台，统一开发城乡综合治理网格化管理信息系统，取得明显成效。

（四）信息公开，接受监督，巩固大检查活动效果。省环保厅在“山东环境”网站开设“环境保护大检查动态”信息专栏，及时刊发各市、县（市、区）环境保护大检查进展情况，主动接受社会监督。省及各市及时将污染源和环境违法案件查处信息，通过主流媒体、官方网站、新闻发布会等方式向社会公开，大力营造打击环境违法行为的舆论氛围。建立健全省、市、县三级环保微博工作体系，实行公众投诉、信访、舆情和环保执法联动，开展以“晒企业治污、晒环保监管”为主要内容的“山东双晒”活动，构建起了社会各界广泛参与、良性互动的大环保格局，进一步巩固了环境保护大检查工作效果。泰安市针对大检查中查处的问题，先后召开两次新闻发布会，将违法企业的违法问题和处理意见予以曝光，引起了全社会对环境保护大检查工作的关注。滨州市在滨州电视台、滨州日报开辟“环保为民在行动”栏目宣传大检查具体行动、曝光环境问题突出的企业。

（五）结合实际，积极探索，建立完善长效机制。针对环保工作新特点，结合我省实际，工作中不断探索环境执法新思路、新做法。一是针对环保工作中的地方保护现象，探索建立了上下结合的独立调查工作机制；二是针对环境执法监管统筹性不足的问题，探索建立了部门联动的环保专项行动机制；三是针对跨行政区域污染问题，探索建立了区域共治的边界执法联动工作机制；四是针对环境执法监管权威性不足的问题，探索建立了环境行政执法与刑事司法衔接机制；五是针对部门职责不清问题，探索建立了部门职责清单公开机制；六是针对群众关心、媒体关注的突出环境问题，探索建立了环境信访舆情执法联动工作机制。通过不断探索建立执法机制，我省环保执法工作更加规范、顺畅，执法工作的针对性、实用性和操作性明显增强。

通过开展环境保护大检查和网格化环境监管体系建设，我省环境质量得到了持续改善，环境监管执法体系建设得到了进一步完善。2015 年，全省细颗粒物（PM2.5）、可吸入颗粒物（PM10）、二氧化硫（SO_2）、二氧化氮（NO_2）平均浓度分别同比降低了 7.3%、7.7%、23.7% 和 10.9%；“蓝天白云，繁星闪烁”天数同比增加了 15.1 天；省控重点河流劣五类水质断面由年初的 23 个减少到 1 个，南水北调干线稳定达到国家调水水质要求。网格化环境监管体系建设将监管责任落实到单位、岗位，推进监管重心下移、力量下沉，为实现环境监管执法全覆盖奠定了坚实的基础。同时，我们也清醒地认识到，山东经济结构失衡，污染物排放总量较大，环境保护形势依然十分严峻。在环境保护大检查工作中，各地工作开展得还不够平衡，有的地方部门齐抓共管导致工作合力不够、对环境保护大检查发现的共性问题研究总结不够、贯彻落实新《环境保护法》及四个配套办法执法力度不够。

三、下一步工作打算

下一步，我省将坚持以党的十八届五中全会精神为指导，继续认真贯彻落实国办 56 号文件精神和环境保护部有关部署要求，进一步强化政府主体责任，全面提升环境执法监管能力，巩固运用大检查成果，坚持问题导向，保持高压态势，促进全省环境质量不断改善。重点做好以下五个方面的工作：

一是巩固完善大环保格局。坚持把生态环境质量逐年改善作为区域发展的约束性要求，提高生态环境保护在科学发展综合考核体系中的分值；健全政府部门环境保护责任分工制度和重大环境问题（事件）责任追究制度，不断完善“党委政府主导，人大政协监督，部门齐抓共管，社会广泛参与”的大环保格局。

二是完善环境保护大检查成果运用。把建立企业“一厂一档”制度作为一项长效机制，进一步完善企业基本信息、地理坐标、建设项目情况、污染防治设施情况、现场检查情况、违法行为处理情况等信息，不断提高信息储备水平，打牢加强企业环境监管基础，充分运用好这一成果，提高环境执法监管能力。

三是继续保持环境执法高压态势。以新《环境保护法》为依据，对恶意违法排污行为，发现一起，坚决查处一起；对偷排偷放、非法排放、不正常使用防治污染设施的，依法从重处罚；对涉嫌环境污染犯罪的，及时移送公安机关依法追究刑事责任；对污染治理设施不配套的，坚决责令停产整治。持续保持执法高压态势，有力震慑违法排污企业的违法行为。

四是稳妥开展环保违规项目清理整顿。继续按照“淘汰一批、规范一批、完善一批”的工作思路，有力、有序地开展违规项目清理整顿工作，进一步规范市场秩序，化解环境风险，树立法律权威，努力实现环境保护和经济社会发展共赢。

五是强化各级环境监管网格运行管理。自2016年1月1日起，全省全面实施网格化环境监管，并将进一步健全网格化环境监管运行中的巡查机制、报告机制、处置机制、沟通机制、督查机制。针对全省网格化环境监管体系建设、运行情况开展随机抽查和监察稽查，确保全省网格化环境监管体系的高效运行，全面提升环境执法效能，促进全省环境执法工作再上新台阶。

山东省人民政府

2016年1月22日

二、请示

（一）请示的含义

请示适用于向上级机关请求指示、批准。请示是一种期复性的上行文。凡是下级机关无权决定、无法解决，或在执行上级指示中碰到己力难克的问题与困难，需要上级机关给予明确指示、批准或帮助的事项，都应以请示行文。

（二）请示的特点

1. 呈请性

请示是下级机关为了解决本单位的事情，请求上级机关给以指示或批准的文种，其行文目的是请求上级机关帮忙解决问题，因此呈请性是其基本特点。请示中提出的请求应该可行，而且应考虑上级机关的审批权限能力，不应提出上级无法办到的要求。属于本机关职权范围内的，或经过本机关攻难克坚能够解决的事项，也不应向上级请示。

2. 单一性

请示应当“一文一事”，即一份请示只能请求一件事，行文内容具有单一性。不可以在一篇请示中提出若干事项，避免给上级机关批复增加难度而影响办事效率。

3. 事前性

请示必须在工作开始前，或执行中遇到难以克服的问题时行文，只有上级机关给予指示或同意后方可实施。

（三）请示的分类和范围

按照《党政机关公文处理工作条例》规定，请示可分为请求指示的请示和请求批准的请示两类。

请示的应用范围十分广泛：一是下级机关遇到新情况、新问题，因没有相关法规政策而无章可循，或没有把握，需要上级机关给予指示时，需要请示。二是下级机关处理较为重要的事情，因涉及有关方针政策必须慎重对待，需要报请上级机关批准时，需要请示。三是下级机关遇到问题，虽然有解决的办法，但由于职权、条件的限制，没有权利或没有能力实施，需要上级机关帮助解决时，需要请示。四是下级机关在执行有关政策规定、指示时，遇到具体问题难以与其完全“对号”，需要上级机关给予进一步解释时，要用请示。五是下级机关之间对重要事件和问题的处理出现分歧，需要上级机关裁决时，需要请示等。

《党政机关公文处理工作条例》第四章行文规则第十五条第三款规定：“下级机关的请示事项，如需以本机关名义向上级机关请示，应当提出倾向性意见后上报，不得原文转报上级机关。”

（四）文种辨析

请示和报告都属于上行文，都应在眉首部分写“签发人”。它们的区别主要在于：

第一，行文动机不同。报告只具陈述汇报性，发文机关没有要求上级机关答复的愿望。而请示则具有主观期复性，发文机关期待上级机关对请示的问题给予明确的答复。

第二，行文时间不同。报告反映的一般是正在开展或已经完成的活动。也就是说，在工作进行到一定阶段（事中）或结束后（事后），或者有关情况发生、出现后，才可能写作报告。而请示必须事前行文，请示的事项应该是尚未进行的，需上级机关答复同意后才能够实施。

第三，结构安排不同。报告的结构安排一般采取“原因+做法和体会+存在的问题+今后的打算”方式。而请示的结构安排一般为“提出问题+分析问题+解决问题”。

（五）请示的写作

请示一般包括标题、主送机关、正文、发文机关署名和日期五个部分。

1. 标题

请示的标题和一般公文的标题要求相同，包括发文单位、事由、文种三部分。如《××市商务局关于增设老干部科的请示》。其中事由要写得简练、概括、明确。需要注意的是，请示标题原则上不能再出现请求类动词，避免造成“一题双请”。但如果主要内容为请求上级产生某一种行为，则可使用请求类动词。请示的主送单位一般为一个上级机关，不能有一个以上的主送单位，以避免责任不清、互相推诿、耽误工作。

2. 正文

请示的正文一般由开头、主体、结尾三部分组成，按照提出问题、分析问题、解决问题的思路展开。即“开头+事项+理由+依据+要求”。开头要陈述为什么请示，继之写请示的问题，扼要分析提出问题的背景和依据。这部分要把道理说透彻，理由讲充足，给下面所请示事项提供足够的事实和理论根据。要求事项，即把需要上级审批的事项，根据实际需要，提出本单位的明确具体、切实可行的意见和要求。

3. 结尾

这部分根据不同情况写“妥否，请批示”等。

4. 落款

写明发文单位、日期，最后盖章。

（六）注意事项

1. 请示要一事一文，不能一文数事。请示不能夹带报告事项，更不能把不同类型的事情写在一篇请示里，否则领导机关无法答复。

2. 请示的问题应该是工作中急需解决的，文中所叙述的情况应该是真实的，请求批准的理由应该是充分的。

3. 所提出的解决问题的意见、办法应当明确具体、切实可行，具有可操作性。如果同时摆出几套方案或几种不同意见，应该点明最佳方案或倾向性的意见。

4. 在一般情况下不能越级请示，应根据隶属关系和职权范围逐级进行请示。一般不得向领导个人行文请示。

例文 4.3.2

××市人民政府
关于解决水利工程建设资金的请示

××省人民政府：

××市是一个以农业为主的山区市，自然条件较差，农业生产依然是以“靠天吃饭”为主。近年来在省政府及省政府有关部门的大力支持下，全市水利设施得到较大改善。××××年～××××年期间，全市累计新建、整治中型水库2座，小型水利工程47座，微型水利工程2万余个（处）。但由于历史原因和自然条件的限制，水利设施基础差，病害工程多。目前为止，全市共有小型以上骨干工程60余座，其中中型水库仅4座，在4县3区中尚有3个县（区）没有中型水利工程，其中2个县（区）甚至连小型水利工程都很少。连续3年的大旱，加之去年冬旱、今年春旱低温的影响，使全市农业生产面临着十分严峻的形势，4县3区70%以上的农业人口都有返贫的可能。市委、市政府高度重视水利基础设施建设，在市财力十分有限的情况下，××××年市财政已拨款6000万元用于水利建设，且通过各种途径筹措资金，但是有限的资金不能有效地改善全市农田水利基础条件，因此特请示省政府帮助解决水利工程建设资金，以支持我市水利设施建设。

一、遵照省委、省政府主要领导在××市视察时的指示精神，从我市具体情况出发，根据山区特点，以小型水利建设为重点，全市在××××年～××××年期间，计划新建、改建、整治、配套小型水库50座，微型水利工程10万个，实现新增蓄水量7000万立方米，旱涝保收农田200万亩的目标。目前我市小型水利建设补助资金尚有8100万元缺口。

二、××××年～××××年期间，计划新建、改建、整治、配套中型工程5处，其中新建2座蓄水量为1500万立方米的中型水库，使我市中型水利工程有效蓄水量达到1.3亿立方米。为此，请求省政府解决中型水利工程建设资金8000万元。

以上请示妥否，请予审核批准。

××市人民政府

××××年×月××日

第四节　函与纪要

一、函

（一）函的含义

函适用于不相隶属机关之间商洽工作、询问和答复问题、请求批准和答复审批事项。在公务活动中，函已成为与本系统外的“兄弟”单位之间联系工作、传播信息、赢得理解和支持的重要形式。

（二）函的作用

函作为平行文，主要作用有四：一是商洽工作，二是询问情况和答复问题，三是请求批准，四是答复审批事项。因此，函的分类也依此分为四类。

（三）文种选择

《党政机关公文处理工作条例》规定，请示适用于“向上级机关请求指示、批准”，批复适用于“答复下级机关的请示事项”，而函也有“请求批准和答复审批事项”功能。但请示的行文对象是“上级机关”，批复的行文对象是“下级机关”，函的行文对象是“不相隶属机关”。如，函的“请求批准”即“求批函”，限于不相隶属机关之间。例如《教育部关于申请对试点高校网络教育部分公共基础课全国统一考试核定收费标准的函》，主送“国家发展改革委、财政部”。教育部与国家发展改革委员会、财政部是平级关系，所以，采用“函”来商洽工作。国家发展改革委员会、财政部答复教育部的审批事项，也应使用函文种，即“审批函”，而不能使用批复。

（四）函的特点

1. 格式的特殊性

《党政机关公文处理工作条例》对信函格式做出了特别规定。函属于必须使用信函格式行文的主要公文文种。信函格式的版面安排上，上白边与其他公文的37mm有别，为35mm；函不带“文件”字样，单独编列发文序号；发文机关标志居中排列，其下 4mm 处印一条红色双线（上粗下细，俗称武文线），距下页边 20mm 处印一条红色双线（上细下粗，俗称文武线），线长均为 170mm。

2. 特定的效力性

函的格式虽然有别于文件格式，但函作为主要公文文种之一，与其他公文文种同样具有由制发机关权限决定的法定效力。

3. 行文方向的平行性

函主要用于平行文，适用于不相隶属机关之间，一般不用于上下级机关之间。但函又是一种可针对“请示”给予答复时经常使用的文种，有时可以代替批复、通知等而用于下行。如，浙江省人民政府《关于冠名宁波中国港口博物馆的请示》（浙政〔2014〕59 号），主送国务院 ，国务院接到文件后授权国务院办公厅用“函”答复，即《国务院办公厅关于宁波港口博物馆冠名问题的函》（国办函〔2016〕41 号，2016 年 4 月 8 日）。

需要注意的是，函有时也可以下行。下行函一般用于征询意见。如国家质量监督检验检疫总局办公厅《关于征求品牌质量提升“十三五”规划（公开征求意见稿）意见的函》（2016 年 9 月 30 日），主送机关是“各直属检验检疫局，各省、自治区、直辖市及新疆生产建设兵团质量技术监督局”。

（五）函的写作

公函的行文方向一般用于平行文，写作中尤应注意来往机关的职权范围与隶属关系，用语必须得当，语气恳切平和。

公函的格式，一般都由标题、编号、主送机关、正文、发函机关（印章）、日期等部分组成。

公函的标题，来函一般是《关于×××问题的函》，答复函的标题一般是《××关于×××问题的复函》，审批函标题一般为《××关于同意×××的复函》。有时函的标题只有“事由”而无发文机关和文件名称。如《中华人民共和国最高人民法院函》就省去了“事由”；《关于建立××公司的函》则省去了发文机关。而用于“请求批准”的“求批函”时，标题为了强调函件的“求批性”而使用“动词与人称一致”的拟制方式，如××省××钢铁公司主送××省环境保护厅的《××省钢铁公司关于请审批××120 千伏××线改造工程环境影响报告的函》。

函一般单独编号，以区别于请示、批复等公文。

主送机关即接受公函的机关。复函的主送机关与来函的发文机关是一致的。

来函和答复函的正文写法略有不同。来函是主动地向有关机关商洽、询问事情或请求批准。开头交代发函的原因、目的。中间写询问、商洽或请批的事项，要写得具体、清楚。一般一函一事。结尾提出要求和希望，用语要得体，常用“即请函复”或“请函复为盼”等习惯用语。

答复函的开头类似批复，先引述来函的日期与标题或主要内容，然后用“经研究，函复如下”过渡到下文。中间针对来函所商洽或询问的事项，做出明确的答复。结尾常用“此复”

或“特此函复”结束全文，也可以不用。

正文后写发函日期，并加盖印章。

版记不加印发机关和印发日期。分隔线位于公文最后一面版心内最下方。

（六）注意事项

1. 公函的使用灵活的特点，决定了公函的写作也必须灵活

根据内容，行文要简短，事情写清楚即可。函宜用礼貌、商量的语气，对不相隶属的上级机关要尊重、对平行机关或级别低的下级机关要注意以诚待人、以礼待人。

2. 关于发文字号中的“函”字

信函格式是使用十分广泛的一种，公文运作实践中，除公文函外，一些批复、议案、通知、意见等文种，在发文字号中也嵌入“函”字。如何理解这种现象呢？这是长期以来形成惯例而又不违反规范要求的一种公文处理现象——凡制发信函格式公文，其发文字号中都有“函”字，亦即这一“函”字表示的是公文格式。考察《国务院公报》《山东政报》等公文运作实际，发现公文的制发是讲究相应的规格的，信函格式的恰当运用，正是体现了这一点。除平行文应当使用信函格式外，处理日常事务性工作而又不拟让发文规格升级的下行文，也可以使用信函格式而不用文件格式，即使是普发性的公文也是如此处理。如国务院办公厅《关于印发老年教育发展规划（2016—2020）的通知》（国办发〔2016〕74号，2016年10月5日）主送“各省、自治区、直辖市人民政府，国务院各部委、各直属机构”；《国务院办公厅关于批准平顶山市城市总体规划的通知》（国办函〔2016〕85号，2016年10月23日），主送“河南省人民政府”。由此可见，同样是通知，前者属于重要工作内容，发文字号用显示高规格发文的文件格式——“发”；而后者内容是日常工作职责，属于一般性事务，使用的是发文规格低一些的信函格式——“函”。缘于此，国务院的部分“批复”使用了信函格式。

3. 关于人大政协使用的“函”

需要指出的是，答复人大代表建议、政协委员提案时一般使用特殊格式的“答复函”（有时用“答复”）。这种“答复函”分为A、B、C、D四类，“答复函”除了应加盖行文机关印章外，还有领导署名、联系人、联系电话等格式要素。

例文 4.4.1　求批函

××省卫生厅

关于申请核准《××大学附属医院新建教学综合楼项目申请报告》的函

×卫规财〔20××〕×号

省发改委：

根据住房和城乡建设部、国家发展和改革委员会20××年制定的《综合医院建设标准》（建标〔20××〕×号），为进一步改善医院教学条件，××医科大学附属医院拟在医院东教学区（××路××号）院内新建综合教学楼一栋。并委托××市工程咨询研究编制了项目申请报告，目前项目申请报告已经省工程咨询研究院评估完毕。具体内容如下：

一、基本情况

××医科大学附属医院始建于1958年，是我省最大的集医疗、教学、科研、保健、康复、急救为一体的综合性三级甲等医院。现设有临床、医科研室36个，开放床位1277张，年门诊量100余万人次，年出院病人4.8万人次，年完成大中手术1.7万余例（次）。医院20××年总收入为124216.56万元，其中政府补助收入为4025.9万元；累计资产总计为185856.39万元，其中固定资产为130129.7万元，净资产合计130785.74万元。

该院还是我省最大的临床教学医院，共设有26个教研室，其中临床医学专业设有17个教研室，检验系设有4个教研室，影像系设有5个教研室。承担着临床医学、口腔医学、预防医学、影像专业、检验专业、麻醉专业等学科的本科及临床医学的本、硕连读七年制和临床医学专科及夜大临床医学本、专科的临床课程。每年在院学生近2200名，其中博士、硕士研究生近1000名，本科生1000名，年完成理论授课和见习80000余学时。

二、建设地点

本项目拟建地址位于××市××路××号院内东教学区教学楼南邻。总占地面积4026平方米，其中医院东教学区用地2726平方米。

三、建设规模和内容

新建教学综合楼总建筑面积5834平方米，设计地上6层，局部4层，其中一层北侧布置教室，南侧为办公、教研室。项目建筑高度23.55米，其中一层层高4.2米，2～6层层高3.7米。本项目结构形式为现浇钢筋混凝土框架结构，独立基础，建筑结构安全等级为二级，设计使用年限50年，抗震设防烈度为Ⅶ度。

四、投资估算及资金来源

项目估算总投资为3100万元，其中工程费用1834万元、工程建设其他费用1044万元、预备费222万元。资金全部由医院自筹解决。

五、建设工期

本项目计划年内开工建设，20××年竣工。

现将有关资料报上，如无不妥，请予批准。

附件：××医科大学附属医院新建教学综合楼项目申请报告。

××省卫生厅

20××年×月×日

例文 4.4.2　答复函

国务院办公厅
关于同意建立积极稳妥降低企业杠杆率工作
部际联席会议制度的函
国办函〔2016〕84号

发展改革委：

你委《关于报送积极稳妥降低企业杠杆率工作部际联席会议制度的请示》（发改财金〔2016〕1918 号）收悉。经国务院同意，现函复如下：

国务院同意建立由发展改革委牵头的积极稳妥降低企业杠杆率工作部际联席会议制度。联席会议不刻制印章，不正式行文，请按照有关会议和文件精神认真组织开展工作。

附件：积极稳妥降低企业杠杆率工作部际联席会议制度

国务院办公厅

2016 年 10 月 18 日

二、纪要

（一）纪要的含义

纪要适用于记载会议的主要情况和议定事项。

纪要主要用于下行，但有时也可用于平行。下行纪要具有权威性和约束力，受文机关应根据实际“贯彻执行”或“参照执行”。平行纪要的目的是向同级机关或不相隶属机关通报会议情况，取得其支持与配合。

（二）纪要的特点

1. 格式的特殊性

《党政机关公文处理工作条例》对纪要格式有特殊规定。纪要标志由“×××××纪要”组成，居中排布，不加“文件”二字。上边缘至版心上边缘为 35mm，推荐使用红色小标宋体字。

标注出席人员名单，一般用 3 号黑体字，在正文或附件说明下空一行居左空二字编排“出席”二字，后标全角冒号，冒号后用 3 号仿宋体字标注出席人单位、姓名，回行时与冒号后的首字对齐。

标注请假和列席人员名单，除依次另起一行并将“出席”二字改为“请假”或“列席”外，编排方法同出席人员名单。

纪要不写主送机关和落款；纪要编号取代通用格式的发文字号；成文时间一般写在红色

分割线右上方。

2．表述的“会议性”

纪要常用于党政机关召开的带有决策性质的工作会议讨论或者议定，并要求有关机关贯彻落实的事项。因此，行文中在说明会议的过程时，常用“会议听取了×××汇报”“会议传达了××××文件（讲话、会议）精神”“会议围绕××××进行了热烈的讨论”等语句样式；在阐述会议精神时，往往出现“会议认为”“会议指出”“会议强调”“会议号召”等用语；在介绍领导讲话时，常用“×××指出”“×××强调（要求）”等语句；在表述会议决议时，常用“会议决定”“会议要求”“会议号召”等语句。

3．选材的纪实性

纪要的“纪”通“记”，是记载、记录之意。纪要的写作素材来源于会议材料。依据会议的议题、议程、讲话等有关材料综合、概括而成，以发挥纪要的历史凭证作用和查考利用的价值。不允许离开会议实际搞再创作。

4．内容的撮要性

纪要应在“纪”的基础上突出“要”，即纪其所要。要在掌握会议所有材料的基础上，围绕会议主题，深入提炼会议精髓，择要表达，既要抓住重点突出会议主题，又要简明扼要。

（三）文种辨析

1．纪要与会议记录

纪要是法定党政机关公文。纪要主要以会议记录为基础和依据来表现会议的主要内容，是纪其所要。纪要只在会议结束后形成并可在一定范围内公布。会议记录是“有言必录”，以同步进行的文字笔录为主，适当辅之录音，记录过程中要尽可能忠实于发言者的“原著”，使用其原话，保持其语言风格。另外，会议记录在会议期间应天天记录，且只作为单位内部存查使用的文字，不对外公布。

2．纪要与决议

纪要和决议都是跟会议有关的公文，都要求下级机关贯彻执行，但二者存有区别。第一，从内容上看，纪要的内容更为广泛，所记内容有轻有重，展现的是会议的全貌；而决议涉及的是会议的重要事项、重大决策。第二，纪要可以反映与会者的不同观点；决议只反映整个大会的统一的、主流的观点。第三，纪要拟稿后，本单位主管负责人审阅同意后即可发布；决议需要与会者按照法定程序表决并通过后才能生效。

3．纪要与会议简报

纪要和会议简报都是会议文书，格式相近，区别有三：一是纪要是法定公文，具有特定效力。简报只用于反映会议情况，是有关单位开展工作的参考材料。二是纪要是对整个会议精神的全面概括。简报反映的是会议的阶段性内容。三是纪要于会后一次性印发。简报在会议的每个阶段都可印发。

（四）纪要的写作

1. 标题

纪要的标题通常有如下几种写法：（1）会议名称+文种，如《国务院三峡工程建设委员会第七次会议纪要》；（2）主办单位+会议名称+文种，如《×××局党组会议纪要》；（3）开会地点+文种，如《青岛会议纪要》；（4）正标题+副标题，如《搞好国企改革，推动新一轮发展——××市发展改革委员会××××年第二次会议纪要》。

2. 成文日期

会议纪要的成文日期一般写在版头间隔线右上方。但也有其他写法，一种是写于标题之下，用括号括起来；一种是写于文后右下方；还有的一开头将“会议时间”标明并单列一行。

3. 正文

纪要的正文由导语、主体和结尾三部分组成。

（1）导语。导语部分主要概括会议基本情况，如会议的名称、目的、内容、议程、与会规模、主要发言人、会议效果等。导语要简明扼要。

（2）主体。主体是会议纪要的核心部分，记载会议议定的事项和主要精神。它根据会议的中心议题，按主次、有重点地写出会议的情况和成果，包括对工作的评价、对问题的分析、会议议定的事项、提出的要求，等等。

纪要正文的写法大致有三种：一是条款式，就是把主体内容包括讨论的问题和议定的事项，按主次一条条列出，使其条理化，一目了然。这种方法多用于会议议题比较集中，意见比较统一，容易贯彻落实的会议。二是综合式，就是把会议的内容或议定事项，进行综合概括，以重要程度为序分项叙述。这是一种比较普遍的写法，它有利于突出主要内容，分清主次，一般把主要的、重要的放在前面，而且尽量写得详细、具体一些，次要的和一般的内容放在后面写，可简略一些。“贯彻执行”内容的会议纪要，多用这种写法。三是摘要式，就是把与会者的具有典型性、代表性的发言要点整理提炼出来，按发言顺序或内容性质先后写出。这种写法的好处是可尽量保留发言人谈话内容的风格。这种方法常用于根据上级机关部署、需要了解与会人员不同意见的会议。

在写作实践中，常以“会议”为主词，用“会议认为”“会议提出”“会议讨论”“会议强调”“会议决定”等惯用语，领起各段内容。

（3）结尾。结尾一般写对与会者的希望和要求，也可以对会议作概括性的总结。有的会议纪要直接在主体部分结束，不专门写结束语。

（五）注意事项

1. 纪要格式根据实际制定

《党政机关公文格式》（GB/T9704—2012）规定：“纪要格式根据实际制定”，这就给这种格式的公文的标印带来很大的灵活性和空间，使其在格式写作上有了一定的自由度。但是，这种自由度应以法定格式的框架为依据。

2. 纪要落款问题

《政府机关公文格式》(GB/T9704—2012)规定:“有特定发文机关标志的普发性公文和电报可以不加盖公章”。纪要这一非普发性公文与其他法定公文的显著区别在于:一是文末不落款,二是不署日期,三是不缮印。同时使用统一规定的版式,不能以“红头文件”代替。

3. 非法定公文的“纪要”

需要注意的是,社会团体、学术组织等举行的研讨性会议后所形成的会议纪要不属于法定公文范围。

例文 4.4.3

继续医学教育工作座谈会会议纪要

为了进一步加强继续医学教育工作的管理,适应卫生事业发展和改革的需要,保证继续医学教育工作的健康发展,全国继续医学教育委员会办公室于2010年2月1日在北京召开了“继续医学教育工作座谈会”。部分省市卫生厅局科教处、医学院校、医院、中华医学会负责继续医学教育工作的同志参加了会议。卫生部科技教育司孟群副司长出席座谈会并做讲话。

会议主要内容:讨论研究 2010 年继续医学教育相关工作及证书的发放与管理工作;研究制定《继续医学教育“十二五”规划》有关事宜。

卫生部科教司××副司长在讲话中充分肯定继续医学教育在卫生事业发展与人才培养中所发挥的重要作用,同时指出了目前继续医学教育工作中亟待解决的问题。××副司长强调,今年是“十一五”的最后一年,我们要认真总结继续医学教育工作,在总结评估的基础上,制定继续医学教育“十二五”规划。今年国家财政拨款100万元,作为全国继续医学教育管理工作专项资金,因此今年国家级继续医学教育项目学分证书费和项目评审收费将不再收费,但目前面临财政拨款经费有限,不能满足工作的实际需求,如何加强证书的管理和发放问题迫切需要妥善解决。

会议经过讨论,提出以下建议并达成共识:

一、关于国家级继续医学教育项目学分证书管理

(一)今年,首先在已经和即将使用“继续医学教育学分信息化管理系统”的北京、天津、新疆、湖北、广东、云南、吉林、重庆、广西、新疆生产建设兵团和中华医学会进行试点,按继续医学教育管理的相关规定以电子化授予学分的形式取代纸质学分证书。

(二)已经实施自行发放的省市江苏、浙江、湖南、山东、上海按照国家级继续医学教育项目学分证书管理有关规定,继续做好国家级证书的管理和发放工作。

(三)陕西、山西、内蒙古、四川、辽宁、黑龙江、江西、河北、青海、宁夏、安徽、海南、甘肃、福建、贵州、河南、西藏和有关学术团体(中华预防医学会、中华护理学会、中华口腔医学会、中国医师协会、中国医院协会、中国执业药师协会)及部直属单位按2010年已获准的国家级继续医学教育项目培训的人数,向全继委申领学分证书。

（四）为保证各地有效利用“继续医学教育学分信息化管理系统”，加快继续医学教育信息化建设的步伐，由中华医学会牵头，组织制定继续医学教育学分信息化管理相关的技术标准和业务标准，标准出台后，各地要按着标准的统一要求，推进继续医学教育学分信息化管理工作的开展，逐步实现“电子证书”信息化管理。

二、关于继续医学教育“十二五”规划

针对继续医学教育“十二五”规划的讨论稿，与会代表重点讨论并提出《继续医学教育“十二五”规划》应在目标设定、指导思想、基本原则、工作重点以及措施的内容方面，要适应卫生事业的发展和医改的需要及卫生人才培养的规律。对总体目标中继续医学教育对象获取学分的达标率偏高、经费投入机制、保障政策和措施部分，尚需调整和充实内容等问题提出了很好的建议。

三、其他有关继续医学教育的建议

1. 建议加强与相关部门（如人事、医政等部门）的沟通与合作，强化继续医学教育的作用，推进继续医学教育工作的发展。

2. 针对基层医疗机构的实际情况，建议可根据农村或社区的具体情况，将在岗培训有机地纳入继续医学教育管理，有针对性的拓宽继续医学教育的涵盖面，促进基层医务人员素质的不断提高。

3. 配合医改，加强对基层的继续医学教育工作，强化项目执行的监管，提高继续医学教育质量。项目内容上不仅关注临床医学，同样也应关注公共卫生、职业道德和社会人文等方面的内容，以适应医疗卫生人员的不同需求。

第五章

财经管理文书

第一节 计划与总结

一、计划

（一）计划概述

1. 计划的含义

计划是党政机关、企事业单位、人民团体和个人，对一定时期内应当完成的工作或要求完成的任务，预先做出安排时使用的一种事务性文书。"应当完成"，指的是"职能职责"范围内的"职守"内的事情；"要求完成"，指的是上级机关或领导交办的其他事项。简单地说，计划是明确目标并为其实现做出具体安排的一类文书的总称。这类文书常用的名称有计划、规划、纲要、要点、方案、预案、意见、设想、打算、安排等。

计划的制订属于决策行为，尽管有时候因为种种因素的影响，预期的目标很难全部实现，出现"计划没有变化快"的情况，但它确实具有减少和避免工作的盲目性、统一成员认识与行动的作用。计划对制订者本身来说，为了实现预期目标，无疑会产生一种自我激励与约束的作用，同时，计划还具有上报下达、统筹协调的功用。对上，计划可以让上级了解情况，给予必要的指导和指示；对下，能够收到布置任务、统一思想、进行宏观控制的效果。

要注意计划不同名称的区别。"规划"和"纲要"往往带有一定的导向性，时间跨度较长，属于全局性、方向性的中长期计划，适用于关系到国家、地方和单位发展大业的重大事项。两者的区别在于"规划"一般详尽些，而"纲要"则提纲挈领，有很强的原则性、指导性。"要点"适用于中短期计划，特点是简明扼要、语言精练，其范围比"纲要"广泛。"方案""预案""意见""安排""打算""设想"等都属于原则性较强的设计，但"方案"往往是针对重要的专项工作进行科学筹划和具体部署，特点是决策性、专业性、可操作性较强。"预案"是为及时、有效地预防和控制某种严重危及社会、工作、群众的事项而制定的应急性方案，时间上比较模糊。"意见"和"安排"都是对工作的计划部署，但"意见"时间跨度长些，事关重要；"安排"的时间跨度短些，可事关多项，时间要求一般较具体。"打算"和"设想"也是设计，"打算"属于针对短期内的某项工作或活动所作的非正式计划，"设想"为初步构想，属于中长期、粗线条的不成熟的计划。与上述名称相比，"计划"是最普遍也是适用范围最广的一个名称。

2. 计划的特点

第一，预见性。计划的制订体现了决策的过程，或者依据上级单位的要求安排，或者出于自身发展的需要，在历史和现实的基础上，通过科学而周密的分析、论证，对未来一定时期的工作或生产经营进行预期，确定奋斗的目标，或者明确任务指标，并做出认真地部署和具体地安排，以保证任务指标的完成或预期目标的实现。

第二，约束性。计划虽不是公文，但同样具有约束力。计划一旦按照一定的程序获得通过或批准，便对制订单位（或部门）的工作或生产经营、对单位（或部门）内成员的行动产生特定的约束力。尽管计划在执行过程中可能有所调整，但调整后的目标或任务必然更切合实际，依然是所有成员共同努力的方向并制约着所有成员的行动。

第三，循环性。计划是通过信息对未来进行预测的。信息循环的实质是事物的周期运动。周期表现为事物运动的重复性；而事物的周期运动使信息循环，必产生未来信息。所以，计划虽然循环常订，但"年年岁岁花相似，岁岁年年花不同"，制订计划时应充分利用信息的预测功能，明确未来目标，从而解除盲目性，避免各行其是、互相冲撞。

3. 计划的作用

《礼记·中庸》云："凡事预则立，不预则废。言前定，则不跲；事前定，则不困。"这就是说，任何事情，预先做好安排、打算就容易成功，否则就容易失败。事实上，无论工作、学习、生活，只有事前制订了周密的计划，然后根据计划去做，才会心中有数，循序渐进地达到目标。计划虽不如法定公文那样具有法定的权威性，但一经制订，经过领导部门批准或法定会议通过，也就具有规范、指导、督促、考核、激励的效力和作用。具体来说，计划有以下几点作用：

（1）明确目标，协调运作。现代管理科学认为，经济管理的基本内容包括决策、计划、组织、控制四个方面。计划就是为了达到某种目标、完成某种任务、实现某种理想而采取的一种科学管理方法和手段。因此，它就必须确定达到目标、完成任务的步骤、方式、办法、措施和要求等，从而统一目标、统一行动、协调一致地推动各项工作朝着目标顺利地向前开展，按期完成预定的计划。

（2）提高工作效率，增强竞争能力。一个好的计划，必然要求合理地安排人力、财力、物力，吸取最先进的经验、技术，采取最有效的工作方式、方法、步骤，这就必然会促使工作效率的提高，从而达到“投入少、产出多”的目的。国家发展需要计划，至今，我国已制定了十三个“五年规划”。一些发达的资本主义国家和地区，如日本、韩国和我国台湾地区等，也在制订五年计划、七年计划。至于每个投身到市场经济中的经济实体，更必须按照市场规律和本身实际制订出切实可行的各种计划（生产计划、营销计划、新产品开发计划等），才能做到心中有数，立于不败之地，求得事业的不断发展。

（3）提供标准，实施监控。有了计划，领导就有了督促、检查的标准和依据。计划执行好的，创造出好的经验，就及时总结推广，促进工作的全面发展；计划完成差的，出了问题，就找出原因，及时帮助解决；情况发生变化，原计划不适应时，就及时帮助调整。同时，也便于执行者自我检查、自我加压，从而有效促进多方面积极地融合。

（二）计划的种类

计划可以按不同的角度或标准进行分类。

按性质划分类，有学习计划、工作计划、生产计划、科技发展计划、新产品开发计划、活动计划等。

按内容划分类，有综合计划和专项计划（或单项计划）等。

按范围划分类，有国家计划、地区计划、部门计划、单位计划、班组计划和个人计划等。

按时间划分类，有长期计划、中期计划和短期计划。短期计划按时间长短又可分为年度计划、季度计划、月份计划、旬计划、周计划等。

按计划的文种划分，有正稿、草稿、初稿、供讨论稿等。

（三）计划的写作

1. 计划的体式与要求

（1）计划的体式。计划的文种名称虽多，但其基本构成只有两种：一种是采用文字来表述，一种是运用数据来编制。因此，计划有三种体式：条文式，以文字表述为主；表格式，通常采用表格形式编制；文表结合式，为一种常用的文字叙述与表格说明结合的形式。

① 条文式和文表结合式。条文式计划是把计划的内容分为若干部分，按照一定的逻辑顺序排列，全部或主要运用文字来表达。文表结合式是把一些必要的数据，制作成表格穿插在文字的表述中，或者附于计划末尾。文表结合式式计划具有表达灵活、条理清楚、逻辑性强等特点，其使用十分广泛。后面介绍计划的写作时，即以文表结合式为主。

② 表格式。表格式计划在经济领域中最为多见，业务性强、内容易于量化的专题计划常采用表格形式来编制，如生产计划、经营计划、财务计划等。数据可以制成表格，但计划

制订的依据、目的以及其他必须说明的内容，有时候无法进行量化，只能使用文字来表达，在这种情况下，表格式计划应该辅以必要的文字说明，来交代应该说明的某些事项。表格式计划并不排斥文字。当然，在表格式计划中，文字说明要力求简洁，所以文字常常以分条列项的形式出现。

表格式的专题计划，其表格一般会事先统一设计、批量印制备用，只需逐项填写即可。但是，如果出现新的情况，如计划指标有所调整、变更时，就要根据新情况来设计表格。新表格的设计要注意实用、科学和完善。

（2）计划内容的基本要求。计划作为用第一人称写作的具有目的性、超前性、可行性的事务性公文，一般都应阐明以下三方面内容。

① 为什么这样做（制订计划的依据）。这是制订计划的基础。在制订计划前，要分析研究经济现状，充分了解下一步工作是在什么基础上进行的，是依据什么来制订这个计划的，从而提出下一步工作的方针、任务、目的和要求，把计划建立在切实可靠的基础上。

② 做什么（目的、任务和指标）。这是计划内容的核心。每份计划都应根据需要明确一定时期内应完成的任务和应达到的指标。目的要清楚，任务要具体，指标要适当确切。

③ 怎样做（方法、措施和步骤）。这是实现计划的保障。明确了经济目标、任务后，还需要根据主客观条件，确定生产经营方法和步骤，采取必要的措施，以保障任务的完成。“方法”“措施”要全面、得力，落实“步骤”要积极、稳妥，且须有明确的时限要求。

2. 计划的结构和写法

一般的日常计划，在写作上比较灵活、自由，但以文件形式下发或上报的计划，则在写作格式上有一定的要求。不论采用何种写作形式的计划，一般都由标题、正文、结尾这三部分组成。

（1）标题。计划的标题即计划的名称，应居于首行正中，字体可大一些。它通常由制订计划的单位名称、计划的时限、计划的内容和计划的种类四部分组成。如《××药材有限公司2017年度新产品开发计划》《××大学2016～2017学年第二学期教学工作安排》。若发文纸上已印有单位名称，或计划结尾处署上单位名称的，则标题中的单位名称可以省略。如果计划还未经正式讨论通过，是征求意见稿或讨论稿，就应在标题后用括号注明“草案”“初稿”“讨论稿”等字样。

（2）正文。正文是计划的内容，也是计划的主体，从第二行空两格写起。这部分要围绕“做什么”“为什么做”“怎样做”“做到什么程度”“做多久”进行表述，要求具体明确、主次分明、条理清晰、简明扼要，必要时以图表说明。

① 前言。前言也称缘由部分，是计划的灵魂和总纲，主要说明制订计划的依据或目的等背景，即说明为什么要制订这个计划。它包括上级指示、指导思想以及今后总的工作任务等。文字要求十分简练。例如，“遵照上级指示，今年要发动我集团公司全体职工，深入、广泛地投入到推进“供给侧结构性改革”之中，努力增加产量，不断提高质量，降低消耗，增加积累，用最少的物化劳动为改革多做贡献。我们的奋斗目标是：全年生产的变压器比去年

增产28%以上，费用节约××万元。”这段前言，简要地说明了制订计划的依据和奋斗目标。有的前言是在对本单位目前基本状况进行简要介绍后，就如何做好下一步工作进行概要地说明。前言部分的末尾常用“现制订计划如下”“为此，本年度要抓好以下几项工作”等句过渡到下文的计划事项。

② 任务和目标。这是计划的主要内容。任何一份计划都要根据需要和可能，提出一定时期的具体任务和目标，也就是明确规定“做什么”。计划的任务、目标要写得具体、明确，突出重点。计划中表示数量、质量、工作步骤、时间进程的内容，切忌模棱两可，责任不清。“大概”“左右”“尽量”“有所”“可能的情况下”等等模糊语言原则上不用。否则，任务和目标的弹性太大，计划就不易落到实处。对那些不能用具体数字表达的工作任务，如精神文明建设、素质教育等，也要有具体、明确的要求，比如主要抓哪几方面的工作，应达到什么程度等。

③ 步骤和措施。任务和目标确定之后，就要解决“怎样做”“什么时候做”的问题，也就是要根据实际条件，确定工作方法和步骤，采取必要的措施，以保证计划任务的完成。计划的步骤安排要科学、合理。要确定先做什么、后做什么、主要抓什么、次要抓什么，一项工作分成几个阶段来开展，以及在何时完成各项任务，各阶段如何衔接等。有了时间和程序上的安排，还必须采取切实有力的措施。比如，组织领导的加强，有关部门的配合，人员、制度的保证，人力、财力、物力的合理配置等。

④ 有关事项。若计划正文还要写入相关的内容，如检查、评比、修改办法等，可以放入“有关事项”中加以明确。

（3）结尾。结尾的内容一般包括在执行计划时应注意的事项，有关说明，或者提出要求、希望、号召等。最后写明制订计划的单位或部门的名称及日期。如果已在标题中写明，则可省略。

（四）计划写作要求及注意事项

1. 计划写作要求

（1）条理清楚、简明扼要。为了把内容较多的计划表达清楚，在编制计划时常常采用分条列项的表达方式，此时一定要做到事以类分、条理清楚、逻辑严谨、思维连贯。语言力求简练明确，讲究实用，切忌琐碎冗陈。

（2）以大局为重。为了更好地传达、贯彻、执行党和政府的相关政策、法律、法规等，制订计划时，应把相关政策的精神和要求与本单位的实际情况相结合，始终贯彻地方服从中央、局部服从全体、下级服从上级、个人服从集体的原则。

（3）要有开拓精神。任何一份好的计划对未来都具有挑战性、前瞻性，有助于不断开拓新局面。目标要“跳一跳”，任务要“压担子”，编制计划一定要搞好调研，根据现有的人力、物力、财力来综合考虑问题。

（4）实事求是。计划的制订要在遵循党和国家相关政策法规的前提下，结合本部门、本单位、本地区、本人的实际情况，实事求是地确定目标、任务，提出切实可行的步骤、措施，保证计划按期保质完成。目标定得太高，容易盲目乐观、头脑发热、浪费资源；目标定得太低，容易安于现状、不思进取，不能调动积极性。当然，由于计划是事先制订的，而客观状况是在时时刻刻发生变化的，当实际状况发生大的变化时，也应及时对计划进行修正。

（5）内容明确具体。计划是一段时间内的指导性操作指南，实际工作要以其为指导，所以，计划的相关内容一定要写得明确具体，从目标、任务、步骤到实施措施，一定要无可争议，杜绝内容表达含混不清、模棱两可。

2. 计划写作注意事项

（1）在制订计划时要结合实际，做到合情、合理、合身，避免盲目乐观，提出一些不切合实际的目标，"大跃进"的教训不能忘记。

（2）计划的制订要具有可操作性，计划一旦制订，就成为部门、单位执行的蓝本，只有措施到位，切实可行，才能起到计划应有的作用。

xx 市财政局 2016 年工作计划

二、总结

（一）总结概述

1. 总结的含义

毛泽东同志指出："人类总得不断地总结经验，有所发现，有所创造，有所前进。"古代哲人的"一日三省"，主要是指善于总结。

如果说计划是对未来的构思，那么总结就是一种以第一人称角度回顾、思考、明确方向的文书，是对过去一定时期内的实践活动或某一方面工作进行的回顾、分析、评价。日常生活中，总结与计划的联系是分不开的。计划是任务执行前所制作的实施蓝图，总结是任务完成一部分或全部完成时对蓝图的重新审视。在总结中要抓住实践中规律性的东西，进一步升华，以便为新的蓝图做准备。许多时候，人们都是在这种"计划—总结—再计划—再总结"的过程中逐步积累经验、补充知识、增长才干和推动社会发展的。因此，学会并善于总结也是发展和前进的重要方法和途径。当某项任务完成之后，或者工作进行到一定的阶段，往往需要对任务完成的情况或工作的进程加以回顾、分析与研究，肯定成绩，找出不足，概括出某些带有规律性的经验或教训，用以指导今后的工作实践，这个认识过程就是总结。把上述内容条理化，写成书面材料，便成为总结报告，简称总结。总结也是统称，在日常学习、工作中还有"小结""情况""体会""回顾""经验介绍"等名称。

作为日常应用文书，人们常常把总结与报告联系到一起使用。其实，两者的区别还是十分明显的。首先，报告属于公文的一种，而总结仅是一般的事务文书。其次，报告对做过的工作一般是叙述（即"做了什么"），而不作议论评价；总结则必须进行讨论，做出评价（即"做得怎样""为什么会这样"）。再次，报告在反映情况的基础上可用较大篇幅来写建议或意见；而总结则不能这样写，但总结有介绍经验的功能。当然，报告与总结在汇报工作这一点上功能是一致的，而且表达方法也基本相同。

总结与调查报告有许多相同之处，都要求实事求是地反映、介绍典型经验，找出有规律性的经验或教训，并指导工作的开展。但也有所不同，调查报告涉及的面较大，可以介绍典型经验，可以反映社会情况，可以揭露重大问题，而总结多着重于本部门、本单位实践的总结。总结的内容往往又比调查报告全面一些（调查报告往往集中地反映经验、问题等突出的方面，总结则主要反映成绩、做法、措施、存在的问题、今后努力的方向等）。一般来说，总结用第一人称，调查报告用第三人称。

2. 总结的特点

（1）实践性。总结是对过去实践行为的分析和研究，总结的内容来源于实践，是实践的反馈。总结的目的就是进一步认识过去的经验教训，从而指导未来的实践。

（2）客观性。总结是对过去一定时期内的工作、活动进行的分析和研究，是在实践的基础上展开的，其内容必须真实、客观地反映实际情况，解决问题，获得经验，而不能主观臆断、无中生有和凭空虚构。

（3）指导性。总结是对过去实践的回顾与反思，其目的在于更好地指导今后的工作，通过对以往工作的全面剖析，提高认识，把握客观规律，争取在未来的生活与工作中扬长避短，把工作做得更好。

（4）概括性。总结是对人们实践中客观规律的认识和反映，它以文字的形式对过去进行概括。但这种概括不是对工作简单的复述、罗列与堆砌，而是要做到从表到里、由浅入深、从现象到本质的理性概括。切忌写成“流水账”。

总之，总结是通过对以往实践的客观概括，来进一步指导未来的实践活动。

3. 总结的作用

（1）反映情况，沟通信息。不管是工作、生产还是学习的实践，不能“只顾低头拉车，不管抬头看路”，而必须随时回顾走过道路的情况。总结就像一面镜子，把走过的道路的情况正确反映出来：从成功中总结经验，从失败中汲取教训。这就可以使本部门、本单位的成员在明了这些情况后，能够吸取经验教训，更加信心十足地朝前迈进。不仅如此，通过总结还可以使领导部门在了解情况之后，或者及时给予帮助和指导，或者将其具有普遍意义的经验、教训告知其他有关单位，沟通上下、左右的信息，达到互相借鉴、共同前进的目的。

（2）发现规律，提高认识。总结的目的就是要通过实践提高认识，掌握事物的发展规律，去指导今后的实践活动。实践的目的在于认识和改造世界，但不认识世界，就无法改造世界。总结正是认识客观事物的重要手段，它把实践中简单的、零散的、表面的感性认识，经过分析研究，升华为系统的本质的理性认识，从中发现规律性的东西。《黄老帛书·姓争》说：“顺天者昌，逆天者亡。毋（不要）逆天道（自然规律），则不失所守（奉行的职责）。”正是这个道理。所谓规律，就是事物之间内在本质联系的法则，决定了事物发展的趋向。通过一次次总结，人们就会得到一次次锻炼，学会全面地、辩证地看问题，学会分析、综合的方法，懂得如何吸取经验教训。一句话，总结是提高人们认识能力和水平的重要途径。

（二）总结的种类

从总结的实际要求和内容看，一般可分为综合性总结、专题性总结和个人总结三种。

1. 综合性总结

综合性总结也叫全面总结，是单位、部门或个人对一定时期内各项工作的全面回顾。如《××市 2016 年国民经济和社会发展计划执行情况》《××学院 2016～2017 学年第一学期工作总结》等。写这类总结，既要顾及全面，又要注意突出重点。这种总结往往要求作者掌握较全面的情况，并具有较高的综合分析问题和判断问题的能力。

2. 专题性总结

专题性总结就是对在一定时期内完成的某一项工作或针对某一具体问题做出评价、结论，对所取得的典型经验进行专门总结，故亦称为经验总结。这种总结内容集中、单一，特色鲜明，要求概括出规律性的东西，使之对其他单位、个人能起到指导、启迪、借鉴、参考的作用。如《从落实责任制入手加强企业管理基础工作》《××市营业税改增值税工作总结》等。

3. 个人总结

个人总结着重总结个人在某段时期的思想、工作或学习情况。个人总结，贵在写实。肯定成绩要具体，选材要典型，分析要深刻，尤其要写出取得成绩的基本做法、经验、体会等。对于缺点和不足之处，也应实事求是地举例说明并找出原因，以便吸取教训，有效地克服缺点，取得更大的进步。

（三）总结的写作

1. 总结的体式

① 条文式。这种结构方式，就是把总结内容，如事实、结论等，列为若干条，每条表述一个方面或问题。这种写法的特点是观点鲜明、篇幅简短、纲目清楚。

② 篇章式。这种结构形式全文贯通，它按照事物发展的逻辑秩序来总结工作。这种写法的特点是层次井然、引人入胜。篇章式的段落可多可少。如果采用两段式，就一部分写情况，一部分写经验和体会。如果采用三段式，是开头提示内容，概述情况，阐明观点；主体陈述事实，分析总结，表明态度；第三大段提出问题，简述不足，分析原因，指出今后努力的方向，或提出下一步的工作任务与目标。在篇章式中还可以给内容的各部分加上小标题，用一系列小标题引起段落的方式来安排组织材料、揭示内容。

2. 总结的结构和写法

总结一般由标题、前言、主体、结尾四部分构成。

（1）标题。标题即总结的名称，一般可以将主要内容、性质作标题，如不能表达出完整的意思时，在正标题下可以再拟副标题。

总结的标题主要有三种：

① 公文式标题。公文式标题是由单位名称、时限、内容提要和文种几部分组成，如《×

×集团公司××年上半年工作总结》《××市财政局××工作总结》等。

② 主题式标题。主题式标题是根据总结的内容，简洁地概括出总结的基本观点，揭示总结的主旨，如《做好财务预算提高经营效率》《构建农民进入市场的新机制——××市麦棉产区发展农村经济的实践与总结》等。

③ 问题式标题，如《××集团是怎样提高企业管理水平的？》《如何理顺银行的内部控制工作？》等。

在实际运用中，采用什么样的标题形式，可根据具体情况而定，不可一概而论。

（2）前言。前言部分要简明扼要地概括基本情况（如时间、地点、背景、内容、进展状况、总的收获等），让读者先有一个总体印象，由此而产生进一步了解的兴趣。具体说来，可以采用以下几种方式来进行简单的介绍。

概述式：概括介绍基本情况（如工作时间、地点、背景等）。

提示式：对工作的主要内容进行提示性地简要概括。

结论式：对要总结的工作下一个结论，突出点明成绩及荣誉，然后展开叙述详细的情况。

提问式：提出问题，引起读者的关注，同时明确总结的要点。

对比式：对有关情况的过去和现在、国内和国际、退后和先进、准确和错误等进行简略地背景介绍，在背景中表明所要总结的工作的基本情况。

（3）主体。主体是总结的核心部分，主要叙述所总结事件的总体情况、经验体会、问题与教训以及解决问题的措施、下一步打算等，并且要进行理论的概括，总结出规律性的东西。主体是对总结的优劣起决定性作用的部分。

主体部分，要做到重点突出、条理清楚。因此，在写作中应采取各种方式来安排结构的形态。

① 主体的结构形态。主体部分常见的结构形态有三种：一是纵式结构。纵式结构就是按照事物或实践活动的过程安排内容。写作时，把总结所包括的时间划分为几个阶段，按时间顺序分别叙述每个阶段的做法、成绩、经验、体会、下一步打算。这种写法的好处是事物发展或社会活动的全过程清楚明白。二是横式结构。横式结构是按事实性质和规律的不同，分门别类地依次展开内容，使各层之间呈现相互并列的态势。这种写法的特点是各层次的内容鲜明集中。三是纵横式结构。安排内容时，既考虑到时间的先后顺序，体现事物的发展过程，又注意内容的逻辑联系，从几个方面总结出经验教训。这种写法，多数是先采用纵式结构，写事物发展各个阶段的情况或问题，然后用横式结构总结经验和教训。

② 主体的外部形式。主体部分的外部形式，有贯通式、小标题式、序数式三种情况。

贯通式适用于篇幅短小、内容单纯的总结。它像一篇短文，一般用段落来显示层次。

小标题式将主题部分分为若干层次，每层加一个概括核心内容的小标题，中心突出，条理清楚。

序数式也将主体分为若干层次，第一层次用一、二、三……的序号排列，子层次用（一）、（二）、（三）……的序号排列，层次一目了然。

（4）结尾。结尾部分要提出努力方向并表明态度。这段内容要与开头相照应，篇幅不应过长。综合性的政府工作总结，对今后的努力方向十分重视，其结尾也往往较长，以鼓舞士气，给人以前途光明之感。

（四）总结写作要求及注意事项

1. 总结的写作要求

（1）要充分占有材料。总结前通过不同的形式，了解有关情况，听取各方面的意见，从各种角度搜集整理有关事实和材料，用数据和事实说明问题。这样可以使总结更具有客观性和真实性，也更有说服力。

（2）条理要清楚。总结是供他人参考的，条理不清就会造成阅读障碍，使对方无法了解真实的情况和内容，这样就达不到总结的目的。

（3）过程要严谨。总结的具体写作，可先思考出框架，然后写出初稿，再进行修改，修改后再进行思考或集体讨论，最后得出定稿。这个过程也是一个再总结的过程。

2. 总结的注意事项

（1）实事求是，不流于形式。总结要从客观实际出发，如实反映工作的本来面貌，既肯定进步和成绩，又应该看到不足和问题；既需要说明现象，又必须揭示本质。要把握好评价的度，防止片面性和绝对化。在汇报性总结中，要注意防止夸大困难或隐瞒问题；在经验性总结中，要注意防止将经验人为“拔高”。在教训性总结中，要注意剖析问题，找准原因，提出改进措施，防止不痛不痒。

（2）突出重点，抓住要害。总结不能面面俱到，即使是专题总结也如此。事无巨细、包罗万象的总结，读之无味、事倍功半，有违总结的初衷。重点与要害，是指工作进程中的主要方面和主要矛盾，以及取得的主要成绩或存在的主要问题。对于经验或原因的归纳总结，必须尽可能地上升到探索本质规律的高度，将实践提升为理论。

（3）因事制宜，有所创新。总结属于约定俗成的文种，但切忌写得千篇一律，缺乏特色，要努力写出个性来，做到人无我有、人有我优、人优我特。即使是例行性的总结，在整体框架和表达上难有突破，但也应该在剪裁、语言等方面努力显示出个性。总结的个性特色，最重要的是因事制宜，形式服从于内容，要切合所总结的工作，要有利于内容的表现，提高可读性。

××市商务局2016年上半年工作总结

第二节 规章制度

一、规章制度概述

（一）规章制度的含义、分类

1. 规章制度的含义

《孟子·离娄上》曰：“离娄之明，公输子之巧，不以规矩，无以成方圆。”其中的“规”

和“矩”分别为古代画圆形、方形的工具。这句话是说做事情应当遵循一定的法则。组织科学告诉人们，任何一个组织要想高效运行，必须有一定的“规矩”。

规章制度是一种在一定范围内具有权威性、强制性和约束力的法规性或规范性文书，普遍采用条款式的表述方法。

规章制度是党和国家方针政策的具体化，具有统一人们意志和行动、维护社会稳定的重要作用，也是实施科学管理、促进科学发展的有效手段。规章制度的应用范围很广，上至国家领导机关，下至基层单位均可根据实际需要制定，因此它是有层次性的。我国宪法对制定规章制度的权限有明确规定：全国性的规章制度，应由中央主管部门制定；地方性规章制度，由省、市、自治区制定，省、市、自治区也可以制定执行全国规章制度的补充规定；而一般机关、团体和企事业单位为了实现一定的宗旨，搞好各方面的工作，也必须建立自己的规章制度。必须指出的是，任何规章制度都不得与国家的法律、法规和上级制定的规章制度相抵触。

2. 规章制度的分类

规章制度不但使方针、政策具体化和更易实施，而且可以促使和保证人们思想行动的统一。因此，建立健全规章制度常常是一个部门、一个单位有序运行的基础性工作，也是取得良好成绩、树立单位形象的重要举措。

规章制度种类主要有三类。

（1）法规性质类。法规性质类规章制度，是各级党政机关、企事业单位、社会团体对某些事项的处理或某项法律、法令的实施所作的规定。主要文种有条例、规定、办法、细则、意见等。

① 条例。条例是党政机关对政治、经济、文化等方面的工作、活动，或某一机关的组织、职权，或某些专门人员的任务、权限等做出的比较原则、全面、系统的规定。条例涉及的问题是比较重要的，也带有一定的普遍性，需重要会议通过后，再由国家权利机关批准实施。条例一般具有较长的时效。如果是短期或试行的条例，则应注明“暂行”“试行”等字样。但它仍具有法规性，必须遵守执行。如《中华人民共和国审计法实施条例》等。

② 规定。规定是“对某一方面的行政工作作部分规定”（国务院办公厅《行政法规制定程序暂行条例》）。行政工作及经济、文教、卫生等方面的工作，都可以制定“规定”。不仅党政机关可以作政策性规定，如《关于全国性专业公司管理体制的暂行规定》，就是企事业单位、社会团体，只要有需要所属人员在一定期限内共同遵守和执行的事情，都可以作事务性的规定，如中国证券监督管理委员会《期货公司信息公示管理规定》。有些规定处理的问题局限在某一方面的“部分”上，如《关于全国性专业公司管理体制的暂行规定》，虽然说的是“全国性”，但却限制在“管理体制”这一部分上，不如条例那么重大、全面，约束力也不如条例那么强。

③ 办法。办法是党政机关、企事业单位、社会团体为实施某项政策、法规，或处理解决某一事项做出的具体安排或措施。办法比规定使用的范围更广，内容也更具体。例如，工

程的招标投标、资金的管理、税务的征收，以及废旧物资的回收等具体事项都可用“办法”做出具体的规定。如《边境小额贸易暂行管理办法》就是专门为管理边境小额贸易（当然不包括大额贸易）所作的具体规定。再如《上海市旅馆业管理办法》，就是为实施《上海市旅游条例》而做出的具体规定。

④ 细则。细则是国家机关、企事业单位、社会团体为贯彻执行某项法令、条例、规定或其中部分条款做出的补充说明或详细规定。如《增值税暂行条例实施细则》就是根据《增值税暂行条例》而制定的。细则不能离开原件而独立存在，它必须根据原件，结合本地区、本部门、本单位的实际来制定。既然是细则，那就要求制定得细致、周密、具体、详尽，不能遗漏或有所偏废，以免发生执行困难。

（2）规范性质类。规范性质的规章制度大多是党政机关、企事业单位、社会团体为本组织内共同遵守的准则所做出的规定，是一种规范人们行为，具有一定规范性的文书。这类文书主要是针对自身及其所属人员或一定范围内的人员的，涉及的范围不如条例等那样广泛。如一个城市的交通规则，虽然涉及各种人，但还是在一个城市内有效。

① 章程。章程是党政机关、企事业单位、社会团体对其组织的性质、宗旨、任务、组织机构、成员条件、权利、义务、活动方式和纪律等做出的规定，是一个组织的纲领性文件。章程经其组织的代表大会通过后，就成为全体人员思想言行和组织一切活动的准则，如有违反应按其章程规定的纪律处理。因此，它虽不像法规性文件那样具有法律或行政约束力，却具有组织的约束力。如党章、团章、工会章程、各种学术团体章程、各种公司章程等。

② 制度。制度有广义、狭义之说。广义的制度是指在一定的历史条件下形成的政治、经济、文化等各方面的体系，如社会主义制度、资本主义制度。狭义的制度是指党政机关、社会团体、企事业单位，甚至班组要求成员共同遵守的行动准则和办事的确定程序、要求。一经制定，人人都需遵守，如有违反，轻者按纪律处理，重者还需负一定的行政、经济或其他方面的责任。财经系统就定有大量的制度，如财政制度、税务制度、信贷制度、现金管理制度、会计出纳制度、资金管理制度、岗位责任制度等，都是财经工作的办事规程。只有严格遵照办理，财经工作才能走上正轨，才能维护好国家和人民经济利益。

③ 规程。规程是在一定的范围内对某些事务的处理或操作，提出统一要求或操作程序而做出的规定。它的规定是具体化、规格化、程式化的。规程一般都是长期具体实践经验的科学总结，一经制定，便具有较大的稳定性。如《电工安全操作规程》就是对电工安全操作的科学规定，经过长期实践证明，只有按照它规定的要求和程序办事，才能保证电工的安全，保证工作的顺利进行。

属于规范性质规章制度的还有守则、通则、准则、规则等，都是党政机关、社会团体、企事业单位为规范所属成员（或所辖范围内人员）行动做出的规定。它们之间也有一些区别。守则不仅是行为的准则，也包括了一些道德的规范。如《××大学学生守则》，除了学习上的要求，还包括了一些道德品质上的要求。通则是在较大范围内必须共同遵循的活动或办事原则和规范，如《企业财务通则》。准则是言论行动必须遵守的一些基本原则和要求。

如《关于党内政治生活若干准则》，可以说是党内政治生活的重要法规，要求党员必须按照它的规定来处理党内关系。规则是对某一事项所作的具体规定，如《工厂管理规则》《××知识竞赛规则》。

（3）规约性质类。规约性质类的规章制度，是一种面向社会的、为规范社会成员行动所作的规定。

① 须知。须知是有关单位为了有秩序地办理某种事务而向社会做出的带有指导性和告知性的规定。如《旅客须知》《投标须知》等。

② 公约。公约是机关团体、人民群众为了一定的目的，对一定范围内社会成员应共同遵守的行为规范、道德准则做出的规定。这种文书或由有关单位与群众协商制定出来，交群众讨论通过后发布，或由群众自己制定，经大家讨论通过后发布。如《首都人民文明公约》《××市爱国卫生公约》《商店服务公约》等。

（二）规章制度的作用

规章制度主要有两方面作用。一是起着规范本行政区域或者本行业、本部门内各机构及其成员的行为的作用。规章制度一旦制定、批准，该团体必须根据规章制度的规则行事。二是起着让团体外的公众人士了解该团体基本情况的媒介作用。团体的行为准则、方式可以通过这种法定形式广为传播，让公众了解熟悉该团体，也便于团体的活动，塑造团体的整体形象。

（三）规章制度写作

规章制度一般由标题、正文、具名和日期组成。

（1）标题。规章制度的标题通常是由“单位名称+规章制度内容+文种名称”组成。单位名称有的是本规章制度适用的单位或范围，如财政部、教育部 2013 年 7 月 29 日发布的《研究生国家助学金管理暂行办法》；有的是制定、颁发单位名称，如《国务院实施〈中华人民共和国民族区域自治法〉若干规定》；有的标题可采取省略形式，如《乘车须知》《服务公约》等。

（2）正文。规章制度的种类很多，各类的格式写法也不一，通常可分为两大类：章条式和条目式。

① 章条式。对一些内容较全面、系统，条文较多的规章制度，宜用章条式写作，如法规、章程、条例、准则、规则等。所谓章条式，也称总纲分章式。通常由总则、分则和附则三大部分组成。则中分若干章，章中分若干条，有时条下再分若干款项。

总则：主要概括说明制定此规章制度的目的、依据、基本原则、适用范围、主管部门等情况，类似于文章的前言。如果是章程，总则中主要写明该组织或该团体的名称及其性质、宗旨、任务等。总则一般只设一章，下分若干条。

分则：自总则以下至附则的中间若干章均为分则。分则是全文的主体部分，根据不同的内容交代不同的事项。如章程的分则，通常写明成员的资格、条件、义务、权利、组织机构、原则、纪律等。而一些条例、规定、办法、准则的分则部分通常交代必须遵循的具体行为规则、做法，如具体规定做法、责任、要求、处罚办法等。分则中章的数目视内容多少而定。根据需要，章下可分若干条，条下还可分若干款项。

附则：附则是全文的末章。通常说明该规章制度的适用范围、具有解释权的单位名称、与有关文件的关系及其他未尽事宜的处置办法、生效日期等内容。附则也只设一章，根据需要，下分若干条。

② 条目式。内容相对简单的规章制度常用条目式写作，如一些条例、办法、规则、守则、公约、须知等。条目式不分章，分条列项来阐述。条目式也可分为两种：一种是前言条目式；另一种是条目到底式。

前言条目式：分为前言和主体两部分。前言不设条，用简明扼要的文字概述制定该文的目的、依据、性质、意义，通常用“为了……特制定本……”的行文格式。主体部分则分若干条款交代各种规定的事项。

条目到底式：即全文都用条款来阐述表达，不另分段作说明，这种写法适用于内容较简单的守则、公约等。在写作中，根据需要，条下也可分若干项表达。条款遵循“先原则后措施，先主要后次要，先直接后间接”的原则，将一条一款的条目写清楚。行文时，事项要具体、简明、前后一致。其表达方式一般有两种：一种是在第一条说明制定的目的、依据，然后逐条陈述具体内容；另一种是不写制定目的、依据，直接分条陈述具体内容。

规章制度采用章条式或条目式的写法，主要是为了便于记忆、阅读、理解，也便于查找、引证，而且条理清晰、层次分明、言辞严谨，便于贯彻执行。

（3）署名、成文日期。一些由权利机关和最高行政机关制定、批准、通过的重要规章制度，把制定、批准、通过的机构、会议、日期等，即具名与日期写在标题下，用圆括号注明（此项内容也可称之为题注）。一般规章制度的具名和日期放在正文之后的右下方。

（四）规章制度注意事项

1. 按程序规范写作

规章制度如果是法规类的，要遵守国务院办公厅《行政法规制定程序暂行条例》的规定，严格执行立法程序，包括草案提出、草案讨论审议、文本表决和公布四个阶段。其中特别要做好讨论审议的工作。审议的内容包括是否符合上级的相关法规、是否可行、是否能在各个单位部门之间做好协调统一等。一般采用两审制，即经过两次会议审议。规章制度的公布常用公文形式下达，若有必要可同时公开，可登报、广播、网络传播等。

2. 重视写作依据

管理者在制定规章制度时，一方面，要受政府法律、法规、方针、政策的指导和约束，要符合上级有关规章制度的精神。制定规章制度必须有合法依据。在表述时，可以用“根据……的精神”之类的语句来表明依据所在，必要时还可以援引依据的要点或文本。另一方面，规章制度也是管理者针对本单位、部门、地区制定的管理规范和措施，必须符合本单位、部门、地区的实际情况。因此，制定者要深入调查研究，从实际情况中寻找制定规章制度的合理依据。在表述时，可在“依据……的精神”之后，用“结合……的实际”之类的语句来表明其针对性。为了使规章制度更具有合理性，还可以借鉴和参考别的单位、团体、地区制定的相同或类似的规章制度。

3. 重视表述目的

制定目的是规章制度的内容要素之一，通常放在开头表述。表述时，可以用“为了……制定……”之类的句式。目的的表述要有针对性且指向具体。

4. 内容周全合理

规章制度一旦生效，就要严格执行。规章制度是否具有可操作性的关键，在于其内容是否周全、合理。所谓周全，是指在规章制度中要充分考虑到可能发生的情况，特别是考虑到可能出现的特例。所谓合理，是指规章制度除符合管理者的意图外，应符合绝大多数人的想法和利益，还要考虑到被管理者的条件和愿望。

5. 条款化与规范化

规章制度在表达上的重点是分条列目、层次严谨。从实践上看，规章制度多采用条款式结构，纲目清楚，便于执行。

二、常用规章制度的写作

（一）规定与章程

1. 规定

（1）规定的概念与特点。规定是国家机关、社会团体、企事业单位制定的，在一些重大问题上做出的规范性要求和用以统一人们行动的法规性文件。

规定有多种分类法。从性质上分，有政策性的规定和事务性的规定；从部门上分，有政府的规定、社会团体的规定和企事业单位的规定；从时间上分，有暂时性规定和长远性规定。

规定的主要特点是规范性和约束力规定是人们行动的规范准则，如果违背了这种行动规范，轻者受到批评、谴责，重者受到惩罚，甚至受到纪律或刑事处分。这就是规定的作用和力量。

（2）规定的格式与写作。规定的篇章结构由标题、发文时间（有时还写由什么会议通过）和正文组成。

① 标题。大体有两种写法，一种是由发文机关名称、事由和文种组成，如《国务院促进产业结构调整暂行规定》；另一种是由规定内容和文种组成。如果规定是短期的、临时性的，应在“规定”文种之前加“暂行”二字，如监察部、财政部等四部门《设立“小金库”和使用“小金库”款项违法违纪行为政纪处分暂行规定》（二〇一〇年一月五日）。

发文时间。写在标题之下，用括号括上。

② 正文。正文的写法大体有三种。一种是由开头、主体和结语组成。开头写制定本规定的缘由，并以“特制定如下规定”“特作如下规定”承上启下；主体部分写规定的具体内容，一般分条行文；结语部分写实施说明，如适用范围、执行日期、制定细则、解释权之类。另一种写法是条目式。即整个规定从头到尾都以条目反映。这种写法也可以划分出层次来。一般前一两条写制定本规定的原因、目的、依据等；中间写规定具体的内容；末尾几条写实施说明。第三种写法是序言、小标题、结语写法。开头以序言的形式，主要写形势、目的、依据等；中间部分列若干小标题（这小标题类似“章”），小标题下用序数排列条目内容；结尾处写实施的有关事项。

2. 章程

（1）章程的概念与特点。章程用来系统规定一个组织或团体的性质、宗旨、任务、组织、成员、权利、义务、活动方式与纪律等，是该组织或团体的言行准则。

章程的主要特点是规范性和约束力。一个政党和团体的章程，就是这个组织的根本办法，这个组织的所有成员都必须按照章程规定的条文去规范自己的行为，违背章程的规定，就要受到该组织的惩处，乃至开除出该组织。企事业单位制定的章程，其成员也必须受其制约，严格按照章程规定的业务经营性质、业务活动范围和基本工作职责去办事。因此，章程的写作应充分体现其规范性和约束力等特点。

（2）章程的格式与写作。章程的结构，一般由标题、通过时间与会议、正文组成。

① 标题：由章程制定者（政党、团体或单位名称）和文种（章程）组成。如《中国共产党章程》《中国保险公司章程》，都是由这两部分组成的。

② 通过的时间和会议。在标题之下，写上由什么时间、什么会议通过，并用括号括上。

③ 正文。章程的正文与公文不一样，它没有开头、主体和结语的固定程式。基本上都是开门见山和列款行文的。大体有两种写法：第一种是总纲分章式，或者总则、分则、附则式。总纲分章式一般用于党政和团体的章程。即开头写总纲，把组织的性质、任务、宗旨作总体概括，然后分章讲成员、组织、纪律等。总则、分则和附则式，多用于企事业单位的章程。如《中国民营科技促进会章程》，第一章写“总则”；第二章至第四章是“分则”，写“会员”“组织机构”“经费”；第五章是“附则”。关于“章”的顺序排列，有的从“总纲”或“分则”开始，依次排列；有的“总纲”“总则”中的“章”单独排列。第二种是条目式。即比较简单的章程，从第一条开始一直排下去，不再分章、分条、分款。

（二）制度、公约和守则

1. 制度

（1）制度的概念与特点。制度是国家机关、社会团体和企事业单位制定的，要求有关人员遵守，并按一定程序办事的规定性文件。制度的使用范围极广，凡是要求有关人员共同遵守，并按一定程序办理的事情，不论是行政工作、经济活动方面的，还是事务、学习、生活方面的，都可以使用“制度”这一文种，用以规范人们的行为，保证井然的秩序。越是科学化、现代化的管理，越需要严密而科学的制度加以保证。

制度的分类，可因标准不同，有不同的分法。按制定部门分，有国家制定的制度、企业制定的制度，还有个人制定的制度。按时限长短分，有长期性的制度、临时性的制度。按内容性质分，有行政工作制度、经济管理制度、学习生活制度等。

制度的主要特点是规定性和程序性。所谓规定性，即制度按照所涉及事务的性质、范围，限定人们可以做什么、不可以做什么，可以怎样做、不可以怎样做，用以规范人们的行为。这是制度的突出特点和独具作用之一。所谓程序性，即要求人们做某种事情时，必须按照一定的规则程序、方法进行，不能想怎么办就怎么办，即使是这件事应该办，但违背了一定程序也不行。因此，程序性也是制度的突出特点之一。

（2）制度的格式与写作。制度的结构可繁可简。比较繁杂的制度，也像条例、规定、办法那样，其正文可以按总则、分则、附则式去写，也可以按前言、主体、结语式去写。比较简单的制度，其正文可以采用前言加主体式，也可以只有实实在在的几条规定性文字。但无论繁简，它的篇章结构，大体上都由标题、正文、发布或落款组成。

① 标题，一般由制度内容和文种组成，如《信息反馈管理制度》《环境保护工作制度》等。

② 正文，一般分条列项，可繁可简。

③ 发布或落款，发布即在标题下注明制定或发布的单位、时间。或者在落款处写上亦可。

2. 公约和守则

（1）公约和守则的概念与特点。公约和守则都是规范人们行为的管理性文书，都是在一定范围内为工作人员或社会成员规定的简明扼要的道德规范和行为准则。公约是一定范围或行业内的社会成员（有时是他们的代表），在自觉自愿的基础上，经过充分酝酿制定的、共同遵守的行为准则和道德规范，多用于公共事业方面的道德和行为规范，如《文明市民公约》。

守则，又称准则，是国家机关、社会团体和企事业单位根据上级有关指示精神和实际工作需要制定，并要求所属成员严格遵守的行为准则。守则除了用于各行各业人们的道德和行为规范之外，还常常用于具体操作规范。比如，守则除了有范围广、通用性强的行为规范，如《山东省公民基本道德行为四十则》《保险从业人员行为准则》，还有具体操作性的详细规定，如《程控交换机使用守则》等。

公约的分类，一般按内容性质分，如有文明公约、爱国卫生公约、乡规民约等。守则的分类，一般按内容性质分，有用于工作行业的守则，如《大学生守则》等；有用于设备操作的守则，如《分析天平使用守则》等；还有用于生产工艺的守则，如《焊缝射线探伤工艺守则》等。

公约和守则的写作特点是一致的。其主要特点是：概括性、针对性、准确性、可行性和通俗性。概括性，即公约和守则的篇幅短小，写作时要用简明概括的语言行文，不能写得太具体、太繁杂。针对性，即要根据党的路线、方针、政策，结合本地区、本系统、本单位的实际情况，有针对性地拟定具体条文，不能过于空泛、笼统，要有的放矢。准确性，即在文字表述上，提倡什么，反对什么，应该准确、明白，有正确的导向和明确的要求，不能模棱两可、含混不清。可行性，即所规定的条文、所提出的要求，应该实事求是、切实可行，通过努力可以做到，防止要求过高，变成一纸空文。通俗性，即语言应明白、流畅、通俗、易懂、易记，防止艰涩、长句和专业术语的大量运用。

（2）公约和守则的格式与写作。公约和守则的篇章极为简单，多数公约和守则的写法是：标题由内容和文种组成，如《××市市民文明公约》；开头和结尾一般十分简练或不写开头与结尾；标题之下，分条目直书其文，落款处写年、月、日。

公约和守则的内容主要有：制定的依据或缘由，指导思想，工作准则，工作内容，行为原则与工作纪律，程序与方法等。

第三节　预算书与决算书

一、预算书与决算书概述

（一）预算书与决算书的含义

中国古代财政本无预算、决算一说，预、决算与预算制度都是舶来品，它起源于英国，通过日本于晚清进入中国。1910 年，清政府仿效西方国家，试办宣传三年预算，并向社会公开，开中国历史上政府预算的先河。政府预算是政府为实现其职能，通过法律形式确定的筹集和利用资金的计划。政府预算的内容包括：预算收支的种类、数量及收支性质和作用；各级政府处理财政收支问题时的关系；执行和实现收支计划的法定程序、具体措施和规章制度。政府预算的行政组织形式有各级政府年度预算和各级总预算（或综合财政计划）两种；技术组织形式有绩效预算、计划规划预算、零基预算、单一预算、复式预算等。预算执行截止期在我国为每年的 12 月 31 日。政府决算是指各级政府对于政府预算执行情况所进行的年度总结，也是政府经济活动在财政上的集中反映。决算包括中央决算和地方决算。《中华人民共和国预算法》第六十条规定："编制决算草案，必须符合法律、行政法规，做到收支数额准确、内容完整、报送及时。"为了使决算编制得及时、准确、完整，保证决算的质量，必须强化各个环节上的审核分析。

预算书、决算书是指经济独立核算的机关企事业单位、团体和组织，基于一定的管理需要，定期拟定的财政、财务方面的预期计划或者决算总结的书面文件。预算书、决算书一般向财务主管部门呈交或者以资该单位管理层进行参考和规划。

（二）预算书和决算书的特点

1. 规范性

党政机关部门的预算书、决算书需要根据有关法规依法编订并执行，必须以《中华人民共和国预算法》以及《中华人民共和国预算法实施条例》为依据。而企事业单位的预决算书既要做到每一笔收支符合财经法规、财务制度，做到使用规范，也应符合预、决算文书基本的规范，并按照一定的流程进行编制。

2. 应用性

预算书、决算书是为了让经济独立核算的单位能够正常运转，财政收支平衡，收支项目更为合理，最终提高效益而加以编制的。所以，无论对企事业单位或团体，还是对机关部门或组织而言，具有非常实际的价值和意义。因此，非常强调实际的应用性。

3. 综合性

一般而言，预算书、决算书都以年度为计算单位，对该年度单位的各项经济活动的情况要考虑周全，避免疏漏。因此，预算书、决算书的全面性、综合性比较强。企业预算书、决算书涉及生产、流动、销售环节的支出和收益各个方面。财政机关部门的预决算书则要考虑到基本建设、“三农”、城市维护、环保、科教、卫生等社会生活的各个方面。

二、预算书和决算书的种类

预算书、决算书根据主体内容的不同，可分为以下两种类型。

第一种，政府和单位预算书、决算书。这是各级政府和经济独立核算活动单位的预算书、决算书，主体内容是该级政府和单位定期的财务收支情况的综合规划和总结。可以是乡镇以上各级政府及其部门，也可以是企事业单位。这种预算书、决算书的内容一般比较多，涉及的面比较广，综合性程度高，没有特殊情况的话，形式较为固定。各级政府的预算书、决算书一般经同级人民代表大会讨论，并须获得批准。

第二种，单项经济活动预算书、决算书。主要针对一些相对比较重要或重大的项目。项目规模大，资金投入多，绩效分析也要考虑多方面的原因，所以要专门制定预算书、决算书。股份制企业的重要的单项经济活动预算书、决算书一般经股东大会或代表大会讨论，并须获得有关部门的审批。

三、文种辨析

（一）预决算书与预算、决算报告既有区别，也有联系

预算、决算报告是经济独立核算的机关企事业单位、团体、组织或法人向财经主管部门、股东大会（股份制企业）或者代表大会（团体、组织或者是以上人民代表大会）所作的书面形式报告。所以，预算、决算报告是公开的书面报告，具有报告的一般结构形式，开头须有称谓，结尾须有谢辞。而预算书、决算书是一般的财务方面的文书材料，不需抬头写称谓，

有的亦不公开。

（二）预算书、决算书与计划、总结也有区别

计划是机关、团体、企事业单位和个人对将要进行的工作和活动所作的设计与安排的书面材料。总结则是回顾和检查前一阶段的工作完成情况，进行分析研究，得出经验教训而形成的书面材料。所以，计划和总结涉及面比较广泛。预算书是对财务方面未来的预期收支计划，也是针对未来进行的设计与安排。决算书是对过去一段时间的财务收支情况所作的分析、总结，并为今后的预算安排提供参照。虽然预算书、决算书具有一定的计划和总结的功能，但应用范围就小得多，内容也比较特定。

四、预算书与决算书的写作

预算书与决算书一般由标题、正文、落款构成。

（一）标题

标题的写法比较固定，一般采用公文式的标题。在标题中标明时间、单位、内容、文种等信息。如《××省高新技术研究发展计划课题 2017 年预算书》《××公司 2016 年度财务决算书》。

（二）正文

1. 预算书

预算书的正文基本上可分为三个部分：

（1）表述预算安排及与此相关的内容。这部分内容是整个预算书的重点内容，一般可按照实际情况分别表述。一般来说，企业的预算可分为上年度的预算工作总结、本年度预算工作的组织情况、本年度预算编制的基础、预算年度内生产经营的指标情况、主要预算指标的分析说明等几个部分。

这部分内容比较详细，通常需要制定预算表格附在文末。

（2）提出拟采取的措施和要求以保证预算任务的完成。要求和措施大多比较偏于原则性，多见于机关部门的预算文书。这部分内容的篇幅不长，涉及的一些措施和要求只需简单说明，有时也可以省略。

（3）需要说明的问题和情况。这是对可能影响预算指标的事项加以说明，有时也补充一些需要特别指出的问题。预算书是对未来收支情况的财务计划，总有一些不确定因素影响预算的执行效果，所以需要在此说明，以免特殊情况影响决算时的评价。

2. 决算书

决算书的写作和预算书相似，正文也可分为三个部分：

（1）表述决算情况及预算的执行效果。决算情况以年度为基础，在预算的基础上进行决

算分析。所以，和预算相比较，大多从收入和支出（或者收益和成本）两大方面阐述数据的增减，分析原因，表述预算的执行情况。

（2）总结整个预决算工作。比对预算书之后，对单位的整个预决算工作进行总结和评述，肯定成绩，指出不足，为以后的预、决算提供经验和教训。

（三）落款

落款包括署名和日期。

五、预算书与决算书的注意事项

第一，数据翔实。预算书应以客观情况为依据，制定切实可行的预算方案，而决算书也应基于实际数据和现实情况与预算书进行比对。严忌弄虚作假，性质不同的预、决算收支的内容要严格分开，避免混淆。

第二，语言严谨。预算书、决算书需要参照充足的数据材料，所以语言要有紧凑感，以免影响客观材料和数据的表述。同时，也必须注意用词的分寸感，尤其是决算书中对整个预、决算工作的总结分析部分，要言之有物、简明扼要、切实可行，忌假话、套话。

第三，阐述条理。预算书、决算书多采用叙述和说明，涉及面较广，所以内容安排须有条理，按照一定的逻辑顺序进行具体表述。

第四，留有余地。市场经济变化多端，在确定各项经济指标时，要在科学合理的基础上，考虑到政策调整和市场的风险性，留有余地。

第四节　会议文案

会议文案主要包括：会议准备阶段的会议方案，即会议计划；会议进程中的领导讲话，即工作报告、会议总结、主持人的主持词和闭幕词等。

一、会议方案

（一）会议方案的含义

会议方案是召开大中型会议之前，对会议如何召开所作的预想性的书面文书。会议方案定的好坏如何，考虑得是否全面周到，与会议的成功有很大关系。

（二）会议方案的特点

1. 预想性

会议方案是在会议召开之前制定的。对为什么召开这次会议、怎样召开、由谁出席、将达到什么效果，都要事先做出设想和安排。这一方面要根据实际情况进行，另一方面要凭以往经验，对如何开好会议预想得越周到、越细致越好。

2. 程序性

凡召开会议必有一定程序，有些会议其程序大体都是固定的，因此在制定会议方案时，要根据某种会议的特点和要求，确定其基本程序，以保证会议井然有序地召开。

3. 请示性

写会议方案还有一个目的，那就是请示上级领导部门批准召开这次会议，如这次会议的规模、程序、内容、经费使用等是否合适，请示审查批准。从这个意义上讲，它又有请示或报告的性质。

（三）会议方案的写作

会议方案的篇章结构，包括标题、主送机关、正文和落款几部分，有的还有附件。

1. 标题

有两种标题法：一种是公文规范标题法，由开会机关名称、会议名称和文种组成，如《××集团关于召开职工教育工作会议的方案》；另一种是会议名称加方案，如《××大学第七届教职工代表会议方案》。

2. 主送机关

即写上报的领导机关，如“局党组”等。有的也可以不写主送机关。

3. 正文

一般由开头、主体和结语组成。开头写召开会议的依据（缘由）、单位、会议名称、会议时间、地点、会期等，然后用“特制定会议方案如下”作承上启下的连接语。

主体部分写会议宗旨（目的）、会议规模（参加会议人员）、会议议程、会议日程、会议开法、会议的准备工作、经费预算、交通安保等。有的还把邀请参加会议的上级主管部门名单写上，如果请某位领导讲话或作报告，也要注明。讲话稿如何准备、谁准备，以及会议筹备工作联系方式等，必要时也要说明。

结语，写“以上方案，当否，请指示。”

4. 落款

即写召开会议的单位名称或会议领导小组，也有写会议筹备小组的。另外，还要注明拟定此方案的时间。

全市对外贸易工作会议方案

二、会议报告

（一）会议报告的含义与特点

会议报告是召开大中型重要会议时领导讲话的总称。它既是一种书面文字材料，又是在会议上宣读的讲话，是会议文件的重要组成部分，也是贯彻会议精神的依据和供查阅的历史资料。

会议报告可分为领导讲话、会议工作报告、会议总结三种。

（二）会议报告的特点

因为会议报告是会议领导讲话的总称，所以，不同类型的报告，既有共同特点，也有各自的不同点。

会议报告的共同特点：一是主题的集中性，二是形式的灵活性，三是语言的口语化。所谓主题的集中性，就是说，不论什么报告、讲话，都要围绕会议的主题，不允许脱离会议的宗旨，讲些漫无边际、与会议中心无关的话。所谓形式的灵活性，即多数会议报告，尤其是领导讲话，在形式上无固定格式，比较自由灵活，可以有话则长、无话则短，可以就其一点深入阐发，也可以谈几个方面的问题。所谓口语化，即适合口头讲话的特点，要通俗易懂，多使用群众熟悉的语言，动听入耳，不能太多地使用书面用语。

会议报告因种类不同，也有不同的特点与要求。领导讲话，要具有指示性和启发性。就是说，领导在会议上发言，应该高屋建瓴，能够提出一些新问题，阐发一些新见解，抓住一些本质和规律性的东西，给与会者一些教育与启示，不能一般化地泛泛而言。

会议工作报告，要有系统性和规律性。向大会作工作报告，不能开“中药铺”、摆“流水账”，应该抓住本质的、规律性的东西，予以系统地、条理地、科学地“摄要”。报告要紧密结合本地区、本单位的实际，突出自己的发展路径与特色，讲出有分量、有新意、有实实在在内容的话来。

会议总结，要有明确性和规定性。所谓明确性，就是根据领导的要求、工作任务的需要，针对与会代表讨论时发表的意见，作明确的态度，什么是正确的、合理的、可行的，什么是不正确的、不合理的、不可行的，要善于把正确的认识、意见、办法集中起来，作为会议的统一认识。所谓规定性，即在会议总结中要拿出几条落实会议精神的规定性意见来，以便于与会者贯彻执行，否则就会影响会议效果。

（三）会议报告的写作

会议报告的篇章结构，因种类不同，写法各异。

1．领导讲话

领导讲话的篇章结构比较自由灵活，其写法可以说是多种多样的。但纵观各种讲话稿，还是有一定规律可循的。它大体由标题、时间、署名、呼语和正文组成。

（1）标题。有两种标题写法，一是“在×××会议上的讲话”，有的写“×××在×××会议上的讲话”，如《李克强在国务院防汛工作专题会议上的讲话》；二是文章标题法，即像一般文章标题一样，如《坚持四项基本原则》《理论工作务虚会发言》等。

（2）时间。有两种写法，一种是写在标题之下，用括号括上；另一种是写在讲话正文之后。

（3）署名。一般写在标题、时间之下。在标题中出现姓名的，则不必再署名。署名的结构形式一般为：单位职务（全称）+姓名。

（4）呼语。是对代表、与会人员的称谓。一般写“各位领导、同志们”或者“各位代表”“同志们、朋友们”“女士们、先生们”等。

（5）正文。一般由开场白、主体和结语组成。开场白不拘一格，可以写对会议的表态、对会议的祝贺；也可以简要概括形势，提出问题；还可以说明讲话的因由，概括讲话的主要内容等。主体，即讲话的主要部分、中心内容。一般有两种写法：一是概括出几个标题或列出几个部分，用序码表示；二是分几个层次或段落写。第一种写法居多，因为它清楚明了。短篇讲话一般不分列标题和部分。结语，即讲话的结束语，写法也很灵活。有的写结论意见，强调讲话主题；有的明确形势，提出希望；还有的展望未来，鼓舞斗志，或以祝贺语结尾等等。如时值中秋节、春节等较重要的节假日，有的领导还会送上节日祝福。

2. 会议工作报告

会议工作报告一般由单位主要负责人来作，它的内容主要有总结工作的报告和部署工作的报告。其篇章结构由标题、时间、署名、呼语和正文组成。

（1）标题。基本上有两种，一是文章标题法，如《全面开创社会主义现代化建设的新局面》，这类标题之下，往往有副标题，写明在什么会议上的报告；二是公文式标题法，如《中华人民共和国全国人民代表大会常务委员会工作报告》《关于国务院机构改革问题的报告》，有的直接简写，如《政府工作报告》等。

（2）时间。在标题之下注明时间的，用括号括上。在标题中标明时间的，不必再写时间。

（3）署名。在时间之下写上报告人。多数情况下是署单位职务全称和姓名。

（4）呼语。顶格写，写对与会人员的称呼。

（5）正文。正文由开头、主体和结语组成。开头，概括报告主要内容，并用“现报告如下，请予审议”承上启下。或者写代表什么单位，向什么会议，作什么工作报告。主体，即会议工作报告的主要内容，可用列小标题法行文，也可以用序码分出几个部分来写，还可以用重复呼语的办法过渡到下一个部分。就内容来讲，也因报告类型不同，写法各异。党代会、人代会、工代会等改选换届的工作报告，以及单位例行年会的工作报告，一般写工作情况、成绩、问题和今后工作打算。专题报告一般先分析形势，后提出任务、要求。结语，一般写希望、要求和号召，使听众振奋精神，增强信心和决心。

3. 会议总结

其篇章结构也由标题、时间、总结人、呼语和正文组成。标题、时间、总结人、呼语同领导作的会议工作报告。正文一般由开头、主体和结语组成。开头，一般先概括会议情况，然后写“受大会委托作会议总结”。主体写会议的成绩与收获，重点强调领导提出的要求之要点，通过学习、讨论所明确的认识，会议研究解决的重要问题。结语提出传达贯彻会议精神的意见和要求，以及祝颂、希望等。不提倡“学习领会好会议精神，汇报传达好会议精神，贯彻落实好会议精神”之“三句话”式的“八股腔”。

（四）会议报告注意事项

1．明确对象，有的放矢

毛泽东在《反对党八股》中指出："我们做什么事都要看情形办事，文章和演说也是这样。""共产党员如果真想做宣传，就要看对象，就要想一想自己的文章、演说、谈话、写字是给什么人看、给什么人听的，否则就等于下决心不要人看、不要人听。""射箭要看靶子，弹琴要看听众，写文章做演说倒可以不看读者不看听众么？""做宣传工作的人，对于自己的宣传对象没有调查、没有研究、没有分析，乱讲一通，是万万不行的。"会议报告的对象，就是听众。写会议报告，要了解听众的特点、构成和心态。要了解他们的思想状况、文化程度、职业、年龄、性别、兴趣爱好，了解他们关心和要求解决的问题，等等。然后根据对象的不同，从实际出发，决定应采取的态度、语言和表达方式，从而做到有的放矢，达到"入心入脑"的会议目标。

2．谋篇布局，顺理成章

一篇会议报告，尽管内容丰富，思想正确，如果不讲究谋篇布局，头绪纷繁，杂乱无章，也绝不会成为一篇好报告。因此，谋篇布局，顺理成章，是写作会议报告必须解决好的重要问题。它主要是处理好开头，让其成为沟通听众的桥梁；安排好主体，注重突出重点和前后内容的关照、呼应，报告中也可穿插典故、哲语、故事，以增强说服力；收束好结尾，让结尾文字"振"精神。

3．讲究语言，注意修辞

会议报告的语言，要准确朴素，通俗生动易懂，除学术会议报告、专业性会议报告外，尽量少用专业性术语；要上口入耳，生动鲜明，富有"磁性"，多使用经过加工锤炼的、逻辑严密的、语句通畅的口头语言。少用长句子，不用或少用倒装句与欧化的句子以及文言词语、网络语言。同时，还要讲究语言的声调和谐与节奏鲜明之美。

第六章

财经报告文书

第一节 市场调查报告

一、市场调查报告的含义

市场调查报告又称市场调研报告，指对特定区域、特定类别的市场现状、发展趋势开展调查所获得的资料，运用科学的方法进行归纳、整理、综合、分析、研究后，做出恰当的结论而写成的书面材料。

市场调查报告是经济领域中获取信息、解决问题常用的一种重要手段。报刊上常见的“××调查”“××调查记”“考察报告”“××调查附记”等文章，都属于调查报告。

二、市场调查报告的特点和作用

（一）市场调查报告的特点

1. 针对性

市场调查研究具有很强的针对性。围绕了解市场、开拓市场、占有市场等实际问题，以辩证唯物主义为指导，根据党和国家的经济政策，围绕实践中的热点、难点、疑点问题，深入到一定范围内去调查、考察和分析研究。正如毛泽东所说：“调查就是解决问题。”市场调查就是寻找“商机”。如果观察问题“隔岸观火”，分析问题“隔靴搔痒”，解决问题“隔山打牛”，就写不出能够解决问题的市场调查报告。所谓解决问题，原则上指决策、部署，而不只是指具体问题的实际解决。例如，提出值得重视的某种倾向、苗头，引起人们的注意；或者指出某种发展趋势，提醒人们寻找适应的对策；或者发现解决某种重大问题的关键所在，告之人们进行深入研究，等等，都在解决问题的范围之内。

2. 真实性

市场调查报告既是为解决市场实际问题服务的，当然就必须实事求是，用事实说话。一切从实际出发，具体问题具体分析，是市场调查报告的生命。不但具体事实是真实的，既不夸大，也不缩小，而且还能透过具体事实的表面看到事物的真实本质。比如，调查报告的真实性，就要求通过具体事实把“假、大、空”现象揭露出来。2007 年 10 月发生的陕西省周正龙“华南虎”照片事件，通过各方面深入调查，证明野生华南虎照片是伪造的。

深刻的真实性，还需与典型性紧密结合在一起。只有那些具有代表性和普遍意义的事实和材料，才能更好地反映事物的本质和规律。也只有抓住本质，掌握规律，才能更好地解决问题。因此，市场调查报告所获得和选择的材料，必须是大量事实中选择出来的具有代表性和普遍意义的典型材料。在写作中反映的每一事例，也需具有典型性。这样的调查发表出去，才具有普遍的社会意义，才能产生良好的社会效果。

3. 剖析性

市场调查报告不能像新闻报道和简报那样以传递信息为主，而是以事实为依据，揭示出事物的本质和发展规律。因此，必须对事实进行分析研究，发掘、阐明事物所蕴涵的意义，这就需要运用议论的方法。但这种议论又不同于一般的论文那样以说理为主。具体地说，它具有夹叙夹议性质，或先叙事实，再据以阐明观点；或先摆观点，再以事实来说明；或边叙事边论述观点。所以，市场调查报告的议论完全以事实为主，就事实来剖析，从而找到规律性的东西，决不能离开事实，空发议论。

（二）市场调查报告的作用

市场调查报告作为一种供决策参考使用的文书，有着十分重要的作用。

1. 市场调查研究是认识市场的手段，解决实际问题的基础，制定和修改对策的依据

认识市场必须接近市场，深入大市场之中，去了解它的真相，把握它的规律。然后按其规律办事，才可能改造它，解决它存在的问题。比如，一个企业要生产适销对路产品，就必须深入市场，调查了解供销情况，摸清供销规律，然后才能对生产什么样的产品、生产多少、如何打通销售渠道等做出正确的决策和生产经营计划。党和国家的方针政策，都是在进行深入调查研究、确切了解问题的症结、矛盾的焦点、发展变化规律等之后，才制定出来的。

2. 市场调查报告是探寻商机、积极应对、促进发展的工具

建设中国特色的社会主义是史无前例的创举，在经济全球化道路上必然会遇到这样那样的困难和障碍。只有摸清了开放的大市场各种有利和不利条件、因素，才能“趋利避害”地克服困难和障碍，一步一个脚印地顺利前进。“趋利避害”的主要途径，就是以发展为第一要务，从市场中去调查、了解、发掘、研究，找准商机、抢抓机遇、积极应对。安徽大学2004级行政管理专业的百名学生利用2008年暑假，实地走访83个行政村，对安徽省社会主义新农村建设状况进行调研，撰写出20万字的《情系“三农”大型调查报告》，被誉为“安徽的新农村档案”。

3. 市场调查报告是解放思想、发现市场的有效途径

解放思想，以敏锐的观察力发现市场，是市场调研的成败关键。解放思想，是实事求是地深入市场实际之后，根据新事物、新情况、新问题而产生的能切实解决实际问题的新思想、新观念、新方法；是在千变万化的实事中，用敏锐的眼光、辩证的思维、过人的胆识，挖掘发现事物发展变化的规律性的东西。广泛流传的“鞋子市场调研”的故事，就是市场调研成败的典型事例。

三、市场调查报告的分类

市场调查报告根据其功能不同分为反映情况型的市场调查报告、典型分析型的市场调查报告和科学研究型的市场调查报告。

反映情况型的市场调查报告，通过对调查对象的全面调查，弄清调查对象的有关情况，为有关部门或领导者贯彻政策、制定措施提供依据，着重于事实的陈述或说明，较少议论。

典型分析型的市场调查报告不仅要反映情况，弄清事实，还要有分析，寻找规律，如分析原因、说明趋势及提出建议等。

科学研究型的市场调查报告，主要是研究市场经济的新问题，力求有所发现或在理论认识上前进一步，以推动实践，故议论较多。

四、市场调查的内容

市场调查是市场调查报告写作的基础。市场调查的内容十分广泛，主要有以下几个方面。

（一）市场环境调查

市场环境调查，包括政治环境、经济环境、科学技术环境、社会文化环境的调查。政治环境，即国际、国内有关经济发展的规划、产业政策和法令条例以及政府鼓励支持发展的行业和限制、禁止发展的行业政策等；经济环境，即工业发展状况、人口及其增长状况、国民收入水平状况、资源状况、交通状况、能源状况等；科学技术环境，即新技术、新工艺、新材料的发展速度，发展趋势和应用情况等；社会文化环境，即思想观念、生活方式、风俗习惯、宗教信仰、职业与教育程度、社会治安和社会道德风尚等。

（二）市场需求调查

主要调查市场对本企业生产的同类产品的总需求量，影响市场需求的因素，消费者的数量和结构，不同地区、不同市场、不同季节、不同群体对本企业产品（商品）的品种、质量、款式等的需求情况及层次变化趋势、潜在需求量及其投向等。除产品需求外，服务、旅游、文化娱乐等方面的市场需求也属调查内容。

（三）商品流通、销售方式及售后服务调查

这方面调查包括各种商品应选择的流通渠道、组织管理和机构设施，对各种商品所需要采取的供应方式、服务项目、各种推销手段的效果和反应等。

（四）商品情况的调查

也称产品情况的调查，包括产品生产的形式和库存，产品的市场寿命周期，新产品的开发，产品的市场占有率、覆盖率，时令产品的发展趋势，产品的成本、价格、利润等。摸清本企业产品与同类产品的销售市场状况、销售渠道、销售规模、广告宣传效果及费用等方面的情况，以便采取措施，改善管理，更新技术，提高质量，降低成本，扩大市场，使企业稳步发展。

（五）竞争对手的调查

主要包括竞争对手的数量、市场的占有率、市场竞争的策略与手段，以及竞争商品的品种、质量、成本、价格、包装、市场评价等。此外，还应调查潜在的同行业竞争对手情况。

五、市场调查的基本方法

市场调查的基本方法有全面调查法（普查法）和抽样调查法。主要形式有以下四种。

（一）观察法

调查者运用自身的感觉器官或借助科学的观察工具，观察调查对象的行为、言谈，推断他们的购买情况。在多数情况下，被调查者不知道自己处于被调查之中。

（二）询问法

是一种用提出问题征求答案的方式，向调查对象搜集市场资料的方法。可以采用口头、电话、问卷等形式。

（三）试验法

又叫试销法，就是在市场上试用或试销一部分产品，在此过程中征询试用者对商品设计、包装、品质、价格、广告等的建议和意见。试销、试用、展销、看样订货会等都属于此类。

（四）资料研究法

利用有关单位积累或网络搜索到的现成资料、数据进行综合分析，从而得出某些结论。

这种间接调查的方法可以弥补现场调查的不足，研究问题比现场调查更广泛，而且费用更低。

六、市场调查报告的写作

市场调查报告的结构包括标题、目录、前言、主体、结尾、落款、附件等部分。

（一）标题

标题要根据市场调查的目的、内容和范围来拟定，做到与调查的内容相符。标题要精练、醒目。通常有两种格式。

一是公文式标题，其结构形式与行政公文标题基本相同。一般应包括三个部分：调查单位、调查内容（或对象，并在前边加上介词“关于”）和文种，如《××公司关于婴幼儿服装产销情况的调查报告》。也可省略调查单位，只写其余两部分，如《关于住宅装修市场的调查》。

二是一般文章式的标题。其写法与一般记叙性文章标题相似，有以下两种形式。

（1）单标题

一般概括市场调查的内容或结论，如《××市古旧书市的变迁》《商品包装不容忽视》《改革给××公司注入活力》。

（2）双标题

正标题标明市场调查所得到的结论，或概括调查者的观点、看法、论断，或直截了当提出问题等。副标题一般标明调查单位（区域）的名称、调查的内容（范围）和文种或直接指出调查对象的状况。副标题前应加破折号。例如，《家政服务大有可为——关于××市家政市场的调查》《沉重的“红色”消费——××省农村高价婚姻透视》。

（二）目录

如果市场调查报告的内容较多、篇幅较长，为方便阅读，应当使用目录导读。

（三）前言

前言写法灵活多样，文字上要求简明扼要。一般可以交代调查的时间、地点、对象、内容、范围、目的及所采用的调查方法等，也可以概括全文的主要内容和观点。前言力求有吸引力和启发性。常用的写法有：第一种，开门见山，直言市场调研的目的、意义。第二种，交代背景，简要说明市场调研的时间、地点、对象、目的、结论。第三种，结论在先，开头就写市场调研得出的结论。第四种，伏笔设悬，开头设问，问而不答，吸引读者到正文中找答案。

（四）主体

主体是市场调查报告的核心部分，内容主要包括调查的基本情况和撰写者的基本观点、建议、措施。一般有基本概要、主体内容、市场变化趋势、对策建议等内容。

这一部分常见的结构安排有三种。

1. 纵式结构

就是按照调查的先后顺序或者事物发展的先后顺序来组织安排材料，如介绍产、供、销的具体情况的市场调查报告，可按事物发展的自然顺序，叙述市场发展变化的大致过程和变化规律。这种写法能把事物发展的来龙去脉阐述得很清楚，但应注意通过典型事例予以分析，避免平铺直叙。

2. 横式结构

就是把调查的材料和形成的观点，按照事实、问题的性质进行归类，或者按照调查研究得出的结论，分成几个部分进行分析，各个部分从不同角度为主题服务。这种写法，层次分明，观点鲜明、突出，经常为人们所应用。

3. 纵横式结构

即上述两种结构形式的综合，既考虑时间的先后顺序，又兼顾问题的分类，进行纵横交叉式的叙述和议论。这种结构形式可以把材料、观点与时间有机地结合在一起，主线是顺着时间发展的顺序，在叙述情况和说明问题时，却又是横向展开安排材料，并适当议论。

（五）结尾

结尾部分或总结全文、得出结论、重申主要观点，或展望未来、引起关注，或自然收束，不另作结。

（六）落款

应署作者姓名或集体、单位名称，以示负责。若在标题之下已有署名，则不必落款。

（七）附件

一般包括数据及原始材料、背景材料等，是正文信息的补充。

七、市场调查报告的注意事项

（一）要深入调查研究

调查研究是写好市场调查报告的前提。要认真做好调查前的各项准备工作，拟好调查提纲。特别要学会采用各种调查方法，如开调查会、问卷调查、抽样调查、个别采访调查、统计调查等，以获取各种信息。

（二）要认真收集、整理、选择材料

既要收集各种现有的书面材料，也要尽可能地直接取得市场第一手资料。要善于对调查

得来的分散的、不系统的材料进行认真的综合分析研究和整理，进行一番“去粗取精，去伪存真，由此及彼，由表及里”的筛选加工，并根据材料的不同性质加以归类，分成几个方面的经验或几个方面的问题。要重视收集数字材料，注意数字和事实的配合使用。

（三）要确定、提炼好主题

确定和提炼好主题，是撰写市场调查报告的关键。由于市场调查报告的目的、要求不同，其内容重点也各不相同。但必须与党和国家的经济方针、政策相吻合，国家提倡什么、限制什么、反对什么，必须清清楚楚。写作时必须根据写作意图，明确中心，突出重点，特别是影响市场发展变化的因素、市场的历史与现状、市场运行的规律、对经营管理与决策的意见或建议，不能不分主次、面面俱到。在确定主题时，要以调查材料为基点，力求反映和论证各种现实问题。要善于对数字进行分析，并运用精确的统计数字来说明观点。另外，还要注意运用对比材料来反映主题。

（四）语言力求准确、简练、朴实

准确，指阐述的观点应建立在材料真实、数据可靠的基础上，不任意拔高或贬低客观事实。简练，指不说空话、套话，不作不必要的引经据典，不堆砌材料，不把短文硬拉成长篇。朴实，指市场调查报告的文字通俗易懂，不堆砌辞藻，不玩弄新名词、新术语。

关于山东省粮食流通及加工产业发展情况的调研报告

第二节　经济活动分析报告

一、经济活动分析报告的含义

经济活动分析报告，通常简称为经济活动分析，它是一种回顾研究性的文书。具有总结过去、看到现在、把握未来的功能。经济活动分析报告是以党和国家的方针、政策为指导，根据计划、总结、会计、统计工作报表资料，以及调查研究得来的第一手资料，对某一区域、某一行业或单位的经济活动的一部分或全部过程及其结果，进行分析研究而形成的书面文字材料。它主要是对已经发生的经济活动及其成果或问题，进行分析研究，并总结经验，摸索规律，找出不足，做出预测，提出应对措施。简单地说，经济活动分析报告是反映某个部门或单位一定时期内经济活动情况的应用文。

二、文种辨析

（一）经济活动分析报告与调查报告

经济活动分析报告与调查报告的性质、要求及作用基本相同，也可以说它是调查报告的一种特殊形式。区别在于：

从时间上看，经济活动分析报告作为对一定时期内已进行过的生产经营活动各个环节的总结和调查，一般都是在季末、年终，或一个生产周期、一个经营环节告一段落之后定期进行的。而调查报告的写作时间较灵活，事情进行前、进行中、进行后，都可以选择适当角度对调查对象进行研究，写出报告，是不定期的。

从内容上看，经济活动分析报告只着眼于经济活动，专门分析某个方面的具体经济状况，如企业生产或流通过程中各项指标的完成情况等，使用的材料也只是作为分析的依据，并不详细介绍材料。而调查报告写作的内容涉及范围则要广泛得多，而且对事实、数字等例证材料要进行比较详细的叙述说明。

从表达上看，经济活动分析以数据为主，从数据中分析各种情况。而调查报告则侧重于具体事实和文字说明，以数据为辅。

（二）经济活动分析报告与工作总结

经济活动分析报告与一般工作总结的性质和功能在本质上是一致的，即都以马克思主义的认识论为指导，以党和国家的方针、政策为依据，在掌握丰富材料的基础上，进行深入的分析，探索事物的规律，指导今后的实践。但在认识事物的角度和方法上，各有其特点。首先，经济活动分析报告以指标数据为核心展开分析，从数量的增减为出发点评价得失成败，分析原因也要对具体的数量变化做出具体的剖析，都要落到实处。一般工作总结则要求把实践上升到理论，注重对现象进行概括和抽象，寻找事物的发展规律，忌就事论事。其次，经济活动分析报告侧重于定量分析，一般工作总结则侧重于定性分析。

三、经济活动分析报告的特点

（一）量化性

经济活动分析报告的作者既可以是本单位的人员（如生产、统计、财务等部门的专职人员），也可以是外单位（如管理机关、咨询机构等）的有关人员，因而在表达上既有用第一人称的，也有用第三人称的。但是，有一点则是相同的，就是都必须对特定的经济活动做出客观的、准确的评估、量化。经济活动分析报告应以一定的政策或计划等为依据，运用科学的方法，来考察经济运行的情况，或者肯定成绩，并说明其原因；或者揭示问题，有针对性地提出纠正的办法与措施，以防患于未然。从定性分析与定量分析相结合的角度来考察，经济活动分析报告往往显示出比较明显的定量性，如对计划执行的情况、销售的业绩等，都需要用数字进行分析和表达。同时，数据是分析研究的主要依据，是立论的重点。

（二）研究性

经济活动分析报告主要着眼于对未来的经济活动的指导性，它不能只停留在对特定经济活动情况的分析评估上，它还必须对成绩或问题进行深入的分析研究，以探求经济运行的客观规律。进行经济活动分析的常见方法有比较法、因素替换法、差额法、平衡分析法、动态分析法和结构分析法等。

专业是研究的基础。不同部门的经济活动具有不同的特点，要想对某一方面的经济活动情况做深入的分析研究，就离不开有关的专业知识。与经济预测报告的写作一样，经济活动分析报告的写作通常也只能由专业人员来承担。

（三）指导性

经济活动分析的目的是通过分析研究，说明经济活动的过程和内在联系，揭示其本质并针对存在的问题提出具体的解决办法，以提高管理水平和经济效益。既着眼现在，又面向未来，给经济活动组织者以启迪。从这一点上看，“来源于经济活动，而又高于经济活动”的经济活动分析报告的指导性是显然的，而这也正是经济管理部门和企事业单位普遍重视经济活动分析报告的原因所在。

四、经济活动分析报告的作用

（一）有助于科学决策的实现和生产经营计划的制订

经济活动分析报告宏观上是制订国民经济计划和发展纲要的重要依据，微观上是各经济单位面向市场、参与竞争、进行科学决策的必备工具。所以，经济活动分析报告在计划及决策的制订、执行、完成的整个过程中发挥着重要的作用。

（二）有助于政府经济职能部门及时有效地发挥宏观调控作用

知微见著，政府经济管理职能部门能够从不同行业、不同区域、不同经济单位的经济活动分析报告中，解读本地区经济活动中出现的各种经济失调、发展不平衡问题，有利于及时调整产业结构和转变生产方式，引导经济的持续、健康、稳定发展，保证市场的健康、稳定、有序运行。

（三）有助于管理者改善经营管理，提高经济效益

经济活动分析报告能全面系统地反映经济体的生产经营诸环节所存在的问题，并提出建设性的意见。管理者通过对经济活动分析报告的解读，能对生产经营的各个环节进行全方位的了解，对生产经营活动的计划、决策、组织和调控成竹在胸，从而能够有利地实施各种针对性的措施，检查和控制生产经营活动，提高管理水平和经济效益。

五、经济活动分析报告的种类

（一）按经济领域的范围来划分

按经济领域的范围可分为宏观经济分析报告和微观经济分析报告。

宏观经济分析报告是从整体或全局的角度，对一个国家国民经济全局性问题或行业共性问题进行分析而撰写的报告。

微观经济分析报告是从一个局部或部分的角度，对一些经济单位的生产经营活动进行分析而撰写的报告。

（二）按经济活动的目的和内容来划分

按经济活动的目的和内容可划分为综合性分析报告和专题性分析报告。

综合性分析报告又称为全面分析报告或系统分析报告，是指在一定时期内，对某一部门或单位的经济活动进行全面、系统分析研究后得出的书面报告，多用于定期分析。一般来说，综合性分析报告涉及面广，内容全面，反映问题比较复杂，篇幅相对较长。

专题性分析报告又称为专项或单项分析报告，是指在经济活动中选择某个重要关键性的问题进行比较深入分析研究后写成的书面报告。这种分析报告内容比较单一，形式灵活，一事一题，使用频率较高。

（三）按分析对象的行业部门来划分

可分为工业经济活动分析报告、农业经济活动分析报告和服务业经济活动分析报告等。

六、经济活动分析报告的写作

（一）经济活动分析报告的体式

经济活动分析报告常采用文字与表格相结合的形式。实践中以文字表述为主的经济活动分析报告表达灵活、内容具体，便于深入分析问题，是经济活动分析报告的主要格式。文章式的开头（即情况概述部分）常插有表格，以交代有关的指标数据，作为分析研究的基础。如果表格较大或较多时，则往往附在文后，以保持文章整体结构的协调和清晰。以表格为主的经济活动分析报告主要用于经常性、制度化的经济活动分析，如企业产品月销售情况分析等。表格式的分析报告既可用于企业自身的经济管理，也常用于上报以供上级机关了解情况。一般都根据实际需要设计有固定的栏目，尽管已经考虑到有关的稳定性因素的分析，但对不稳定或突发性因素常需辅以简要的文字说明，如一般的财务状况分析都要求对利润、流动资金、成本、生产任务完成情况和与上年同期相比增减的主要原因以及存在的问题等，作简要的文字分析。

（二）经济活动分析报告的结构

经济活动分析报告的结构，分标题、正文、结尾三部分。

1. 标题

有两种形式：公文式和文章式。公文式标题也称全称式标题，它一般由“分析或被分析单位+时限+事由+文种”四部分组成，如《××集团2016年库存情况分析》（省略了“报告”两字）。根据情况也可以有所省略，如《关于××市2016年引进外资情况的分析》，就省略了分析者、时限和“报告”字样。文章式标题就像一般文章一样，通常是扼要地点明文章的主题或主要内容，如《钢材供应紧张的原因及缓解的途径》《××公司为何短期内即能扭亏为盈？》。也可以采用正副标题形式，如《推进供给侧改革实现产销两旺——××集团20××年经济效益显著提高》。

经济活动分析报告标题中的文种，有时也称为“分析”“情况说明”“评估与建议”等，虽然没有直接点明其经济活动分析报告的文种属性，但仍然属于经济活动分析报告。

2. 正文

一般由引言、主体组成。

（1）引言。也叫开头，一般简要介绍分析对象的基本情况、背景，分析的目的、原因或意义等，不能写得太多，应开门见山，简明扼要。也有不用开头，直接进入主体的。开头的方式大致有如下几种：

① 直述式。就是把主要事实和基本情况直接概括地叙述出来，使人获得一个总的印象。如《××房地产集团20××年住宅销售情况分析》的开头：“20××年，我集团实现写字楼、商业楼、住宅楼等商品房销售收入××××万元，其他收入实现×××万元。完成全年预算收入计划的118.4%，比去年同期提高了4.2%。现将我集团20××年销售情况分析如下。”这个开头直接简明地交代了盈亏的情况和分析的目的。开头段的尾句“现将……分析如下”，是惯用的过渡句，用以引入主体。

② 对比式。主要是用一些数字来作对比，从而表明问题的关键所在，然后据此展开分析、判断。如上面举的例子同时也是对比式。

③ 提问式。即用疑问句提出报告中的主要问题，引起阅读者的注意和思考，如《××中小企业发展对外贸易情况的分析》的开头：“中小企业能走向国际市场吗？××市20××年中小企业外贸超过××亿元，就有力地说明了中小企业通向国际市场的渠道是完全可以打通的。”这个问题的提出，实际上也就指明了分析的主要内容。

④ 评述式。是通过对内容的简要分析、评判，明确提出分析者的观点，用以统摄全文。如《打“假”绝不能假打》的开头：“假冒伪劣产品之所以屡禁不止，原因虽然很多，但根据一年多来几个省、市的调查证明，打击不力，打得不认真，特别是没抓住假冒伪劣产品的‘保护伞’来打，应该是最主要的原因。××市正是针对这个主要原因，采取了强硬的措施，取得了较大的成果。”这个开头摆出来的观点，也就是全文的主要观点，全文正是以这个观点，分析了××市打假取得成效的原因和经验。

⑤ 结论式。即先提出结论，再根据结论进行具体的分析。必须注意的是，这种结论最好不是泛泛的、尽人皆知的结论，而是带有新意、发人深思、值得重视的结论。如《××市发展小类工业品情况的分析》的开头：“小类工业品、小商品，东西不大，却直接关系到人民群众日常生活的需要。但因它生产工艺琐碎，成本虽高利润却很低，不少企业都认为它的价

值不大，不能有所发展。然而，××市却认为只要针对市场需要而又经营得法，照样可以得到大的发展。”这个结论就有很强的针对性和现实意义，它涉及的不仅是经济问题，还有社会问题，很值得人们重视。开头就把它提出来，无疑具有较大的吸引力。

（2）主体。它是经济活动分析报告的主干和中心，必须写得充实、深刻，具有确凿的根据和强大的说服力。主体结构一般是“描述基本情况+进行分析评估+提出建议”。

① 描述情况。主要是交代经济指标的完成情况，不但要交代执行计划、取得成绩、存在缺点等方面的主要事实，而且要揭露矛盾，提出问题，为正确评价、深入分析打下基础。如果开头采用直述式、对比式已经交代了基本情况，主体中则可省略，但若开头交代的情况比较粗略简单，主体还可以再作较具体全面的交代。也可以不先交代情况，而是直接进行分析，一边分析一边交代情况，使情况和分析更紧密地结合在一起。

② 进行分析。这是整个分析报告的核心。分析报告价值的大小，就看分析是否中肯、深刻。要注重抓住关键问题，抓住单位领导关注的“兴奋点”，抓住各项经济指标执行的情况和结果来分析。综合分析要求全面分析各项主要经济指标，专题分析则要求深入分析一两个主要指标或主要问题。分析必须以国家方针、政策、法规和现代化科学经济理论为指导，以原有计划和实际情况为根据，运用科学的分析方法，揭示出事物内部联系的本质属性，既查明其发生、发展的原因，也要看到其发展的必然趋势，从而为做出正确评价、找到可靠对策打下基础。分析绝不是孤立进行的，而应以联系的、发展的、辩证的观点来对待。要看清指标完成的情况，就得把完成数与计划数联系起来分析；要了解经济活动发展变化的趋势，就得把当前（本期）与过去（上期）以及未来（下期）联系起来分析；要判明企业效益的大小，就得与其他同类企业联系起来分析。不仅如此，在查明成功和失败的原因时，还必须把主观原因和客观原因联系起来分析，从而分清主次，以免评价发生偏差。综合性的分析，既要逐项进行分析，又要把各项联系起来分析。但也不是平均用力，而应突出重点，或以成绩为主，或以问题为主，务使分析具有较强的针对性。分析不但必须找到规律性的东西，还应做出总的评价，而这种评价也总是与规律性的东西联系在一起的。符合客观规律就必然成功，反之就一定失败。

③ 提出建议。就是根据分析的结果，对今后经济活动和工作展开提出相应的意见。如果是成功的经验，则着重在推广、提高上献计献策；如果是失败的教训，则应为解决问题、挽救损失“想方设法”。当然，不是每一份分析报告都要提出建议，有的在分析中就包含了解决问题的意见。所谓提出问题、分析问题，就是要解决问题。分析报告的目的就是解决问题，不从认识上、观念上、措施上和办法上提出意见，问题就无法解决，也就不需要什么分析报告了。措施建议怎么提，提些什么内容，必须根据分析报告的内容来决定。

3. 结尾

结尾一般由结语及落款组成。

（1）结语。主要是强调重点归结全文，使人获得总的印象或认识。或者写一些展望未来、鼓舞斗志的话语。有的也把建议放在结语中，但建议内容太多时，应放在主体内。不少分析报告自然收束，无单独结语。

（2）落款。写明撰写经济活动分析报告的单位名称及写作的日期。

七、经济活动分析报告注意事项

（一）掌握准确翔实的材料

经济活动分析是根据工作材料来分析的。没有材料分析就失掉了依据。因此，必须坚持从事实、材料中得出结论。经济活动分析需要大量的数据资料，大多来自计划、报表、账本、凭证和调查问卷等其他书面材料，主要包括反映各方面计划指标的资料，计划执行情况的统计资料，资金、成本、利润、收入、费用等会计核算资料，生产技术资料，有关定额资料（上年同期资料、历史最高水平资料、国内外先进水平资料），以及上级指示、决策、方案、会议记录等。来往函电、经济合同、规章制度、总结报告等资料，属于“死材料”；来自实际方面的现实资料，如产、供销等方面的实际情况，以及人员安排、经营管理、技术业务活动、思想政治工作等情况，则是“活材料”。只有充分掌握这两方面的材料，并把它们有机地结合起来进行分析，才能够找到有规律性的东西。

（二）树立正确的分析观点

任何活动都是在一定观点指导下进行的。经济活动的目的是获得一定的经济效益。在社会主义市场经济活动中，必须把局部利益和全局利益结合起来，把眼前利益和长远利益结合起来，而以全局利益和长远利益为主。不管是宏观经济活动分析还是微观经济活动分析，都需要以全局观点作指导。有些经济活动从局部来看效益的确不差，但却损害了全局利益。我国的许多重复建设，如酒厂、烟厂、一次性木筷加工厂等，因为很能赚钱，一些地方就不顾资源的紧缺和市场的实际需要而大量建设，不仅挤占了建设项目资金，也浪费了大量资源，还产生了不良的社会后果。如果没有正确的观点作指导，单从经济效益来看，就必然做出错误地分析。相反，有些经济活动从局部来看经济效益并不太好，但却对国家经济发展、国计民生需要有所贡献，那就应该给以较高的评价。俗话说：“站得高，看得远。”站在党和国家政策、法律的高度，整体利益的高度来分析经济活动，不仅看得正确、全面，也可以看到“远景”，看到未来，看到国家和社会的长远利益。一般经济活动分析，都需看到发展趋势，找到适应这种趋势的对策。没有长远的观点，就不可能看清这种趋势。

（三）运用科学的分析方法

经济活动分析常用的分析方法有以下几种。

1. 比较分析法

又叫对比分析法或指标对比法。主要是以指标为核心而进行比较的方法。比较是人们常用的一种分析方法。比较不仅可以对事物做出鉴别，给予恰当的评价，也能揭示事物的本质。但必须注意的是，拿来比较的事物、数据、现象等必须具有可比性，即在时间、内容、项目、主客观条件等方面应该大体一致或基本相同。否则，比较就难以进行。更重要的是，比较必须从实际出发，力求客观、全面，切忌先入为主、主观片面。比较一般从三个方面进行：

（1）实际达到与计划规定指标的比较——比计划。诸如产量、销量、收入、支出、成本、利润等各项指标，都可把实际达到的数据同计划的指标比较，不仅可以看出任务完成的好坏，还可看出计划指标的制定是保守还是冒进。这就为进一步查明原因、找到对策打下了基础。

（2）现实指标与历史指标的比较——比历史。即纵向的比较。所谓历史，既指过去同期时间（上一周、上一月、上一季度、上一年或上年同期），也指历史上的最高或最低水平。如本周销售量同上周销售量，本月下旬产量同上月下旬产量，全年国内生产总值同历史上最高（或最低）水平间的比较等。纵向的比较，既有助于对该项经济活动做出正确地评估，也可以借此看到其发展的趋势和规律。证券市场分析常用这种方法。

（3）本单位指标与同行业指标的比较——比先进。即横向的比较。事物总是互相联系的，要了解某一事物，单从它自身着手，不但难以避免片面性，而且无法看清它的本质特点。只有与其他有关事物联系起来，才能认识它的本来面目。纵向的比较虽然也可发现其成长过程，但局限在它自身的范围内，就很难真正了解它成长程度的大小。“自己和自己比沾沾自喜，自己和优秀比很大差距。”就是告诫人们，既要立足“自我”纵向比较，看到成绩；又要放眼长远，进行横向比较，和同行业最优秀者比，甚至和世界先进水平比较，从中找出差距，以奋起直追。这种比较就是把本身达到的指标与条件大体相同的先进单位达到的指标相比，不但可以更全面、深刻地认识历史和现实，还能看到差距、发现不足，从而以人之长、补己之短，找到赶超先进的办法，达到更上一层楼的目的。

2. 因素分析法

又叫因果论证或分析论证，就是把综合指标分解成各个因素，来探求事情的原因。即根据经济活动的结果（成功或失败），找到它产生的原因。这种分析常常是紧接比较分析而进行的。通过比较分析，肯定了成绩，发现了缺点，揭露了矛盾，认清了经济活动的现状，就要进一步分析这些现状出现的原因，然后才能辨症施治、对症下药，找到改进今后活动的良策良方。俗话说“有因就有果”，任何事物都不是无缘无故地产生的，必须刨根问底，查明它的原因。运用因素分析法应注意以下几点：

（1）要抓住主要原因。任何事情出现的原因往往不止一个，就像一个人头痛，原因是多种多样的，只有抓住主要的、关键性的病因，才能把它治好。经济活动分析也是这样，必须先找出所有的原因，再一一进行分析比较，从中找到具有主要矛盾性质的重点因素。否则，就抓不住它的本质，解决不了问题。比如一个企业的亏损，原因就很多，如管理不善、技术落后、资金短缺、设备陈旧、产品结构不合理、劳动生产效率低等。如果样样都成问题，这个企业就应倒闭；如果只是其中一两个原因在起作用，比如产品结构不合理，就应变更产品结构。

（2）要用发展的眼光分析原因。有些原因，当前看来并不显眼，但发展下去，却可能成为重要的、关键的因素。例如，一个厂开发了一个新产品，投入市场以后，并不怎么畅销。但经过深入的市场调查，了解到顾客心理和需求，摸清了消费趋势以后，看清了它的发展潜力，决定抓住不放，下力气去打开销售渠道，结果，这个厂正是靠这个新产品占领了市场，获得了良好的经济效益。经济活动分析，就应善于抓住处于萌芽状态而有发展前途的因素，不管它是具有积极性还是消极性的东西。一个具有远大眼光的人，常常是善于发现这类因素的人。我国农村现在普遍实行的联产承包责任制，起初是安徽省小岗村搞，而被党中央发现以后，才逐步在全国推广。一经推广，仅仅用了两三年时间，就基本上解决了千百年来未解决的全国人民的温饱问题。

（3）实事求是地分析主客观因素。做任何事情，获得成功或造成失败的原因，都可以分成主观和客观两种。两种因素既有联系又有区别。主观因素再强，客观因素欠缺，硬要去干，就是盲目冒进。客观因素具备，但主观因素很弱，那也会失掉机遇，一事无成。主客观因素的作用不同，对待它们的态度也应随之而异。主观因素，经过努力，常常可以有所改变。客观因素，只能“因势利导”，或者“待机而动”，不能用“人有多大胆，地有多大产”的唯心论来任意地加以改变。经济活动分析，既应实事求是地分析主客观因素，又要把两者联系起来，以便求得问题的彻底解决。

（4）从结果找原因，对过去的经济活动做出评价，为今后的活动找到对策。为了更好地了解发展的趋势，还需从原因推测到未来的结果，也就是从历史和现实的分析中找到规律，然后根据这个规律来推测发展的趋势，再根据这种趋势确定今后活动的走向和途径。比如，某个企业采用了某项高新科技，这就成为这个企业提高经济效益的主要因素。由此可以推测，只要它继续并发展这一高新科技，就会获得更大的经济成果。科技创新是发展企业的必由之路，这就是今天许多现代企业证明了的客观规律。按这个规律办，企业就大有希望；否则，企业就难以发展甚至会被淘汰。

随着经济和科学的发展，分析的方法也在相应地发展，特别是一些新的数学方法，越来越多地被经济活动分析所采用，如用百分比来表明比重变化的结构分析法，用函数来表明事物变化关系的相关分析法，以及矩阵分析法、线性规划法、数理统计法等，只要适合分析的内容，都可以适当采用。但用得最多的还是上述两种方法。

3. 动态分析法

动态分析法也叫预测分析法，是指通过各个时期社会经济活动的指标来分析经济活动的发展规律。它分为统计分析法（依据过去的统计资料的计算分析来预测今后的趋势）和经验分析法（根据过去和现状进行分析推测未来发展趋势）。比如通过历年商品零售额的升降变化分析来预测市场未来的发展趋势；通过分析政策环境（如银行利率变动）、竞争对手情况来预测未来的市场占有率等。

××市地税局××年上半年全市税收收入完成情况分析报告

第三节　市场预测报告

一、市场预测报告的含义

市场预测古已有之。早在春秋后期，政治家、富商范蠡就运用经济循环学说，预测市场物价一定会随天时和气候的变化而有所变动，所以，他提出了“水则资车，旱则资舟”的原则。意思是说，在水灾泛滥时，就要预测到水灾结束后，车辆将成为紧俏的商品，其价格必会大涨，因此要预做车辆的生意；同样，天旱时就要预测到久旱必涝，船只将成为特别需要的商品，因此要想赚大钱，就得预做船只的生意。他还指出：“论其有余不足，则知贵贱。贵上极则反贱，贱下极则反贵。”也就是说，要根据市场上商品的供求关系来预测商品的贵或贱，以确定自已所掌握的商品的售价。如果商品太贵了，那就会由于卖不出去而降价；如果商品太便宜了，那就会由于市场畅销而涨价。范蠡的这个经济理论是有一定道理的。在市场经济条件下，为了更好地促进生产，满足需求，增强有效供给，减少和防止商品经营的盲目性，就得不断进行预测。可以说，不断预测是生产销售与管理的先导。

市场预测，有时称经济预测，是在对市场历年来的历史资料进行统计以及对市场现状进行调查的基础上，依照事物发生、发展和变化的规律，对某一事物或现象的未来状况、形态做出估计和推测。

市场预测报告是在对历史资料统计以及对市场现状调查的基础上，运用科学的方法，对未来一定时限、一定区域内特定市场的发展规律，市场走向做出预计和测算的应用文体。市场预测报告有广义和狭义之分，广义的市场预测报告又称为经济预测报告，狭义的市场预测报告又称为产品销售预测报告。市场预测报告在写作时又有“××市场猜想”“展望”“分析”及“市场悬念”等名称。

二、文种辨析

（一）市场预测报告和计划

二者都具有面向未来的特点，但从现代管理科学的角度看，预测只是决策的依据，而计划则是决策的具体表现与实施。换言之，预测要解决的是“将来会怎么样”的问题，而计划解决的则是“将来做什么”与“怎么做”的问题。因此，市场预测报告中写到了建议或意见，但这些建议或意见往往比较简略，有些市场预测报告甚至不提建议或意见，其原因就在于预测不等于决策，市场预测报告不一定要包括决策的内容。

（二）市场预测和市场调查

市场预测和市场调查有着密切的关系。市场调查中包含着对市场供求关系的预测，而市场预测又以市场调查作为前提和基础。它们的区别在于：市场调查着重反映市场的现状，而市场预测则重在对市场的未来发展趋势进行判断、预见，并提出有针对性的措施和建议。比如证券市场的技术分析，就是以市场价格变化的未来趋势为目的，以图表、交易指标等为主要工具，运用量化的方法对整个股票市场或某个个股未来运行趋势进行的研究。

三、市场预测报告的特点

（一）预见性

牛顿说："没有大胆的猜测，就做不出伟大的发现。"市场预测报告最显著的特点是对未来市场的发展方向及特点做事前预测。它是在广泛调查的基础上，通过全面分析研究有关的数据资料，运用相关的经济学理论和现代化方法，对未来市场商情变化发展的趋势做出科学的判断和预见。未来的发展趋势、发展前景、变化情况等，都是预测的重点。

（二）科学性

市场预测就是通过对经济现象的历史和现状进行科学分析，把握其内在联系，从而揭示预测对象的客观规律，推测其发展趋势，而不是随意猜想。因此，市场预测是在充分占有详尽的信息资料的基础上，运用科学方法加以分析研究，经过严密的推理和科学论证，从而得出科学的预测结论。

（三）时效性

"时间就是金钱。"市场预测报告记录和反映的是经济发展的最新变化和各方面的最新动态，它能为生产、管理、经营、销售者提供必要的决策信息，信息的价值与提供信息的时间往往是密切相关的，预测人员必须快速将信息传递给决策部门和管理部门。所以，时效是市场预测报告的价值所在，准确及时的市场预测报告，有助于企业在竞争激烈的市场上夺得一席之地。

四、市场预测报告的作用

（一）参考作用

在经济活动的经营和管理过程中，普遍存在着经常性决策过程。决策的正误直接影响着行业、部门或企业的发展兴衰。预测是为决策服务的，科学的预测分析是决策科学化的前提条件，决策者在决策时往往以预测信息作为重要的参考依据。

（二）指导作用

随着我国市场经济的不断完善和深入发展，人民的物质生活资料将会日益丰富，市场的发展将进一步多元化。在这种情况下，为了引导社会再生产过程的有序运行，市场预测报告将及时提供预见性的观点和建设性的意见，指导整个社会的生产经营活动和人们的消费活动，促进商品的供需平衡，使社会资源实现最佳配置，发挥最大的效用。

（三）规划作用

随着社会主义市场经济的发展，市场预测已成为企业、部门进行中长期发展规划的重要前提。市场预测以各种历史的和大量调查研究的资料为基础，通过运用各种信息、资料、数据，大量采用观察、归纳、演绎、数学模型和试验等科学方法，对客观事物之间的历史与未来、宏观与微观、原因与结果以及各种因素之间的交叉影响进行科学的分析、测算和估算，及时提供事物今后发展变化可能出现的趋势和可能达到的水平，为国家宏观调控部门、企事业单位进行中长期发展规划提供重要的资料。

五、市场预测的种类

（一）按时间分类

分为短期、中期、长期预测三类。短期预测一般以季度、月、旬为时限，如服装、鞋类等产销变化较快的产品，多作短期预测。中期预测一般以两三年（最多不超过五年）为时限，如汽车、空调、电视机等耐用商品，多作中期预测。长期预测一般着眼于五年以上的时间，如钢铁、机械、石油开采等投资较大的产品，多作长期预测。

（二）按空间分类

一般分为国际性预测、全国性预测、地区性预测等。国际性预测，即就国际范围进行预测；全国性预测，即就全国范围进行预测；地区性预测，即就某一地区范围进行预测，等等。

（三）按内容分类

可分为综合性预测、同类性预测、单项性预测等。综合性预测，即对一个地区甚至全国范围市场总需求量及其发展趋势的预测；同类性预测，即对同一类商品，如纺织品或食品等的预测；单项性预测，即对某一产品或某一经济活动或现象的预测，如资源、资金、成本、投资方向、市场占有率、价格变动率、技术发展、新产品发展、产品寿命周期、社会需要等的预测。

（四）按方法分类

可分为定量预测、定性预测、因素预测等。

（五）按范围分类

一种是宏观预测，就是对某一类产品或商品甚至全面经济活动在国内外市场上发展的趋势和总需求量的预测，如汽车一定时期内在国内外市场总需求量及价格变化等的预测。一种是微观预测，就是对某种品牌汽车在国内外总需求量变化的预测，又如对格力空调、海信电器在一定时期内在国内外市场（或单在国外或国内市场）的总需求量增长或减少的预测。

上述各类预测方式，常常互相交叉、互相结合，如宏观预测和微观预测总是结合进行的；同类性和单项性预测，既可以作宏观预测，也可以作微观预测。只有相互结合起来，预测才可能更全面、更准确。

六、市场预测的常用方法

（一）定量预测

定量预测就是根据比较完备的市场资料，运用统计公式或数学模型，对影响市场变化的各种因素进行量化分析和测算，由此推断未来市场变化、发展的趋势。定量预测可分为时间序列预测法和回归预测法。

时间序列预测法，也称动态数列预测法，即将市场现象或影响市场各种因素的某种统计指标数值，按时间先后顺序排列而成，根据它的数据变化，分析推测未来市场某一方面的发展方向和变动程度，把未来作为过去历史的延伸。这种方法的优点是简单易行，缺点是只考虑时间关系而未考虑因果关系，因此对预测精确度有一定的影响。例如房地产市场的“金五（月）银十（月）”之说，就是依历年“五一”“十一”前后房地产销售指标数值来预测的。

回归预测法，是在分析市场现象自变量和因变量之间相关关系的基础上，建立变量之间的回归方程的一种数学方法。回归方程最简单的形式为：$y=a+bx$。式中，y 为因变量；x 为自变量；a 为常数；b 为回归系数，即 x 对 y 的影响程度。其中，选定的因变量是指需要求得预测值的那个变量，即预测对象；自变量是影响预测对象变化的、与因变量有密切关系的那个变量。依据回归方程式，将已知现象的自变量的数值代入方程式，便可推算出因变量的数值。

（二）定性预测

定性预测也称判断性预测或直觉经验预测。定性预测虽然也有数量内容，但其主要目的不在于准确推算数据，而在于对预测目标的性质分析和判断经济活动的发展前景。定性预测常用的方法有经理意见法、销售人员意见汇总法、购买者意见调查法等。它主要依据预测者掌握的丰富知识和经验、一定的分析判断能力来推断预测对象未来发展的性质及趋势，因而具有较强的主观色彩。预测者一般为有关专家、企业管理人员、熟悉市场的业务人员等。定性预测法的主要特点是应用起来比较灵活方便，所花费的人力、物力、财力比较少，所需时间比较短，时效性较强。它特别适用于对缺少历史资料的市场现象的预测，如对投放市场的新产品的未来需求量进行预测等。

（三）因素预测

主要是从因果关系上来预测未来市场的变化，如投入产出法、相关分析法、回归分析法等，基本上都是从市场情况产生的原因中去推断未来发展的结果。如销售预测，在坚持以过去的销售实绩为基础的同时，必须考虑到对销售产生影响的需求动向、同业竞争动向、经济形势变化等不可控因素，以及销售政策、销售人员、生产状况等可控因素的影响。这样，预测的结果才有较高的准确性。

上述各种方法都有各自的局限性，运用时不但要把它们适当地结合起来，还应根据不同的内容做出恰当的选择，以增强市场预测报告的准确性、合理性和可靠程度。更重要的是，预测的方法不能仅以单纯数学的几何图解为依据，而必须从经济学、社会学、心理学等学科角度进行多方位论证，才能找到正确的预测方法，做出正确的预测结论。

七、市场预测报告写作

（一）标题

1. 公文式

由预测区域、时限、对象（相当于公文标题中的“事由”）和文种组成。如《××市（预测区域）2018 年（预测时限）技术市场（预测对象）预测（文种，省略“报告”两字）》。

2. 文章式（简称标题）

在标题中点明报告的主要内容，如《我国进口奢侈品市场预测》《家用空调器的前景》。

3. 新闻式（消息式标题）

在正题之外，再加上副题或眉题等。如《健美双全——2018 年化妆品市场预测》。一般来说，正题揭示主题或概括内容，副题就预测对象、时间、区域、文种等方面加以补充说明。

（二）正文

一般分前言和主体两部分。

1. 前言

文章的开头。一般简要介绍预测的缘由（包括目的、依据、背景等）、时间、范围、对象等，介绍对象时多着重说明其性质、特点和用途。有概括预测主要内容、观点或数据，以领起下文的；也有把两者结合在一起，作比较全面的介绍的。也可以不要前言，而把其内容放在主体中说明。

2. 主体

主要分为情况、预测和建议三部分。

（1）交代情况。主要是用确实、具体的材料来说明市场的现状，必要时还需联系历史探寻其来龙去脉，以便更好地了解其发展的趋势。弄清情况是分析预测的先决条件和基础。情况不明，分析预测只能是瞎蒙胡猜。因此，必须对预测对象的情况进行深入细致的调查，深入细致地分析研究所获得的各种材料。只有这样，才能弄清情况，做出正确的预测和判断。市场情况多种多样，变化多端，预测内容不同，需要了解、说明的情况也不同。大体说来，企业本身情况、产销情况、顾客情况、对手情况、大市场情况等是一般预测需要弄清的，也是前言中需要或详或略地予以介绍的。

① 企业本身情况。主要是指企业本身所具备的市场竞争力强弱的情况，包括生产能力、技术设备和应变能力等情况。这是最基本的情况，也是预测的立足点。

② 产销情况。主要是市场供求的基本情况和特点，如某种或某类产（商）品与外地产（商）品在供求总量中所占的比例，国家方针、政策、法规对产销产生的影响，等等。这是主要的情况，也是预测的重点。

③ 顾客情况。“顾客是上帝”，顾客是市场真正的主人。不了解顾客的需求情况，不能“投其所好”，产（商）品就会滞销甚或被当废品处理。顾客情况一般需从两方面去弄清：一是购买力的投向，即一定时期内顾客的不同需求和心理变化，如夏天来了就购买空调，听说彩电要涨价，就抢购彩电。这里值得特别注意的是，顾客的心理常常会起着意想不到的作用。二是顾客的支付能力，如随着我国中产阶层队伍的扩大，一些高档消费品也逐渐打开了销路。价格的变动，常常会影响到顾客的购买，影响到产（商）品的销售，甚至社会的安定。因此，必须随时了解、分析其变动情况，掌握其规律。

④ 对手情况。市场竞争的特点就是优胜劣汰。因此，了解竞争对手的情况，找到相应的对策，就成为每个企业在市场竞争中的取胜之道。“知己知彼，百战不殆”，就揭示了这个真理。弄清对手情况，包括要弄清其产（商）品的品种、价格、数量、质量、包装、生产能力和生产、销售的地理位置、运输条件及其产（商）品优缺点等情况。特别是同类产品的销售策略、市场占有率、竞争优势等情况，尤应重视。

⑤ 大市场情况。即整个地区乃至全国和国际市场的情况。在大流通、大物流的环境下，每个具体市场都是大市场的组成部分，都要受大市场的影响。不少企业还受到国际大市场的影响。看不清这些影响，也就难以了解每个市场的发展趋势。

⑥ 经济政策法规情况。依法治国和依法办事原则，决定了所有的经济活动，都必然受制于国家的政策、法规。而这些政策、法规又往往随着市场经济的变化而变化。特别是经济全球化的今天，一些法规、政策必然会有新的变化。因此，国家在发展经济方面鼓励、提倡、支持什么，限制、淘汰、反对什么，必须清楚、明白。

当然，上述各种情况并非都要一一写进报告里，不同的报告可以作不同的处理。但在分析研究时，了解和掌握得越全面、越充分、越具体，预测得就越准确。

（2）预测未来。《管子》说："不知来者，视之往。"意思是说，不知道事物的未来，不用急，可以从它存在的情况和历史推断出来。预测未来即根据上述各种现状，加以分析研究，从中发现其发展的趋势和规律，预见到未来可能出现的情况，以便据此做出发展自己产品以及整个事业的对策。为了叙述清楚，层次分明，这一部分常常分条分款或分小节（每节还可加上小标题）加以说明。

（3）提出建议。预测的目的就是要根据预测到的市场发展趋势，找到相应的对策（包括决策、计划、办法、措施，等等）。建议就是把找到的对策具体明确地提出来。同样，建议同预测一样，必须正确可靠，才能发挥其应有的作用。如果预测和建议都不正确，据此行事，企业就会受到损失甚至遭到惨败。

主体的三个部分不是截然分开的，它们环环相扣，紧密联系。交代情况部分提供的资料数据是预测分析部分的事实基础；而预测分析部分既是交代情况部分的必然发展，又是建议决策的可靠依据；提出建议部分既是交代情况和预测未来部分的根本目的，也是经济活动报告的"点睛"之笔。

（三）结尾

结尾即落款，写上预测单位的名称和日期。

八、市场预测报告注意事项

（一）客观地反映实际情况

郑板桥总结绘画创作的规律是"眼中之竹——胸中之竹——手中之竹"，即看竹、思竹到画竹，才能达到"胸有成竹"的境界。市场预测报告的写作也是这样：看——调查观察，掌握第一手资料是基础；思——酝酿"过滤"，深刻分析是关键；画——了然于心，推理预测是目的。具体包括三个方面：一是分析的资料数据要真实可靠，忠于事实；二是要选择合理的科学方法进行预测分析；三是必须客观地报告预测结果。

（二）注重预测报告的时效性

市场预测报告是为经济决策服务的。经济决策的时效性决定了进行市场预测一定要及时，并且要及时地得出预测结论。因此，进行市场预测时一定要收集反映经济活动的最新变化、最新动态的信息，并迅速进行加工、处理，及时地将预测报告传递给使用者。否则，错过时机，预测报告也就失去了其存在的价值。

2015—2016 年
世界经济形势分析
与展望

（三）忌用华丽辞藻和夸张手法

市场预测报告要求如实反映事物发展变化的客观规律。在语言表达上要朴实、准确、简练，忌滥用华丽的辞藻、夸张的手法，准确地把内容表达出来即可。

第四节 可行性研究报告

一、可行性研究报告的含义

“三思而后行”，为君子之道，智者之举。凡举要事、大事，都应当深入调研、深思熟虑、反复思索论证后，才能成“行”。

可行性研究，是指在某一经济活动（如工程建设、工业投资、新产品开发、技术改造、联合经营等）有了初步意向之后，实施之前，通过全面、综合的技术和经济调查研究，收集有关事实、数据，对有关信息进行分析和必要的测算等工作，对拟建项目的可行性、合理性、有效性进行技术论证和经济评价，以确定一个技术合理、经济合算的最优方案，为决策提供科学依据的一种行为。反映可行性研究的内容和结果的书面报告，就是可行性研究报告。

可行性研究最初是在项目投资管理的基础上发展起来的，20 世纪 30 年代美国最早将其用于田纳西河流域的开发，20 世纪 40 年代后在一些工业发达国家逐渐展开。1972 年联合国工业发展组织编纂了该领域第一本规范性著作《项目评价准则》，又于 1978 年和 1980 年先后编成《工业可行性研究编制手册》和《工业项目评价手册》。

我国当代最著名的可行性研究案例是长江三峡水库建设工程。该计划于 1919 年由孙中山先生提出，到 1956 年毛泽东主席“高峡出平湖”的宏伟规划，再到 1993 年长江三峡水库工程上马，2003 年下闸储水，论证过程长达 70 余年。

可行性研究报告是一个系统工程。根据我国的法规规章和实情，参考联合国编写的有关材料，可行性研究报告的研究、编写步骤是一个由粗到细、逐步深入的过程。一般可分为四个阶段。

1. 提出项目建议书

项目建议书，又称投资机会研究，是指项目建设单位根据国家经济发展的长远规划和行业、地区规划，经济建设的方针，技术经济政策和建设任务，结合资源情况、建设布局等条件，在调查研究、收集资料、踏勘建设地点、初步分析投资效果的基础上，提出需要进行可行性研究的项目建议书。关于项目建议书的内容，国务院《技术引进和设备进口工作暂行条例》的附录中有规定，可查阅。项目建议书的内容一般比较粗略，其投资额和成本估算的精确度允许在±30%以内。

2. 初步可行性研究

项目建议书经有关主管部门批准后，即可进行初步可行性研究（也称预可行性研究）。这是在项目建议书被批准后转入详细可行性研究之间的过渡性阶段，但不是必经阶段，只有在实际需要时才进行，如《中外合资经营企业法实施条例》就规定：“由中国合营者向企业主管部门呈报拟与外国合营者设立合营企业的项目建议书和初步可行性研究报告。”

初步可行性研究的内容与详细可行性研究内容相同，只是较为粗略些，其投资额和成本估算的精确度要求在±20%以内。初步可行性研究的结论大致有以下几种情况：否定项目，不必继续研究；可以直接做出投资决定，不必继续研究；需经过详细可行性研究后再作决定，并确定必需的辅助性专题的内容。

3. 详细可行性研究

详细可行性研究，也称正式可行性研究，又简称可行性研究。原国家计委《关于建设项目进行可行性研究的试行管理办法》第九条规定："可行性研究，一般采取主管部门下达计划或有关部门、建设单位向设计或咨询单位进行委托的方式。"详细可行性研究的内容比较详尽，其投资额和成本估算的精确度应在±10%以内。

4. 评估和决策

可行性研究报告上报有关主管部门后，主管部门或计划审批部门（或银行、金融机构）尚需对研究报告的各项内容进行分析评估，以供领导决策。

二、可行性研究报告的特点

（一）预见性和前瞻性

可行性研究报告是事前行文。可行性研究都是在决策实施之前进行的，因此，可行性研究报告必须对项目的可行性和实施中可能遇到的问题进行科学的预测和估量，具有较强的预见性和前瞻性。

（二）严格的论证性

可行性研究是集思广益的过程。可行性研究报告不仅要从经济、技术、财务、市场销售等方面对项目进行综合分析论证，还要从法律、政策、环境保护及社会影响等方面做出全面、系统、科学的论证与评价。不仅要做定性分析论证，还要做定量分析论证。论证中要运用大量数字、资料、技术性指标，以及介绍、比较、图表等说明方法，以增强其论辩力。

三、可行性研究报告的作用

（一）项目投资决策的依据

只有进行深入细致的可行性研究，方可对项目的多种因素影响做出充分的认识，并积极主动地采取有效措施，切实提高项目的经济效益，为领导决策提供科学依据。

（二）项目设计及编制设计任务书的依据

在可行性研究中，要对厂址选择、建设规模、产品方案、建设进度等做技术、经济等方面的分析、论证，从而为项目设计及编制设计任务书提供依据。任何一种设计不得随意改变可行性研究报告中已确定的各类控制性指标。

（三）主管部门或上级领导机关对项目审批的依据

主管部门或上级领导机关审批项目，要充分掌握该项目的情况，才能下定论。可行性研究报告为主管部门或上级领导机关的审批提供了依据。

（四）向银行及其他金融机构申请贷款的依据

可行性研究报告是项目申报单位向银行及其他金融机构争取贷款的重要参考资料。银行及其他金融机构在做出是否贷款的决定之前，也要验证项目实施的可行性。所以，可行性研究报告给银行及其他金融机构提供了决策依据。

四、可行性研究报告的种类

（一）按内容分类

1. 政策可行性研究报告

主要是对经济、技术的政策和措施的必要性、有效性和实施的可行性进行分析论证，为科学决策提供依据和建议。

2. 建设项目可行性研究报告

主要是指原国家计委制定的《关于建设项目进行可行性研究的试行管理办法》规定的建设项目以及利用外资、技术改造、技术引进和进口设备等项目的可行性研究报告。

3. 开拓项目可行性研究报告

主要是指开辟和拓展新市场、开发新产品和新技术、采用新工艺和新管理方法的可行性研究报告。

（二）按范围分类

一种是一般可行性报告。主要是指规模小、投资少的小项目的可行性研究报告，包括新建和扩建（续建）项目、常规性技术改造项目、某一方面经营管理改革和单项科学实验，等等。

另一种是大中型项目可行性研究报告。主要是指规模大、投资多、涉及面广的可行性研究报告，包括新建和扩建项目、工程浩大的技术改造项目、全局性的经营管理改革和重大科学试验，等等。这类可行性研究，因为内容繁多，技术论证和经济评价复杂，往往需要分三个阶段进行。首先是机会可行性研究，主要是通过对发展机会和潜力的初步评价，为提出项目建议书提供依据。其次是初步可行性研究，是在机会可行性研究报告批准后，进一步对经济规模、适用技术、设备造型等进行分析论证，为可行性研究报告打下基础。最后是可行性研究报告，在前两个阶段取得成果的基础上，对项目各个方面全面深入地进行技术经济分析论证，最后确定项目是否必要可行。三个阶段分析论证的内容和范围都大致相同，但详细深浅却不一样，而且每个阶段都要写成可行性研究报告，只有前一阶段报告获得批准后，才能进行下一阶段的研究。

（三）按性质分类

一是肯定性可行性研究报告。即肯定项目实施的必要和可行，大多数可行性研究报告均属此类。二是否定性可行性研究报告。即否定项目实施的必要性和可行性。三是选择性可行性研究报告。一般均写出两个以上的可行性研究报告，供决策者选择。

五、文种辨析

（一）可行性研究报告与计划的关系

从广义上说，可行性研究报告也是一种指导未来行动的文书，其性质与计划相似。但可行性研究报告的主要任务是论证项目建设的可行与否，这是其与计划的根本性区别。此外，计划写作通常是先目标后措施，而可行性研究报告则先通过对建设项目的全部条件、因素与方面的分析、论证，最后才能得出正确的结论。

（二）可行性研究报告与调查报告的关系

调查研究是可行性研究的主要方法之一，可行性研究报告也可以说是一种特殊的调查报告，但它与一般的调查报告相比，具有十分明显的专业性（用于项目建设）、整体性、综合性、科学性和规范性（有规定的内容等）。

（三）可行性研究报告与市场预测报告的关系

市场预测尤其是市场需求预测，是可行性研究报告的主要内容之一。但是，与市场预测报告不同，可行性研究报告写作的主要目的不在于预测，而是论证项目建设是否可行，是要寻找最佳可行方案，以避免和减少决策的失误，提高建设投资的综合效益。预测只是以历史和现状的分析研究为基础，而可行性研究的结论则应该在综合所有因素（其中包括预测）后才获得的。

六、可行性研究报告的写作

可行性研究报告篇幅的长短和内容的繁简，往往取决于项目的投资多少和问题的难易。一般来说，可行性研究报告由封面、编制说明、目录、标题、正文、附件、报告单位（报告人）和日期组成。其中，标题、正文、报告单位（报告人）和日期是必备项目。

（一）标题

可行性研究报告标题一般有两种形式：一是完整式，即由编写单位、项目名称和文种三个要素构成，如《××集团关于兴建员工培训中心的可行性研究报告》；二是省略式，即省略编写单位或简化文种名称（省略“报告”两字）或两者均省略、简化，如《组建旅游“航母”的可行性研究》。

（二）正文

这是可行性研究报告的主体部分。由于项目的任务、性质、规模、要求、工程复杂程度不同，不同类型的可行性研究报告的正文内容并不完全相同，往往各有侧重，深度和广度也不尽一致，一般由总论、分论和结论三部分组成。

1. 总论

总论也称前言。主要说明项目提出的背景和依据、项目建设的必要性和经济意义、承担研究的单位、研究方法、简要过程、基本评价（研究结论的要点）、研究中存在的问题及建议等内容。

2. 分论

这一部分从不同角度对项目建设的必要性加以论证。主要包括以下内容。

（1）现状评价。通过评价现状并联系历史，说明设立或建设项目的社会需求程度和技术、经济依据。

（2）市场需求和发展规模分析。通过市场需求分析，说明产品有无市场、市场需求量的大小及现有供应量与市场需求间的差距，以证明拟建项目及其规模的合理性。这部分主要包括市场调查和市场预测两方面内容。例如，在确定的市场范围内，分析市场需求量大小及其构成情况；在项目整个寿命周期内，对市场各个部分的需求预测；在所预测的期限内，该项目产品可能达到的市场占有率；根据需求的发展和对市场的占有情况，预测产品的价格变化。对产品外销的投资项目，应调查分析主要出口国家和地区，国内外已有和可能出现的竞争对手，国外市场需求量的大小，向国外市场销售的渠道、手段和措施等。

（3）拟建规模分析。在分析市场需求和发展规模，确定市场对项目产品有较大需求量之后，为进一步构建项目的具体方案，需论证拟建规模与标准的客观必然性、技术可行性和经济合理性，进而确定拟建规模，即设计生产量，提出主要的技术、经济指标，特别要注意突出自主创新能力和发展低碳节能经济。

（4）建设条件与协作条件分析。这部分内容包括可利用的资源储量、品位、成分及开采、运输条件，物资供应规划，即原材料、能源（电力、燃料等）、半成品、协作件（配套件）及辅助材料等的种类、数量、来源和供应条件；所需公用设施的数量、供应方式和供应条件。

（5）地址方案说明。这部分着重说明和分析：项目的地理位置和拟选地点的气象状况、水文状况、地质状况、地形条件，以及周边的社会经济状况；交通运输及供水、供电、供气的现状和发展趋势以及“三废”处理的措施；地址比较和选择意见。

（6）设计实施方案说明。主要说明项目与总体布局的推荐方案，包括：项目的构成，设备的技术来源，主要设备与辅助设备的名称、型号、规格、数量，设备与技术质量的可靠性和先进性，设备订货、支付安排，实施步骤（询价、谈判、合同签订、工程设计、工艺流程、建设工期、生产进度、投产日期）安排等，并说明相关的环保设施及对环境的影响。

（7）财务和经济效益分析。这部分内容主要包括：预算主体工程与协作配套工程所需投资数额，如果是利用外资或引进技术的项目，还应包括用汇额；预算生产流动资金数额；分析资金来源、筹措方式、贷款利率以及贷款偿还能力、方式；估算生产成本、财务收入；评价可能出现的盈亏情况；测定投资收益率和回收期；经济效益的敏感性（如利率变化、原材料价格变动等）分析等。

（8）社会效益分析。分析、评价项目将对国民经济的发展产生的宏观效果和对社会的影响。

（9）生产管理和人员招募培训说明。对项目的生产组织形式和管理机构，包括各类人员的招募培训方式及培训周期等做出安排。

3. 结论

结论部分写研究结果——确定投资少、建设快、成本低、利润大、效果好的建设方案，并用科学的数据对项目建设的整体必要性和可行性做出明确判断，也可提出存在的问题或提出有关建议。如果总论和分论部分已涉及这些内容，结论部分也可省略不写。

（三）报告单位（报告人）和日期

报告单位（报告人）和日期通常写在正文右下方或标题正下方。有封面的可行性研究报告，报告单位（报告人）和日期一般写在封面的正下方。

（四）附件

包括有关单位的相关材料、证明文件等。如法定代表人证明书、营业执照副本、资产及经营情况资料、上级主管部门意见等。

七、可行性研究报告注意事项

（一）加强组织调查工作

可行性研究是一门复杂的工作，涉及的范围很广，不具备专门的知识，或者只有个别人员参加，都难以开展。因此，对稍微大一点的项目进行可行性研究时，都需要组织有关经济、技术、管理方面的专家、专业人员和领导参加，组成一个研究和写作班子，制订出研究工作的计划。然后，根据计划进行深入调查，大量收集、掌握各种有关数据、资料，为下一步研究打下雄厚的基础。因此，要树立团结合作的团队精神，保证工作的顺利完成。

（二）实事求是地进行分析论证

可行性研究本身就是一门科学，必须以科学的态度，运用科学的方法，客观、严肃、深入地分析研究建设项目各方面的问题，做出符合科学的分析、评价和结论。分析研究时不但不能带有主观偏见，还要排除各种外来势力的干扰。只有这样，才能保证报告的切实可行性。

（三）经济效益、技术效益、社会效益并重

各种建设项目都要考虑它的经济效益。但必须着眼于又好又快科学发展，把企业经济效益、技术效益与国民经济的整体利益结合起来进行评价，并进一步考虑到社会效益。比如，鞭炮的生产，从经济效益上说很好，特别是每逢节庆、喜事时很多人都有燃放鞭炮的习惯，鞭炮的生意很红火。但是，从科学的角度来看，其技术效益、社会效益却较差：第一，浪费了大量的人财物等资源；第二，造成空气与环境污染；第三，易引起火灾和造成人身伤害。因此，不少大中城市早就禁止在市区燃放鞭炮了。

第五节　财务分析报告

一、财务分析报告的含义

（一）分析和财务分析

分析，一般是指把要研究的对象，如一种事物、一种现象等，分成较简单的组成部分，找出其本质属性及其之间的关系。分析是认识事物本质的过程。

财务分析是一种经济活动分析，实际运用中常表现为某种具体分析（单项分析）和综合分析。财务单项分析采用由一般到个别，把会计主体的财务活动总体分解为每个具体部分，然后逐一加以分析。财务综合分析则是将各项分析指标作为一个整体，系统、全面、综合地对会计主体的财务状况、经营（业务）成果进行剖析、解释、评价并归纳综合，把个别财务现象从财务活动的总体上做出总结，对会计主体整体财务状况和生产经营（业务）成果做出结论性评价。

财务分析的基础材料、使用的数据来源主要是会计主体的财务会计报告和财务报表。财务会计报告，是指会计主体（如企业）对外提供的反映其某一特定日期内的财务状况和某一会计期间的经营成果、现金流量等会计信息和资料，会计报表及其附注和其他应当在财务会计报告中披露的相关信息和资料。会计报表及其附注也称为财务报表，它是对会计主体财务状况、经营成果和现金流量结构性的表述。企业的财务报表至少应当包括下列组成部分：资产负债表；利润表；现金流量表；所有者权益（股东权益）变动表；附注（指对在资产负债表、利润表、现金流量表、所有者权益变动表等报表中列示项目的文字描述或明细资料，以及对未能在这些报表中列示项目的说明等）。

（二）财务分析报告

财务分析报告是以会计资料（预算、计划、账簿、单据等）为依据，采用一系列专门的

分析技术和方法，对会计主体的财务状况、经营成果（业务成果）、现金流量以及未来发展趋势所作的分析与结论性评价，以帮助其使用者改善决策、提升管理水平的书面文件。因为财务分析报告主要是依据财务分析来写的，从这个意义上，可以说财务分析是财务分析报告的“草稿”。

会计主体既包括企业，也包括机关、事业和社会团体。本节主要以企业财务分析报告为重点加以介绍。

企业的财务分析报告，分析的核心内容为偿债能力和盈利能力，一般包括以下五个方面的内容：一是财务报表分析。包括企业资产负债表分析、利润表分析、现金流量表分析、所有者权益（股东权益）变动表分析等。二是财务能力分析。包括企业偿债能力分析、企业营运能力分析、企业赢利能力分析、企业发展能力分析。三是财务结构分析。包括企业资产结构分析、企业资本结构分析、企业收益结构分析。四是企业风险分析。五是企业效绩综合评价与分析。

从上述内容可以看出，财务分析报告通过分析企业资产负债表、利润表和现金流量表等财务报表，揭示企业财务状况、经营成果和现金流量变动情况及其变动原因，为进一步分析指明方向。在资产负债表分析和利润表分析的基础上，应进一步分析企业资产结构、资本结构和收益结构等财务结构。最终形成的财务分析报告，对会计主体的偿债能力、赢利能力和抵抗风险的能力做出整体评价，总结出成绩和经验，找出问题并查明原因，认清企业的长处与短板，明确企业在行业中的水平和地位及发展方向，以发挥好“参谋助手”的作用。

二、财务分析报告的作用

财务分析报告的基本功能是评价与决策支持。财务分析报告要对会计主体的财务运行状况及其发展趋势做出评价，要有助于决策者做出正确的决策。所以说，一个好会计，不但要精于记账，还应善于分析。企业财务分析报告的作用主要表现在：

（一）评价财务状况，衡量经营业绩

财务分析报告揭示了企业的偿债能力、营运能力、盈利能力、发展能力和获取现金流量的能力等，便于财务分析者及时了解企业的财务状况、经营成果和现金流量。财务分析报告还揭示出影响企业财务状况、经营成果和现金流量的主观因素和客观因素，评估管理者对企业资源的运用和管理情况，借此评价管理者的工作业绩。

（二）揭示财务风险，判断发展趋势

投资者读财务分析报告通常侧重于对未来投资报酬和相关投资风险的分析的内容。投资报酬主要来源于企业分派的现金股利和持有股权而产生的资本增值。投资报酬的高低与企业的赢利能力、资产运用能力和现金流动状况密切相关。投资者的投资风险主要来源于企业的财务风险，一旦企业财务风险过大，投资者对于购买和持有企业股份会持极为慎重的态度。

财务分析报告要根据企业过去和现在的赢利能力、偿债能力和资产运用能力等，揭示企业的财务风险及其程度，判断其未来发展趋势，以帮助投资者进行正确的投资决策。

（三）揭示业绩差距，寻求改善途径

对企业内部使用者而言，除了要借助财务分析报告评价企业财务状况、衡量经营业绩外，还要通过财务分析报告揭示企业管理中存在的问题与差距，并通过分析问题与差距形成的原因，寻求改善途径，提高财务运行效率。

对于上市公司而言，为了树立企业承担社会责任的良好形象，或为了融资的便利，要充分考虑市场的认知能力和认知标准。在企业面临重大投资和融资活动时，要根据一般行业标准和投资者所能接受的一般标准，有针对性地调整或改进企业财务状况，以期最大限度地改善企业外部形象，最大化地、充分有效地利用资本市场，提升企业市场价值。

三、文种辨析

（一）财务分析报告与财务会计报告的关系

财务分析报告与财务会计报告的关系主要表现为：财务分析报告以财务会计报告提供的数据、事实为主要依据，为蓝本，正确理解财务会计报告是写好财务分析报告的前提；财务分析报告写作者在对会计主体的财务会计报告进行分析时，要以会计准则和会计主体选定的会计政策等为依据，加以升华。

（二）财务分析报告与经济活动分析报告的关系

财务分析报告与经济活动分析报告的关系主要表现为：财务分析报告是企业经济活动分析的重要组成部分，财务分析报告的内容来源主要是会计主体公开发布的反映企业财务活动的财务会计报告；而企业经济活动分析报告的内容除了包括企业财务活动，还包括生产活动、经营活动、人力资源开发与管理等企业其他经济活动。

四、财务分析报告的种类

财务分析报告的种类较多，根据不同的标准，可以得出不同的分类/类别。

（一）按报告的主从关系分类

有主报告与辅助报告两类。主报告又称财务综合分析报告，主要反映企业的资产、负债、所有者权益、利润、现金流量等总体经济状况。辅助报告又称财务专题分析报告，用以具体反映主报告分项内容的实际，对财务活动中某些专题或单个指标的多个项目进行重点调查和分析，并提出明确的结论性意见。例如说明企业财务工作的有关详情，包括各种表格及其财务情况说明书。

（二）按资金运用方式分类

有动态财务报告与静态财务报告两类。静态财务报告用以反映某时点（如年末、月末）资金的分布情况，主要反映平衡与否、赢利还是亏损和资金运用的合理性等。动态财务报告用以系统地反映报告期内企业资金变动情况（趋势、形势与结果）。

（三）按报告反映的财务活动内容分类

有资金变动情况报告、企业经营损益情况报告、税务完成情况报告、流动资金运用情况报告、企业负债情况报告等。

（四）按报告作用的对象分类

有对内财务报告和对外财务报告两类。对内的有费用明细表、企业成本计划表、利税计划报告等，用以满足企业管理经营人员的需要。对外的则有资产报告、财务状况报告等，如资金总额及其分布状况、偿债能力与赢利能力的报告。

五、财务分析报告的写作

（一）财务分析报告的形式

常见的有四种写法：第一种为“图表+文字”式。先使用图表，后附文字说明、分析的形式。如《会计报表分析》《会计决算说明》之类，多采用这种结构形式。第二种为“文字+图表”式。为上一种形式的变种。如《产品成本分析报告》等可采用这种结构方式。第三种为“文字+图表+文字”式。前后皆为文字，中间为图表式。如《资金运用情况分析报告》等，前有特点、经验、教训的文字总括，中间用图表展出详细数据，后面又以文字提出改进建议和具体措施、方法等。第四种为文字中穿插数据和图表式。特点是文字与图表交叉，在文字表述过程之中穿插有数据、算式、表格的示意图。综合分析报告一般采用第四种结构形式。

在具体写作中，应注意分析方法对结构形式的制约性。如采用生产趋势分析法，在文字表述过程中可列图表，也可用图表法在坐标上绘成线形序时运动轨迹图；如采用定性分析和综合评价法，则主要靠文字表述，可适当运用数据；如采用定量分析法，则可采用文字与数据结合的方式；如采用对比分析法，则可将对比数据分别对应排列，或列表比较，再加文字分析；如采用因素分析法，在文字之中则应既有数据，又有算式；如采用平衡分析法，则可在文字之前或之后编制平衡分析表或绘制平衡图表；如果采用综合分析，因为分析内容、项目较多，可考虑采用“交叉”结构方式。当然，也可以将结构形式“复合”使用。

（二）财务分析报告的结构

财务分析报告一般由标题、前言、主体、结论、落款五部分组成。

1．标题

一般地，标题由单位名称、财务年度、事项、文种组成。如果是专项财务分析，须在年度与文种间注明属于何种专项分析。如《××钢铁集团公司2016年度资产负债情况分析报告》。

2．前言

包括报告概述、依据、原则、目的和意义等内容。概述部分要点明会计年度，简括地回顾一年来的财务状况，然后交代报告和分析的依据、应遵循的原则、要达到的目的以及这一分析的意义。前言之后，用习惯性过渡语过渡到主体。这一部分要使人形成对报告的总体印象，应当简明凝练，重点突出。

3．主体

包括企业名称、性质、财务基本状况及评价、成绩与问题等内容。文中使用的表格应有标题、年份、计量单位、表格项目与数据、报表说明、编制单位等。主体分析即主要财务指标分析部分要突出重点，兼顾全面，合理使用指标，科学运用分析方法，有理有据，鞭辟入里，抓住总趋势与关键问题，用确凿的数据来说明问题，并指出原因所在。一般可从资金、费用、利润等方面予以叙述、分析，说明基本财务指标完成情况，以及各方面所取得的成绩与存在的问题，并剖析原因。分析要注意搞好“八个结合”：经济因素与非经济因素相结合；内部因素与外部因素相结合；动态因素与静态因素相结合；主要因素与次要因素相结合；定量分析与定性分析、动态分析相结合；专业分析人员与领导群众相结合；财务状况与获利能力相结合；分析现状、历史与未来相结合。

4．结尾

包括总体评价、决策意见与建议、方案措施与展望。这部分内容要为进一步改进工作而有针对性地提出具体的改进措施和建议。同时，还可以从财务发展趋势方面提出预见性意见，供领导及有关方面等参考。

5．落款

写分析组织或分析承撰部门全称，并钤印。同时写明成文时间。

（三）常用分析方法

财务分析报告的分析技术要点是选择发挥重要作用的因素、信息，找出各因素间的关系与相互影响，对经济现象进行解释，对经济结果进行评价。常用的分析方法有比较分析法、比率分析法、趋势分析法、因素分析法以及Excel法等。这里主要介绍一下趋势分析法与比率分析法。

1．趋势分析法

趋势分析法是以企业的一个会计年度为基年，以该年的各项财务数据为基准数，将自这一年起连续几个会计年度（少则二三年，多则五到十年）的各项财务数据与相对基准数的比组成的数据系列各点进行比较，观察某项目一连串相对数据变化的运动轨迹，判断这种经济态势与趋向的性质和意义。

趋势分析法的具体方法有两种：一种是统计图表分析法。即将要分析的几个会计年度财务报告上的相同项目的数据进行比较。其中数据可以是各年度相同项目的绝对数值，也可以是各年度各项目对于基期的相对数（百分数）。一种是比较财务报告分析法。即在一个年度的财务报告主表上列出分析期各年度的对应项目数据，以观察、分析企业经济发展趋势的分析方法。趋势分析法的具体做法：一是求出分析期各年度各项目增减百分数系列。方法是以基年某项目实际数为分母，以其余各年该项目数据与基年对应数据的差为分子求出增或减的百分数；其余仿此求出组成增长或降低的百分比系列。二是求出各项目在整体（如总利润）中所占的比例。估量其在导致某种变化中所发生的作用，看它们究竟是积极的，还是消极的影响。当然，各种因素的影响是不完全平衡的，一定要抓住影响最大的几种关键因素来分析，并注意关键因素背后的深层原因。

2. 比率分析法

比率分析法是将企业同一会计年度财务报告中交互影响的相关项目的相互比率相比较，以反映和判定企业财务状况和经营成果在某一方面的情况的分析方法。

比率分析法涉及企业生产经营管理的方方面面，用到的比率指标大致有三大类：第一类是流动资产状况比率。这类比率包括两方面：流动资产与流动负债的比率，如流动比率、速动比率、变现比率等运营资金与总资产的比率；流动资产周转状况比率，如存货周转率、应收账款周转率和个别流动资产占流动资产总额的比率等。第二类是经营成果比率。利润率直接反映经营成果的比率，这也是企业成员、股东与潜在投资人关注的问题。反映经营成果的比率有投资报酬率、投资周转率、销售利润率、每股净收益、股利发放率、股利对市价的比率等。第三类是权益状况的比率。权益状况的比率分析包括两方面：企业长期债务偿还能力和企业资本构成情况。常用比率有债务总额与股东红利额的比率、已获利息与股金总额的比率（或倍数）、固定资产与长期负债的比率、固定资产与权益总额的比率等。

以上比率因行业不同而应各有一个合理的可比标准，这些标准通常有目标标准（计划指标）、历史标准（本企业最高历史记录指标）、行业标准（同行业最高指标）和绝对标准（如在不同行业里，公认的反映企业流动资产与流动负债的最佳比率是 2∶1）等。

六、财务分析报告注意事项

（一）内容要全面、扼要

全面，就是要求报告能全面反映企业乃至行业的整体情况。但这种全面，并非要事无巨细，“眉毛胡子一把抓”，而是要在抓趋势、抓关键的基础上兼顾全局。扼要就是抓住重点项目和作用最大的几个因素，深入分析。

（二）项目齐全，分类明确

项目齐全是全面分析的基础，分类明确是精确分析的前提。分类项目在明确的基础上还要依序排列，反映出经济事物间的必然联系。

（三）文字分析与报表内容相吻合

报表数据是分析的依据和基础，两者之间是观点与论据、材料的关系，必须统一、吻合，材料为观点服务。在组织结构上要注意文字与表格之间的衔接与过渡，使之成为一个有机的整体。

（四）语言要通俗质朴

为了适应不同层次读者的需要，报告的语言要通俗、直白。使用专业术语，要进行适当解释、说明。

（五）数据要准确

各种材料来源要真实，数据要准确，单位要统一规范，计算要准确无误，分析要全面、深刻、精确、科学。

（六）编制要及时

上期财务报告常是下期决策的依据，为了保证适时决策，维护生产经营的连续性，财务分析报告一定要及时编制报出。

××县商务局企业年度财务分析报告

第六节　审计报告

一、审计报告的含义

我国政府审计起源于西周的“宰夫”，秦汉时称“御史大夫”，三国曹魏时始称“比部”并延续至隋唐。宋代第一次出现“审计司”和“审计院”的名称。《宋史》载：“审计司，掌审其给受之数，以法式驱磨。”在国外，约公元前 3000 年的古埃及，就设有专管审计的官员。12 世纪末 13 世纪初，西方国家的审计已走上法制化轨道。

审计是由国家独立的专门机构和人员依法对被审计单位财务状况、经营成果及其是否遵守财经法纪等方面或者对某个特定事项是否符合相关规定所进行的监督活动，是综合评价被审计单位财务的真实性、合法性和效益性或者是被审特定事项的合规性、合法性的活动。审计工作一般由上级财务主管部门、审计部门或委托的会计师事务所担当。

审计报告是审计机关实施审计后，对被审计单位财务收支、财政收支的真实、合法、效益发表审计意见或者对被审事项的合规、合法性发表审计意见的书面文书。审计报告作为审计人员对审计过程和审计结果的一次全面总结，能够全面反映被审计单位或被审计事项的情况，因而可以作为有关机关或部门提出审计结论，做出处理决定的主要依据。同时，它也是衡量一项审计工作的完成状况和质量的基本凭证。目前，世界主要国家的审计机关都以审计报告作为审计结果的最终载体，并向社会公布。

二、审计报告的特点

（一）依据的合法性、分析的科学性

审计报告是对审计工作底稿记录的科学“精加工”，原则上应将某项审计过程和结果的全部情况呈报上级，让上级掌握其问题，以利于审计机关做出结论和处理决定。所以，依据的合法性、分析的科学性是至关重要的。审计人员必须以国家法规为衡量标准，对于被审计单位违反法规的活动，在必要时，应引证法律、法规条款说明其不合法性。同时从实际出发，分析被审计单位的客观需要是否存在合理不合法的情况，是否有原则性错误，从而做出正确判断，并写入报告。

（二）态度的客观性、评价的准确性

所谓态度的客观性与评价的准确性，即审计报告的撰写者要在调查、了解、分析、研究的基础上，抓住事物的本质，反映案例的真实问题，要客观地对待一切，不能弄虚作假、串通作弊。总之，审计报告中所写的内容，尤其是主要事实，应该是实事求是、准确无误的。

（三）陈述的具体性、条理的清晰性

审计报告具有汇报性质，是向授权或委托单位陈述某项审计工作是如何进行的，什么问题，产生问题的原因，问题发生的具体经过、结果以及审计人员的评价和建议等。所以，在行文中一般都用叙述的笔法，即向上级机关或主要授权单位陈述其事，而不同于其他公文那样或命令、或祈使、或请求。因此，写审计报告应从实际出发，具体问题具体分析，用事实说话，做到陈述具体、完整。而在叙写的过程中，要根据事先编好的提纲，安排好写作顺序，不能东拉西扯。文字要简洁准确，报告中所引用的佐证也要层次鲜明、中心突出。

三、审计报告的作用

审计报告的作用从根本上说是由审计的职能所决定的，也是审计职能的重要体现。它集中表现在以下四个方面。

（一）报告是审计报告的使用者做出相应结论和处理决定的重要参考依据

审计报告可以及时反映被审计单位的情况和存在的问题，及时报告审计结果，国家机关

及有关部门可以根据审计报告及时做出处理决定；财政、税务、工商、金融、物价等综合经济管理部门可以通过审计报告了解各自监督管理过程中存在的问题及薄弱环节，改进部门管理工作；被审计单位可以通过审计报告揭示出自身经营管理中存在的问题，正确看待自己的生产经营活动，不断提高经营管理水平，强化自身的经济管理水平和核心竞争能力。

（二）报告有利于保护被审计单位的投资者、债权人等相关利害关系者的利益

审计报告能够真实、合法、公允地反映被审计单位的财务运行状况和经营成果，为会计信息的使用者提供准确可靠的数据信息，这在一定程度上起到保护被审计单位的财产债权人、股东的权益及企业利害关系人利益的作用。

（三）报告作为审计结果的最终载体，可以向社会公布

在征求被审计单位意见阶段，审计报告具有告知被审计单位的职能。在正式送达被审计单位和有关单位时，审计报告就是审计机关对外发布的审计法律文书，从而以“直通车”的方式，实现了与国际审计机关通行做法的接轨。

（四）报告是检验和衡量审计人员业务水平、审计工作质量的重要手段

审计报告是审计人员对审计任务完成情况及其结果所作的总结，通过它可以检查审计工作任务的完成情况，如在审计过程中是否实施了必要的审计程序，是否以审计工作底稿为依据发表审计意见等，同时它还可以衡量审计人员业务水平和工作质量的高低，推动整个审计水平的提高。

四、审计报告的种类

（一）按审计的范围划分

可分为综合审计报告和专项审计报告。综合审计报告是对被审计单位全部财务工作或经济效益审计结果所写的审计报告，一般应反映全部经济活动指标的审计结果。专项审计报告是对财务工作的某个方面或影响经济效益的个别指标进行审计，也包括对某个特定事项进行的专门审计。

（二）按审计报告使用的目的划分

可分为公布目的的审计报告和非公布目的的审计报告。公布目的的审计报告一般用于对企业股东、投资者、债权人等非特定利益关系者公布的附送会计报表的审计报告。非公布目的的审计报告一般用于经营管理、合并或业务转让、融通资金以及离任等特定目的而实施审计的审计报告。这类审计报告是分发给特定使用者的，如经营者、合并或业务转让的关系人、提供贷款的经营机构以及任期届满的离任人员等。

（三）按审计实施主体划分

可分为政府机关审计报告、独立审计报告（民间审计报告）和内部审计报告。政府机关审计报告是国家审计机关完成审计工作后编制的报告，具有很高的权威性和约束力。独立审计报告，又称民间审计报告，它是审计师事务所、会计师事务所等社会审计机构完成审计工作后编制的报告。独立审计报告大多是用于证明或咨询，常具有明显的公正性和参考性。内部审计报告是本单位或本部门内部审计机构的审计人员完成审计工作后编制的报告。由于内部审计本身带有的某些局限性，内部审计报告的权威性往往较弱。

（四）按中国注册会计师协会印发的《独立审计准则》划分

可分为无保留意见审计报告、保留意见审计报告、否定意见审计报告和拒绝表示意见审计报告。无保留意见是指注册会计师对被审计单位的会计报表，依照《中国注册会计师独立审计准则》的要求进行检查后，认为会计报表的反映是公允的，能满足非特定多数的利害关系人的共同需要，并对发表的意见负责。无保留意见也是被审计单位最希望获得的审计意见，可以使审计报告的使用者对被审计单位采用的财务状况、经营成果和现金流量具有较高的信任。保留意见是指注册会计师对会计报表的反映有所保留的审计意见。一般是由于某些事项的存在（如会计政策的选用、会计估计的做出或会计报表的披露不符合国家颁布的企业会计准则和相关会计制度的规定，虽影响重大，但不至于出具否定意见的审计报告；因审计范围受到限制，无法获取充分、适当的审计证据；虽影响重大，但不至于出具无法表示意见的审计报告），使无保留意见的条件不完全具备，影响了被审计单位会计报表的表达，因而注册会计师对无保留意见加以修正，对影响事项提出保留意见，并表示对该意见负责。否定意见是指注册会计师对会计报表的反映无保留意见想法，当未调整事项、未确定事项等对会计报表的影响程度超出一定范围，以致会计报表无法被接受，被审计单位的会计报表已失去其价值时，注册会计师应提出否定会计报表，公允地反映被审计单位财务状况、经营成果和现金流量的审计意见。无法表示意见是指注册会计师说明其对被审计单位的会计报表不能发表意见及对会计报表不发表包括肯定、否定和保留的审计意见。

此外，按审计报告的详略程度可分为简式审计报告和详式审计报告，按审计报告的性质可分为标准审计报告和非标准审计报告等。

五、审计报告的写作

审计主体的不同以及审计涉及内容十分广泛的特点，决定了审计报告的结构多种多样，这里只介绍国家机关审计报告和独立审计报告的格式和内容。

（一）国家机关审计报告的格式和内容

2004 年 2 月 10 日《中华人民共和国审计署令》（第 6 号）发布了《审计机关审计项目质

量控制办法（试行）》，要求自2004年4月1日起在审计署机关及派出、派驻机构试行。该办法对审计报告的格式和内容作了明确的规定。依照《审计机关审计项目质量控制办法（试行）》第五十七条，审计报告包括下列基本要素：

（1）标题，统一表述为“审计报告”；

（2）编号，一般表述为××××年第××号；

（3）被审计单位名称，应写全称；

（4）审计项目名称，一般表述为××××年度××审计；

（5）内容；

（6）出具单位，即派出审计组的审计机关；

（7）签发日期。

同时，为便于对外公布和阅读，为审计报告设置了统一的封面格式：

（1）《审计报告》封面纸一般采用A4型幅面（长297mm、宽210mm），版心尺寸为长225mm、宽156mm。

（2）审计机关名称用全称或规范化简称，字体为宋体1号加粗；“审计报告”的字体为宋体初号加粗；“编号”的字体为楷体3号；“被审计单位”和“审计项目”的字体为宋体3号加粗，其他内容为楷体3号。

（3）如需标识秘密等级，用黑体3号字，顶格标识在版心右上角第一行，两字之间空1格。

（4）审计机关名称上边缘至上版心23mm（至A4上边缘60mm）；

审计机关名称上边缘至文书编号下边缘50mm；

“审计报告”四个字的下一行为编号；

审计机关名称、“审计报告”、文书编号水平位置均居中排列；

文书编号下边缘至“被审计单位”上边缘80mm；

“被审计单位”下空一行为“审计项目”。

（5）“被审计单位”和“审计项目”至左版心17mm（至A4左边缘45mm）。

依照《审计机关审计项目质量控制办法（试行）》第58条，审计报告包括7个方面的具体内容：

（1）审计依据，即实施审计所依据的法律、法规、规章的具体规定。

（2）被审计单位的基本情况，包括被审计单位的经济性质、管理体制、财政、财务隶属关系或者国有资产监督管理关系以及财政收支、财务收支状况等。

（3）被审计单位的会计责任，一般表述为，“被审计单位因对其提供的与审计相关的会计资料、其他证明材料的真实性和完整性负责”。

（4）实施审计的基本情况，一般包括审计范围、审计方式和审计实施的起止时间。审计范围应说明审计所涉及的被审计单位财政收支、财务收支所属的会计期间和有关审计事项。

（5）审计评价意见，即根据不同的审计目标，以审计结果为基础，对被审计单位财政收支、财务收支的真实性、合法性和效益性发表评价意见。真实性主要评价被审计单位的会计遵守相关会计准则、会计制度的情况以及相关会计信息与实际的财政收支、财务收支状况和业务经营活动成果的符合程度。合法性主要评价被审计单位的财政收支、财务收支符合相关法律、法规、规章和其他规范性文件的程度。效益性主要评价被审计单位财政收支、财务收支及其经济活动的经济、效率和效果的实现程度。

发表审计评价意见应运用审计员的专业判断，并考虑重要性水平、可接受的审计风险，审计发现问题的数额大小、性质和情节等因素。审计机关只对所审计的事项发表审计评价意见。对审计过程中未涉及、审计证据不充分、评价依据或者标准不明确以及超越审计职责范围的事项，不发表审计评价意见。

（6）审计查出的被审计单位违反国家规定的财政收支、财务收支行为的事实和定性，处理处罚决定以及法律、法规、规章依据，有关移送处理的决定。在这一部分中，审计组向审计机关提报的审计报告，作为内部业务文书，表述为“审计查出的违规问题及处理处罚的法律法规规定”，而审计机关对外出具的审计报告中该表述则为“审查查出的违规问题及处理决定”。目的是解决向被审计单位征求意见所带来的矛盾。

（7）必要时可以对被审计单位提出改进财政收支、财务收支管理的意见和建议。

（二）独立审计报告的格式和内容

中国注册会计师协会印发的《独立审计具体准则第 7 号—审计报告》，明确规定了独立审计报告的格式和内容。

1. 标题

审计报告的标题统一规范为“审计报告”。

2. 收件人

审计报告的收件人是指审计业务的委托人。收件人应写全称，如“××股份有限公司董事会”等。

3. 引言段

审计报告的引言段主要说明的内容包括：已审计会计报表的名称、日期和涵盖的期间。会计报表的编制是被审计单位管理当局的责任，注册会计师的责任是在实施审计工作的基础上对会计报表发表意见。

4. 范围段

审计报告的范围段主要说明的内容包括：已审计会计报表的名称，反映日期或期间；会计责任与审计责任；审计依据，即《中国注册会计师独立审计准则》；已实施的主要程序。

5. 意见段

审计报告的意见段集中反映注册会计师对已审计会计报表等财务账目的意见，主要内容包括：会计报表的编制是否符合《企业会计准则》及国家其他有关财务会计法规的规定；会计报表在所有重大方面是否公允地反映了被审计单位资产负债表的财务状况和所审计期间的经营成果、资金变动情况；会计处理方法的选用是否符合一贯性原则。

如果注册会计师出具保留意见、否定意见或拒绝表示意见的审计报告，则应在范围段与意见段之间增加说明段，清楚地说明所持意见的理由和对会计报表反映的影响程度。

6. 签章和会计师事务所地址

审计报告应由注册会计师签名、盖章，加盖会计师事务所公章，标明会计师事务所地址。

7. 报告日期

会计报告日期，一般是指注册会计师完成外勤审计工作的日期。

六、审计报告注意事项

审计报告是一种“准公文”，写作审计报告必须严格遵循国家或行业所颁布的规范，应该注意：

（一）合法

一是审计报告编制程序要合法。审计报告的编制有一定的程序，无论是在国家审计准则还是在独立审计准则中，都有明确的规定，必须严格遵守。国家机关的审计报告，必须实行审计组组长、审计组所在部门、法制工作机构的三级复核制度，并履行业务会议制度，由审计业务会议审定审计报告。二是审计报告的内容应该合法合规、有根有据。审计人员在做出审计评价、提出审计结论和处理意见时，应该以国家的法律、法规和政策规定为依据，绝不能随意解释或发挥，更不能受其他机关、团体或个人的干涉或影响，要坚持独立审计的原则。三是审计报告的格式要规范。审计报告的编制有一定的格式规范，应该认真遵循《审计机关审计报告编审准则》《独立审计具体准则》和中华人民共和国审计署第6号令发布的《审计机关审计项目质量控制办法（试行）》中的相关规定。

（二）准确

审计报告所反映的被审计单位的情况与问题应该真实、准确，证据应该具体、全面，特别是有关经济活动的数据，更要反复核实，务求精确无误。做到事实清楚，审计证据充分，适用法律、法规、规章正确，评价、定性、处理、处罚和移送处理恰当。审计工作在不同的部门、不同的行业、不同的企业、不同的时期，有不同的特点，审计报告的写作应善于抓住特点，突出重点，实事求是地对被审计单位的经济活动进行分析、做出评价。审计报告所做出的评价与处理意见，必须观点鲜明、措辞恰当，切忌模棱两可，笼统含糊。而审计报告所提出的建议也必须具有明确的针对性和可操作性。

（三）简洁

审计报告的行文应以简洁、清晰为目标。在实际写作中，由于审计内容和其他情况的不同，有的审计报告只用不多的几句话，而有的审计报告却需上万字，但它们都应该是简明精练的。在写作审计报告时，写作者必须具有较强的分析概括能力，不仅能够依据工作底稿整理归纳出主要的问题来，而且能用简洁的文字将问题或观点清晰地表达出来。在行文简洁、规范这一点上，独立审计报告的要求非常严格。中国注册会计师协会对无保留意见等四种审计报告的用语有如下要求：注册会计师在编制无保留意见审计报告时，应使用“在所有重大方面公允地反映了”等专业术语；在编制保留意见审计报告时，应使用“除存在上述问题以外”“除上述问题造成的影响以外”或“除上述情况待定以外”等专业术语；在编制否定意见审计报告时，应使用“由于上述问题造成的重大影响”“由于受到前段所述事项的影响”等专业术语；在编制拒绝表示意见审计报告时，应使用“由于审计范围受到严重限制”“由于无法实施必要的审计程序”“由于无法获得必要的审计证据”“我们无法对上述会计报表整体反映发表意见”等专业术语。

国家机关审计报告　独立审计报告

第七节　统计分析报告

一、统计分析报告的含义

统计工作在我国有着悠久的历史。周朝就设有作统计工作的官员“上计”。春秋时期，对统计工作的重要性已经有了很高的认识，齐相管仲云：“不明于计数（注：人、地、财富的数字），而欲举大事，犹无舟楫而欲经于水，险也。”1932 年，国民政府颁布《统计法》，是我国统计工作走向法制化的开端。中华人民共和国成立后，1950 年成立了国家统计局，1983 年 12 月颁布《中华人民共和国统计法》，1987 年 1 月发布《统计法实施细则》，我国的统计工作逐步走上了制度化、规范化、法制化的轨道。

“统计”一词包含三层含义，即统计实践活动、统计学和统计资料。统计实践活动即统计工作，是通过对事物数量特征进行调查研究来认识事物的一种认识活动。这种认识活动着眼于一定时间、地点和条件下的事物，着眼于事物的总体，着眼于总体的数量特征。统计学来源于统计实践，是关于数字资料的收集、组织、分析与解释的科学。统计资料是统计工作的成果和统计研究的依据和基础。

《中华人民共和国统计法》规定的我国统计基本组织原则和管理体制是：“国家建立集中统一的统计系统。实行统一领导、分级负责的统计管理体制。”“国务院设立国家统计局，负责组织领导和协调全国统计工作。”“各级人民政府，各部门和企业、事业组织根据统计任务的需要，设置统计机构和统计人员。”

统计是人们认识社会和自然界的有力武器，它分为统计设计、统计调查、统计整理和统计分析四个阶段。区域及单位的统计工作，除了作为统计调查的单位应向上级上报一些统计报表外，还应围绕着一个区域、一个行业、一个单位的生产经营和管理活动开展统计调查，运用调查资料进行统计分析和统计预测，为领导者进行决策提供依据。统计主体将统计分析和统计预测结果表达出来的书面形式，就是统计分析报告。简单地说，统计分析报告是在统计调查的基础上，以统计资料为依据，运用科学的方法，说明现状、解释问题、预测将来、提出对策的书面文件。

二、统计分析报告的特点

统计分析是一项以统计数据为主要语言的复杂的逻辑思维活动，它与统计设计、统计调查、统计整理阶段一样，都具有数量性、总体性等这些统计的基本特点。但是相对于其他阶段的统计活动，统计分析及在此基础上形成的统计报告还具有自身的一些特殊性。

（一）具有统计的基本特征

统计分析报告具有统计的基本特征：第一，数量性。即通过它所特有的一系列统计指标来说明事物特征。它与从数量方面说明事物的会计核算和业务核算的不同在于它用大量数字资料来综合说明事物的发展水平、发展速度、构成和比例关系等。第二，总体性。统计是对事物总体状况的调查，也就是对社会经济现象总体的定量认识。只有从事物的总体中去认识事物，掌握事实，才能获取证据确凿的东西。当然，这种认识也有一个从个体到总体的过程。第三，具体性。统计所研究的量是具体事物在一定时间、地点、条件下的数量表现，而且总是和现象的质密切结合在一起的。第四，社会性。统计分析报告是增进社会了解的重要窗口。社会经济现象是互相联系、互相影响和制约而形成的一个有机的整体。因此，统计在研究各种社会经济现象时，不应孤立地进行，而应联系其他有关现象作全面、系统地分析。

（二）具有自身的特殊特点

第一，创造性思维。每一项统计分析都要根据具体情况进行具体分析，既有数字，又有分析；既提出问题，又有解决问题的措施。即使对同一对象在不同时间所作的分析，也都会在方法、思路、结论上有着较大的差异。第二，较大的灵活性。统计分析报告无论是在选题的范围、所采用的资料上，还是时间的冗余度上都有较大的灵活性。它既可以对现实状态、现在整理的资料进行分析，也可以依据历史资料进行评价。不像统计调查、统计整理那样，对时间有严格要求。第三，相对独立性。统计分析报告必须运用大量的数据材料去揭示事物的规律性。它在选用资料上，除了本单位统计调查整理的以外，还经常来源于其他部门、单位或个人搜集的数据，以进行“横比”。同时，公开的统计分析报告，单位和个人都可以利用。

三、统计分析报告的作用

统计分析报告是表现统计成果的重要形式，它把数据、情况、问题、建议等融为一体，既有定量分析，又有定性分析，比一般统计数据更集中、更系统、更清楚地反映客观实际，又方便阅读、理解和利用，因而能够更好地体现出统计工作的信息、咨询、监督三大功能。信息功能，是指统计具有一套科学、统一的统计指标体系和统计调查方法，能够灵敏地、系统地为决策和管理采集、处理、传递、存贮和提供大量综合反映客观事物总体数量特征的社会经济信息。统计的咨询功能，是指利用已掌握的丰富的统计信息资源，运用科学的分析方法和先进的技术手段，深入开展综合分析和专题研究，为科学决策和管理提供各种可供选择的咨询建议和对策方案。统计的监督功能，是指根据统计调查和统计分析，及时、准确地从总体上反映经济、社会和科技的运行状态，并对其实行全面、系统的定量检查、监督和预警，以促进经济持续、稳定、健康、协调发展，实现“又好又快发展”。

四、统计分析报告的种类

一般地，统计报告主要有两大类型：统计分析报告和统计预测报告。统计分析报告是运用统计方法、统计数据揭示和说明现状，以提供决策参考和依据而形成的一种统计文件。它主要由展示现状、分析成因和提出对策三部分组成。统计预测报告是运用统计方法和模型，根据历史和现状统计资料，进行科学地分析和计算，以推断将来发展趋势而形成的一种统计文件。它的主要内容包括历史和现状的基本情况、变化和发展的规律性分析、预测结论和建议。一般把统计分析报告、统计预测报告笼统地称为统计分析报告。

较详细分类的话，统计分析报告一般分为四类：

一是进度性统计分析报告，也叫状态性统计分析报告。它是根据定期统计报表和其他必要的统计调查资料，运用一定的统计分析方法，对社会经济现象在一定时间阶段上的发展进程所作的分析而写的分析报告。是适应领导机关、管理部门了解工作进度，检查计划执行情况需要而写的。

二是专题性统计分析报告。它是对社会经济现象的某一个方面或某一问题，进行专门地统计调查或深入研究而写成的一种分析报告。其特点包括：研究内容的单一性、表现形式的灵活性、认识的深刻性、时空选择的任意性。

三是综合性统计分析报告。它是从某一经济活动全过程或各方面分析现象之间平衡关系的报告。其特点是具有全面性和系统性。全面性就是在反映总体现象时，所涉及的范围要广，各部门、各环节的情况都要予以考虑。有的既有“横向”的比较分析，也有“纵向”的评价分析。系统性就是在系统的统计指标体系的基础上，不拘泥于数据，而是对各个有联系的现象（如经济形势、营销策略等），从规模、水平、比例、结构等方面进行认真的分析研究。

四是预测性统计分析报告。它是在分析过去和现在的大量统计资料的基础上，运用统计预测方法，对社会经济的客观现象、未来状态做出较为合理的判断和数量预测。它有数量性、预见性、差异性、可控性的特点。数量性是指它是通过一定数学模式而作的数量预测；预见性是指它运用一套科学的方法进行预测；差异性，是指预测的结果与现实之间不可避免地存在一定差异；可控性是指预测误差可以通过计算置信区间而控制在一定范围内。其中，宏观经济统计分析报告又称为景气分析报告，其研究分析的对象为经济运行过程中交替出现的扩张和收缩、繁荣和萧条、高涨和衰退现象，以利于把握国民经济运行态势，判断行业经济走势，监测宏观和微观经济运行状况。

五、统计分析报告的写作

（一）标题

标题是文章的“眼睛”，可以反映文章的基本思想，在文章中占有重要的地位。一个好标题，会为文章增光添彩。统计报告的标题要做到观点明确、简明扼要、新颖醒目。统计分析报告的标题一般由单位名称、时限、统计分析范围对象、文种组成。如《××集团公司2016年营销情况统计分析》。

（二）导语

一般采用开门见山、摆出观点、概说全文、强调意义等写法。

（三）主体

它是统计报告中展示社会经济现象，进行分析研究并上升到理性认识，找出规律的部分。主要包括：

1. 说明基本情况和要分析的问题

以基本统计数字资料作为基础，并围绕这些方面把所处的客观条件和主观条件写清楚。

2. 根据有关资料和问题展开分析研究

运用各种必要的统计分析方法进行分析和计算。

3. 肯定成绩，指出不足，做出分析结论

通过分析和计算，要把生产经营中取得的成绩准确地反映出来，并指出取得成绩的主要经验（通过分析研究、判断归纳，使之上升为理性认识）。同时，也要把存在的问题如实反映出来，并分析其性质、造成的原因以及影响的程度。

主体的结构方法，主要有四种：序时式，即主体的各部分内容按照时间顺序来排列；序事式，即主体各部分内容按照事物发展的经过、事理的逻辑顺序来安排；总分式，即把分析的对象先总结起来论述，然后分开论述，或者先分说，后总说；并列式，即各层意思之间是并列关系，它把对象横向展开分为几个部分来反映事物多方面的特征，各部分之间是并列关系。

（四）结尾

结尾是主体内容发展的必然结果。结尾的方法也是多样的：有的是做出分析结论；有的是总结全文，突出重点；有的是首尾呼应，在结尾时对导语提出的问题给予应答；有的是针对存在问题，提出建议、拟定措施供领导参考；有的是预测未来，使读者在了解现状的基础上，进一步认识事物的发展趋势，等等。如在主体部分已把事情阐述清楚，应采取的措施又显而易见，或寓建议于论述之中的，就可不另写结尾。

六、统计分析报告注意事项

（一）要符合标准

一篇优秀的统计分析报告，必须符合国家统计局提出的统计分析报告的写作标准。

（二）选题要准确

能密切配合经济形势，配合党的中心任务，反映党和国家方针、政策的执行情况和效果，对党政领导决策起积极作用。

（三）针对性要强

对问题分析深刻，提出的见解切合实际，具有预见性与可操作性。

（四）讲求时效性

反映情况及时，时机捕捉恰当。

（五）主题要突出

主题明确，结构严谨，条理清晰，文字简洁。

泰安旅游对住宿餐饮业发展影响分析

第七章

财经传播文书

第一节　产品、商品说明书

一、产品、商品说明书的含义

产品、商品说明书是以说明为主要表达方式，全面、详尽地将产品、商品的性能、构造、功能、使用、保养等进行说明或介绍的文字材料。它是直接为社会生产和公众生活服务、适合大众阅读的一种实用性文体。

商品说明书与产品说明书的区别就在于商品说明书是以产品经销商的名义书写的，在署名时写经销商；产品说明书在署名时写生产企业。商品说明书与产品说明书的写作内容和写作要求基本相同。一般来说，当生产企业的知名度不高，对消费者没有多大吸引力时，为了使自己的产品有好的销路，生产单位可请信誉好、知名度高的经销商出面来介绍产品，使其更具有权威性，以吸引更多的消费者前来选购。需要说明的是，产品、商品说明书还受不同文化的影响。如西方国家的“索赔文化”，就催生了一些“洋货幽默说明书”，如吹风机“睡眠时请勿使用”，浴帽“适用于一个头”等。

产品、商品说明书是一种以说明为主要表达方式，概括介绍商品用途、性能、特征、使用和保管方法等知识的文书。内容的科学性即实事求是，这是产品、商品说明书的最大特点。可大体分为内容简短的使用说明书和内容较全面的产品、商品说明书。

产品、商品说明书和广告有同有异。产品、商品说明书与广告的相同之处，是在介绍商品或服务项目的性能、效果、特点等方面都能起到宣传、告知的作用，均有吸引注意力、引导消费、提高品牌知名度等目的及效果。产品、商品说明书与广告的不同之处表现为产品、商品说明书主要是科学地介绍产品、商品知识，着重实用；广告的目的意在促进产品、商品销售，推广经营理念，着重产品、商品及品牌形象的塑造。两者都有说明的功能，但前者说明的重点是产品、商品的使用方法，供消费者购买产品、商品后进一步了解它。广告则着重说明产品、商品的性能、功效，是购买行为生产前的一种宣传、诱导。从文体来看，产品、商品说明书属于说明文体，力求说明实事求是和准确；而广告是一种营销手段，表现手法丰富多彩，讲究创意求新，主观色彩较强。

二、产品、商品说明书的特点

（一）实用性和可操作性

产品、商品说明书是向消费者介绍有关产品的使用、保养、维修知识的资料，消费者在正确使用所购买的产品前，应该认真阅读产品、商品说明书，并按其要求进行操作，以实现产品、商品的使用价值。尤其是在高科技迅速发展的今天，各种新产品、新技术、新服务层出不穷，为了保护消费者的合法权益，必须如实地将有关知识加以介绍，帮助消费者熟悉或正确使用产品、商品。因此，实用性和可操作性是产品、商品说明书的基本特点。

（二）科学性和知识性

产品、商品说明书要以科学的态度和科学的方式向消费者客观真实地介绍产品、商品的性能、结构、成分、效用、注意事项、维护保养等知识，应力求全面、准确无误，否则，将会给人们的生产、生活带来不良的甚至严重的后果。

（三）通俗性和条理性

产品、商品说明书常常直接用于指导人们的生产和生活。使用者往往都是外行，在使用过程中需要逐字逐句地研读，并且一一参照着进行实践。因此，在对产品、商品说明和介绍时，应以通俗浅显的语言，将产品、商品各方面的情况介绍清楚，尽量不用或少用人们不易理解的专业术语，避免使用生僻词语。此外，产品、商品说明书必须做到条理清晰、层次分明，让说明书好懂好记。

三、产品、商品说明书的作用

产品、商品说明书通过对产品、商品的解说和注释，主要起三个方面的作用。

（一）给消费者带来方便

随着市场经济的发展，科学技术的进步，各类产品、商品的花样不断翻新、技术含量增加，对消费者来说，阅读说明书，正确掌握产品、商品的使用方法，就显得特别重要。产品、商品使用不当，可能产生安全问题（如家用电器、各类药品、机器设备等）。很多产品、商品没有说明书简直无法使用，因此产品、商品说明书对消费者来说起着重要的指导作用。

（二）给维修者提供依据

产品、商品在使用当中难免出现一些问题，有些产品、商品通过维修可以延长使用寿命。在维修的过程中必须了解产品、商品的结构、原理及相关数据等，因此产品、商品说明书中一般要对此做出详细说明。有些说明书还把一般的故障排除方法写进去，这就给维修人员提供了更大的帮助。

（三）给生产经营者带来利益

说明书在说明产品、商品的过程中可以起到宣传产品、商品的作用，有些商家甚至把说明书作为广告向消费者广泛传播。消费者购买使用产品、商品前，首先应该对商品的基本特点有所了解，而说明书恰好能满足这方面的要求。

四、产品、商品说明书的种类

依据国家质量监督检验检疫总局、国家标准化管理委员会于 2005 年 3 月 3 日联合发布、2005 年 8 月 1 日起实施的国家标准《说明书的编制、构成、内容和表示方法》（GB／T 19678—2005／IEC 62079:2001），说明书可分为四种类型。

（一）使用说明书

使用说明书是为产品用户提供有关安全使用或操作信息的文件。必要时，它还应包括关于自控和遥控产品，特殊的功能或状态，供观察的指示、人身防护和故障探测说明等信息。如计算机、数码相机的使用说明书。

（二）维修说明书

维修说明书可以分为提供给非熟练人员（即一般用户）自行维修使用和熟练人员（专业维修工作人员及接受过训练的技术人员）维修使用两种。前者只需提供一般用户可能进行维修作业的说明资料，不需要涉及专门的技术知识、操作或特殊技能，而后者则必须了解并掌握专门的知识与技能，如数控机床等机械设备的维修说明书。

（三）专用工具、设备和材料的说明书

所谓专用工具、设备和材料，是指在正常工作时不一定使用，但在特殊情况下才使用的

工具、设备和材料。对于这些专用工具、设备和材料的说明，应该与一般的说明书分开。这种说明书应该包含与附件和其他设备互联的描述，并包含相配附件、可拆零件和任何专用材料的表示法，如大型机械设备类的说明书。

（四）修理和替换零件的说明书

这种说明书向用户提供以下信息：修理设备和更换已损坏的、磨损的或老化的零件，在更换重要零件后需要进行的测试等。

五、产品、商品说明书的写作

产品、商品说明书的写作，一般分标题、正文、结尾三部分。

（一）标题

产品、商品说明书的标题，一般是由产品、商品名称或说明对象加文种组成，文种名称可以叫说明书、说明、指南、用户手册等，如《龙牡壮骨冲剂颗粒服用说明》。有些说明书的内容是侧重介绍使用方法的，称为使用说明书，如《小鸭洗衣机使用说明书》。

（二）正文

正文是说明书的主体，内容可以因物而异，篇幅有长有短。通常要求详细介绍产品、商品的有关知识，如名称、性能、构造、原料、功能、特点、原理、规格、使用方法、注意事项和维修保养等知识。

由于说明书说明的事物千差万别，不同说明书的内容侧重点也有所不同。第一类：家用电器类。一般较为复杂，篇幅也相对较长。写作内容为产品的构成、规格型号、使用对象、使用方法、注意事项等。第二类：日用生活品类。写产品的构成、规格型号、适用对象、使用方法、注意事项等。第三类：食品药物类。写食品药物的构成成分、特点、性状、作用、适用范围、使用方法、保存方法、有效期限、注意事项、禁忌与副作用或不良反应等。第四类：大型机器设备类。包括结构特征、技术特性、安装方法、使用方法、功能作用、维修保养、运输、储存、售后服务范围及方式、注意事项等。这类说明书的内容一般比较复杂。第五类：设计说明书。这是工程、机械、建筑、产品、装潢、广告等行业对整个设计项目的全盘构想，统筹规划，并对工作图样进行解释和说明的技术性文书。简单的就写在设计图样上，复杂的则单独成文或装订成册。不同的设计说明书，其写作内容也不同。写作内容一般包括设计的思路、指导思想、设计方案及其论证、方案的技术特征或性能、主要技术参数、时序安排、所需资金等内容。

正文的写法也多种多样，常见有三种形式：一是概述式。概述式是指对产品、商品的有关知识作概述性的叙述、介绍。这种形式通过概述，突出产品、商品的个性，给人留下较完整、深刻的印象。二是条文式。条文式是指逐项分条介绍有关产品、商品的各方面的知识，如性能、构成、使用方法等。这种形式层次清楚，详细具体，表述严谨有序。三是综合式。综合式是概述和条文式的综合。既有总体概括的介绍，又有分项的具体说明。这种形式能给人提供全面的知识介绍，比较特殊的产品、商品（精密仪器、高档商品）的用户手册经常采用这种形式。

（三）结尾

正文后面的一些内容，如厂名、地址、客服电话、维修服务网点、电传、网址、电子信箱以及联系人和生产（出厂）日期等。出口产品、商品还要在外包装上写明生产日期和中外文对照。

产品、商品说明书常用概说、陈述、解说的表达方法。由于各种产品、商品的功能、用法不同，写作方法自然大有区别，但不管使用哪种方法，其目的都是为了让读者明白。

六、产品、商品说明书的注意事项

（一）要真实可信

所谓真实，就是符合客观事物的实际情况，本着对消费者负责的态度，说明书要真实地说明产品、商品的功能、用途、使用方法、维修办法等内容事项，要把握好分寸，不要夸大其辞、虚张声势，以免影响产品、商品的信誉。

（二）要科学准确

科学是指写说明书要有科学的态度，站在客观公正的立场上，对产品、商品进行说明，不能有主观随意性。消费者对产品、商品的认识，对产品、商品使用和养护方法的科学掌握，都来自于说明书的帮助，只有说明书具备了科学性，消费者的消费才有合理性。准确就是要求说明书中的每一个数据指标都要经过反复核实，确保无误。

（三）要通俗易懂

说明书与产品、商品介绍都是面向普通消费者的，因此，在写作时应当用明确和浅显易懂的文字进行表述，尽量减少深奥的专业术语。不要用模棱两可、易产生歧义的词。

第二节　商业广告

一、商业广告的含义

“广告”一词，源自拉丁文“adverture”，意为注意、诱导等。1625 年《英国信使报》刊载了被称为世界上“最早的报纸广告”——图书出版广告以来，广告成为人们日常生活中接触最多的经济和文化现象。20 世纪 20 年代的上海，鳞次栉比的户外广告和招贴画，成了十里洋场繁华的标志。1962 年，新中国第一家广告公司——上海市广告公司成立。1979 年 1 月 28 日，上海电视台播出新中国第一条商业广告——参桂养荣酒广告。1978 年党的十一届三中全会以后，我国的广告业才逐步繁荣起来。广告发展成为展示新生活方式和新的价值观的“预告”。

顾名思义，广告即“广而告之”，是面向公众的一种告知行为。广告有广义和狭义之分。广义的广告是指广告通过一定的媒介和方式向预想对象进行的一种信息传播活动，包括以营利为目的的商业广告和不以营利为目的的公益广告。公益广告是以宣传国家形象和社会公德、职业道德等“主旋律”“正能量”为主要内容的，不以营利为目的的广告。如 2011 年 1 月我国推出的《中国国家形象片——人物篇》《中国国家形象片——角度篇》等。狭义的广告主要指那些以营利为目的的商业性广告。本节介绍的广告专指商业广告，也即《中华人民共和国广告法》(1994 年 10 月 27 日第八届全国人民代表大会常务委员会第十次会议通过，中华人民共和国主席令第 34 号发布，1995 年 2 月 1 日起施行。以下简称《广告法》）第二条所规定的“商品经营者或者服务提供者承担费用，通过一定媒介和形式直接或间接地介绍自己所推销的商品或者所提供的服务的商业广告”。广告文案作为一种文化体现和大众最熟悉的一种“广而告之”的经济文书，随着中国特色的社会主义市场经济体制的不断完善，市场经济地位的日益巩固，已经成为推荐商品、宣传劳务的最有效方法。

二、商业广告的特点

（一）独特性

商业广告策划文案应具有在真实性基础上的独创性和原创性，只有从自己真实独特的角度和创意出发，才能以新颖的视角，吸引目标广告群的注意和关注，增强说服力，否则只会事功半倍，不能取得预期效果。

（二）经济性

商业广告的费用因载体不同而不同，有的花费极为高昂。因此，商业广告的策划要根据宣传对象的特点，恰到好处地宣传，做到“少花钱，多办事”。即宣传及策划费用必须控制在广告主能够接受的范围之内，用有限的人力、物力、财力，达到最佳的效果。

（三）战略性

商业广告的策划必须结合企业的发展状况，考虑企业的发展规划，而不能只顾企业眼前和较短时期内的利益。只有以完整的理念来策划商业广告，才能在不同阶段有针对性地进行宣传。

（四）针对性

商业广告内容的宣传对象是广大的消费者或用户，宣传的目的是赢得广大消费者或用户的认可和接纳。因此，广告宣传要考虑宣传对象的需要和偏好，做到从实际出发，有的放矢，这是提高广告宣传质量、增强宣传效果的基础。

（五）艺术性

广告行业衡量优秀广告有五个条件，习惯上称之为“5P”：能够给消费者以愉快的感觉（Pleasure）；具有首创、革新、改进的精神（Progress）；揭示信息的个性，能为消费者解决问题（Problem）；有明确的承诺（Promise）；有潜在的推销能力（Potential）。尽管商业广告的重心不在于艺术性，但商业广告应当做到引人注目、打动人心。这往往需要通过构图、文字修辞和版面编排、音乐韵律甚至戏剧表演等多种文艺表现手法进行宣传。商业广告的艺术性越鲜明，越富有创造力和感染力，宣传效果越好。因此，成功的广告常常要集艺术性、欣赏性、知识性、趣味性于一身。

三、商业广告的作用

（一）沟通拓展产销渠道，促进商品的生产流通

商业广告作为“纸上的推销术”，能够有效沟通和传递消费者与销售者之间的信息，搭建一个沟通产销渠道的平台，满足消费者的需求，扩大商品的销售，促进商品流通和生产者扩大再生产。

（二）方便广大群众，指导社会消费

商业广告主要介绍商品的性能、特点、使用和保养性质，能为消费者提供信息，使消费者能恰当地选购商品，并可以提高消费者对商品的鉴别、使用能力，唤起消费者潜在的消费欲望。

（三）提高服务质量，提高商品的竞争力

通过广告宣传，可以使消费者了解商品，并且了解企业的服务状况。这样，企业可以在取得消费者信任的同时招徕更多的消费者，从而提升企业及其产品的竞争能力，树立良好的品牌形象。

（四）相互依存，促进大众传播媒介的发展

商业广告通过大众传播媒介来发布，有力于大众传播媒介的商业化、企业化，对于大众传播媒介的发展有重大的影响作用。

（五）美化市容，改变环境，丰富人们的文化生活

路牌广告、灯光广告、橱窗广告、商店门面装潢等户外广告，若设计新颖、装饰精美，可以美化市容，改善生活环境，促进城市的繁荣，丰富人们的文化生活。在传递信息的同时，

还能展示中国特色社会主义建设的成就，推介中国优秀文化，激发人们参加现代化建设的热情和进取精神。

四、商业广告的种类

（一）按内容划分

一般分为三类。一是商品广告。以促进销售为直接目的，介绍商品的品牌、商标、性质、特点、功能等为主，目的是引起消费者的注意，促进购买。二是服务（劳务）广告。医院、饭店、旅游、银行、保险、洗衣、修理等服务性行业，会计、律师、劳务、移民留学等中介组织等所做的广告，旨在提供劳务和服务，引起顾客的兴趣，扩大服务范围。主要介绍服务的性质、内容、服务方式等。三是观念广告。企业面向公众传播自己的企业文化，增强和广大消费者的联系，目的在于提高企业的社会声誉，树立企业的良好形象。

（二）按广告对象划分

主要有三类：一是消费者广告。针对广大消费者，可以细分为老年人广告、青年广告、女士广告等。二是工业广告。主要针对工业部门或单位，按照工业的不同性质又可以细分为机械工业广告、电子工业广告、食品工业广告等。三是商贸广告。主要针对商贸部门或单位，按商贸部门的性质可细分为批发业广告、零售业广告、服务业广告等。其中，主要针对外贸企业或部门的广告称为外贸广告。按照外贸区域又可分为北美广告、西欧广告、东亚广告等。

（三）按广告载体划分

随着社会的发展和科学技术的进步，广告载体也不断地翻新着花样。当前主要有：一是传统的纸质传媒广告，即借助报纸、刊物以及海报等传播的广告。二是广电网络媒体广告，即利用电视、广播、互联网等传递、传播的广告。三是户外广告，即竖立在大街小巷旁、楼宇上的广告等。四是其他媒体广告，如人们议论颇多的电视剧、电影等作品中的植入式广告以及以新闻、纪实、访谈、文化、评论等非广告形式出现的、以商业宣传为目的“软文广告”等。植入式广告是指将产品或品牌及其代表性的视觉符号甚至服务内容，策略性地融入文艺演出（如各类电视晚会）、电影、电视剧或电视节目内容中，通过场景的再现，让观众留下对产品或品牌的印象，继而达到营销的目的。此外，还有近年十分流行的“活体广告”，如服装秀、厨窗活体秀等。

五、商业广告的写作

一篇完整的商业广告，其结构由标题、正文、口号和随文四个部分组成，但多数商业广告只具备其中的两三个要素。

（一）广告标题

1. 广告标题

广告标题是整个广告文案乃至整个广告作品的总题目。广告标题提纲挈领，将广告中最重要的、最吸引人的信息进行富于创意性的表现，以吸引受众对广告的注意力。它包含广告中的核心信息，吸引人们继续关注正文。正如人们经常说的“题好一半文”“题高文则深”。大卫·奥格威的研究表明：“读标题的人平均为读正文的人的 5 倍。换句话说，标题代表着为一则广告所花费用的 80%。”

2. 广告标题的功能

（1）广告标题提纲挈领，让广告最重要、最吸引人的信息在创意的表现中得到展现，以最醒目的方式对应受众的内在需求，以吸引读者注意力。例如，以色列航空公司一则广告标题为“从 12 月 23 日起，大西洋将缩短 20%”，在标题中布下悬念，吸引人们注意。

（2）在无目的的阅读和收看的受众中间分离出目标消费者。广告标题提出的广告信息中的利益点能成为受众潜在消费欲望的对应物，让他们自觉地对广告内容产生深度关注的心理和好奇。

（3）诱使被分离的目标消费者进一步关注正文。标题在形式和内容上都引导着目标消费者继续关注广告正文的表现：在内容上，提示正文中将表现的信息；在形式上，对应他们的好奇、审美和阅读冲动，以诱导目标消费者进一步关注正文。例如，“海尔，中国造”，标题即包含了广告内容。

（4）直接诱发消费者产生购买行为。广告的劝导作用多数是从标题开始的。在广告标题中，有直接表现产品品牌与消费者利益的标题，如“看《环球时报》，把地球抱回家”；有直接或间接地对受众发出消费劝导和呼唤的标题，如“以综合化的财富管理能力，助你实现人生价值 ”（交通银行）；有用煽动性的口吻来号召购买行动产生的标题，如“孔府家酒，叫人想家”。这样的广告标题，广告受众甚至都不用再去看正文就已经被利益点、被劝导和呼唤所吸引，直接诱发他们产生消费行为。

3. 广告标题的撰写

（1）广告标题可以按其内容和组合不同，分为以下三类：第一类是直接标题，即以简明的文字直接表明广告内容，使人看了标题就了解了广告的主要信息。如中国联通的广告标题“让一切自由连通”。第二类是间接标题，在标题中不直接表明广告主题，而是用耐人寻味的语句诱导人们去阅读正文。如中央电视台广告部的“存封四年醇香愈浓”，乍看以为是酒类广告，一看正文才知是关于播放 2002 年世界杯足球赛的广告。第三类是复合标题，是采用新闻标题的形式，又叫多重标题，由引题、正题、副题组成。引题在正题前面，又叫眉题或肩题，起点明意义、交代信息背景等作用；正题又叫主标题、主题，是刊登标题的中心，传递最核心的信息；副题居正题之后，对正题信息作补充说明。复合标题往往兼具直接标题和间接标题的双重性质，可在标题中传递更多信息。如：

引题："输入千言万言，打出一片深情"

正题："四通中外文打字机"

（2）在具体广告文案中，标题可以根据不同的广告战略，呈现多种多样的表现形式，常见的广告标题主要有以下几种形式。

① 新闻性标题。这种广告标题类似于新闻稿件，以告知公众实效性信息为主要内容。例如，被大卫·奥格威称为他一生中所写的最有效果的广告——波多黎各政府广告的标题"现在'波多黎各'对新工业提供百分之百的免税"；贵州茅台酒的"国酒茅台，酿造高品位的生活"。

② 功能诉求性标题。这种标题直截了当地指出商品的特点和能给消费者带来的利益。如大卫·奥格威最引以为豪的"功能诉求型"的汽车广告标题是"当这辆新型的'劳斯莱斯'汽车以时速 60 英里行驶时，最大的噪声发自车上的电子钟"（At 60 miles an hour the loudest noise in this new Rolls，Royce comes from the electric clock）。

③ 悬念式标题。在标题中设置悬念，容易引起人们的注意，并产生兴趣。如一则房地产广告："××城最值钱的房子"；某随身电脑"今天起，将电脑装进小夹包"。

④ 设问式标题。这是一种提问式的标题。如"你买得到这么便宜的房子吗？"

⑤ 幽默式标题。通过幽默式的语言与受众的幽默感产生共鸣，激发受众的兴趣。如某止痒丸的广告标题："忍无可忍"；某打字机的广告标题："不打不相识"。

⑥ 抒情式标题。在广告标题选用上，突出情感交流沟通，以对受众产生较大的影响。例如，德国宝马（BMW）汽车的一则广告标题为"这头猛兽的低吼响在多少成年男人的睡梦里"；法国雷诺（RENAULT）汽车的广告标题更是具有抒情之意"身在雷诺，日行千里仍不失法国人独有的浪漫胸怀。"

具体的广告文案标题种类还很多，如建议式标题、炫耀式标题、标语式标题、号召鼓动式标题以及第一人称式标题等，不管采用哪种标题，只要是能够巧妙引起正文或对广告的高度概括，帮助受众理解广告内容，就属于成功的广告标题。

根据记忆规律和人们的诵读习惯，广告的主标题一般应控制在 14 字以内。

（二）正文

1. 广告正文的含义

广告正文是指广告文案中处于主体地位的语言文字部分。其主要功能是，展开解释或说明广告主题，将在广告标题中引出的广告信息进行较详细的介绍，对目标消费者展开细部诉求，以说服消费者。广告正文的写作可以使受众了解到各种希望了解的信息，受众在正文的阅读中建立了对产品的了解和兴趣、信任，并产生购买欲望，促进购买行为的产生。

2. 广告正文的主要表现内容

（1）对标题中提出或承诺的商品或商品利益点给予解释和证实。

（2）对广告中企业、商品、服务、观念等的特点、功能、个性等方面进行详细说明和介绍。

（3）表现广告中企业、商品、服务、观念等的背景情况。包括商品由什么企业生产，这个企业在同类企业中的位置，商品的制造过程及其制造者的情况，甚至是商品制造过程中有利于商品形象建立的趣闻逸事。表现商品的种种背景是为了形成品牌效应，或使消费者产生放心购买的心态。

（4）告知受众获得商品的途径、方法和特殊信息。这里的特殊信息，也可以是折扣、奖励等信息。在直接的销售促销活动的广告里，其折扣等特殊信息可以在广告的标题、正文等各个部分予以表现。而一则产品、商品形象广告中，折扣等特殊信息就只能在广告正文或广告附则中体现。

在广告正文中可以表现的内容是很多的，而在具体的一则或一系列广告文案中要表现哪些内容，关键是要看广告的起因和目的。

3. 广告正文的构成

广告正文的格式一般采用三部分：开端段。这是衔接标题、开启正文的桥梁，国外广告专家认为从营销角度讲属于"预备段落"。好的正文开端是引起读者兴趣的重要环节，必须在这部分吸引读者将兴趣转向产品。中心段，即正文的主体，是根据广告目标、要求，阐述商品的状况、性能、特点等。从营销的角度，这部分应该是建立广告信息的可信度，通过数据、证明、担保来启发或促使读者确信商品的真实可靠，能获得利益，以此培养消费欲望。结尾段。鼓励或建议消费者采取行动，必要时，还可以提供方法。

4. 广告正文的常见形式

（1）直述式。采取理性的"功能诉求"方法，以客观、直截了当的手法直陈事实，对产品作简明描述。

（2）企业形象式。以企业或公司的口吻，表述企业的观点、理念、态度及服务宗旨等，赋予企业良好的形象；或点明产品、商品的"售点"，即最"卖座"的，有别于同类产品、商品的特点。

（3）独白或对白式。以人物用自己的语言表述方式展开诉求。或从某用户的角度，以"我"的口吻，采用内心独白的方式，表明观点，抒发情感；或通过某生活片段中人物的对话，展开诉求。例如，山东肥城桃广告："我叫肥城桃，这次来香港，还是平生第一次。所以也难怪各位看见我就'啊呀'了（谁叫我生得如此惊人呢？）。在咱们家乡——山东，我早与莱阳梨、烟台苹果齐名了……"。

（4）故事式。通过描述一个简单、有趣的故事情节来引发人们的阅读兴趣，同时用故事将产品和服务的信息形象化，从而加深读者的印象和好感。如海南养生堂椰岛鹿龟酒广告，以征文"发现我的父亲"的形式，讲述生活中一个个真实的父亲的故事，并连续刊出，使"父亲的补酒"这一广告信息变得丰厚、实在、深入人心。

（5）抒情式。动之以情，用情"劝说"。这种形式凝练精美，能够表现出真挚感，给人耳目一新的感受。

（6）幽默型。在广告正文中，借用幽默的笔法和俏皮的语言完整地表达广告主题，使受众在轻松活泼中接受“售点”广告信息。

（三）广告口号

广告口号又叫广告标语、广告警句或广告语。广告口号一般是由几个词组成一句能够渲染主题的话，也是商务广告中留给受众最具诱惑力的一句话。广告口号有助于商品、企业形象信息的广泛传播，如中国建设银行的广告口号为“善建者行”，有很强的感染力，使其形象也深入人心。

1. 广告口号的特征与功能

（1）特征。广告口号作为一种标语或警示的语句，带有以下几个方面特征：其一，警示性。它是以精练简洁的语言对社会公众所进行的强调性提醒，一般具有比较深刻的寓意和本质性内涵。其二，概括强调性。广告口号是一种特殊的口号，它是对广告文案的结论概述和对文案某些主要方面的重点提示，往往是对广告诉求内容的结论性陈述。其三，简练性。广告口号要简单明了，易懂易记。多用公众读起来上口、记起来容易的短句子，尤其在口号构思上既体现广告主题，又能够朗朗上口。其四，重复使用性。广告口号必须要在一定历史时期里长期使用，在某一企业或某一品牌系列产品的广告文案中，比较持久地重复使用特定的广告口号，在消费者心目中建立起极高的熟悉感。因此，它比广告标题、广告正文具有较大的稳定性，这导致广告口号的使用寿命较长。例如，“滴滴香浓，意犹未尽”一语，被麦氏公司引用为广告口号至今 70 多年了，此广告口号仍然不失其独特光彩。

（2）功能。广告口号既有广告文案的功能，又具有自己独有的、其他文案部分不能取代的功能。第一，广告口号能够深化广告主题、凝结广告文案。广告口号具备画龙点睛之意。第二，广告口号有助于塑造产品形象和企业形象。第三，广告口号能够推动企业文化的发展。企业既在创造产品，又在创造一种文化资产，广告不仅在传播文化，其实又在创造文化和为企业创造一种无形资产。

2. 广告口号的类型

按照广告口号诉求的内容和心理效应，广告口号可以区分为以下几种类型。

（1）颂扬式。这种广告口号强调商品的好处，突出其优点。如雀巢咖啡的广告口号“味道好极了”；2010 年上海世博会口号“城市，让生活更美好”等，都属于颂扬式。

（2）号召式。这种广告口号以富有感召力的鼓动性词句，直接动员消费者产生购买行为。如脑白金的“今年过节不送礼，送礼就送脑白金 ”。这类广告口号重在感召与鼓动，而不是“走过路过不能错过，快来买吧，过这个村没有这个店啦”式的苍白。

（3）标题式。广告标题与广告口号融为一体，既起广告标题的作用，也起广告口号的作用。如宝山钢铁公司的“要好钢，找宝钢”。

（4）情感式。广告口号以富于抒情韵味的言辞构成，以便更好地激发人的联想，使人认同。如南方黑芝麻糊的广告口号“一股浓香，一缕温馨”；中国农业银行的“大行德广，伴您成长”。

（5）幽默式。在广告口号中借用幽默的手法表现广告主题。如弗芬里克牌香水的广告口号“一滴是为了美，两滴是为了情人，三滴便足以招致一次风流韵事”；某液体水泥的广告口号“它能粘住一切，除了一颗破碎的心”；某口红的广告“如果一不小心我诱惑了你，责任全在××牌口红”等，无不充满幽默风趣之意，使人在会意之中接受广告内容。

（6）品牌式。这种广告口号是广告标语或广告警句与广告品牌相结合，即在广告口号中嵌入企业名称或产品品牌，从而树立企业形象或品牌形象。如建设银行“善建者行，成其久远”；工商银行“工于至诚，行以致远”。

当然，广告口号的类型并非仅仅上述几种，如果从不同角度来分析，还可以划分为许多其他的类型，如对联式、谐音式、抽象式等。

3. 广告口号的误区

（1）广告口号与功能诉求相脱节。广告口号与广告诉求的主题难以相互之间产生共鸣，有的可以说是文不对题。某些广告口号的气势超越了广告产品本身，易引起受众的反感。如日本某乘用汽车“车到山前必有路，有路就有××车”。

（2）广告口号与规范语言相冲突。在广告口号上，谐音广告在广告界十分流行，如某服装店——“衣帽取人”，某烧鸡店——“鸡不可失”，某驱蚊器——“默默无蚊”，某空调器——“终身无汗”等。广告传播中滥用谐音肢解成语，已经造成了不良的影响。但并不是说所有的谐音广告都应从广告中清除出去，况且从功利角度来看，某些谐音广告产生了不可估量的社会作用，有利地促进了企业产品销售。一想到“咳不容缓”，人们马上会想到“贵州神奇”。而对“默默无蚊”的蚊香广告口号，你也不能不说妙。但任何事情都得有个度，在一定范围内使用谐音广告应该视为正常，也可被人接受。若超出特定范围，用得太多太滥，就会对社会产生负面影响，只能导致人们的反感，受到抨击和责难。

（3）广告口号的模仿误区。广告创作要追求新意，不能人云亦云、拾人牙慧，致使广告创作变成了一种拙劣的模仿。

原作：“棋”乐无穷（某文化用品广告）。

摹仿之作：“骑”乐无穷（某摩托车广告）。

（4）广告口号的揶揄文字。广告创作要真实可靠，有一说一、有二说二，不能弄虚作假、捕风捉影。如某楼盘紧挨着臭水沟——“绝版水岸名邸，上风上水”；挖了个小水池——“东方威尼斯，演绎浪漫风情”。

（四）广告随文

1. 广告随文的含义

广告随文是在广告正文之后向受众传达企业名称、地址、购买商品或接受服务方法的附加性文字。因为是附加性文字，它在广告作品中的位置一般总是居于正文之后，因此也称附文、尾文。

2. 广告随文的存在意义

（1）对广告正文起补充和辅助的作用。

（2）促进销售行为的实施。当广告的标题、正文和口号已经使目标消费者产生了消费的兴趣和渴望时，如果在广告附文中表现了购买商品或获得服务的有效途径，使得受众能以最直接的方式、最短时间之内得到商品，消费者就会趁着兴趣产生消费行为。

（3）可产生固定性记忆和认知铺垫。在附文部分具体地表现品牌名称、品牌标志，使得受众对品牌的记忆固定而深刻。这个固定性记忆和认知铺垫，可以用品牌效应和企业形象来说服消费者产生消费。

3. 广告随文的具体表现内容

广告随文的具体表现内容大致分以下几个部分：品牌名称；企业名称；企业标志或品牌标志；企业地址、邮编、网址、电子邮箱、客服网点及电话以及联系人等；购买商品或获得服务的途径和方式；权威机构证明标志；特殊信息如奖励的品种、数量，赠送的品种、数量和方法等。如需要反馈，还可运用表格的形式。

六、商业广告注意事项

形形色色的广告传播方式，五花八门的广告内容，各有创意的广告制作人，心态各异的消费者，为广告世界描绘了一幅色彩缤纷、百花齐放的繁荣景象。广告目的的实用性与广告创意的浪漫性，广告宣传的自由性与广告行为的合法性，广告主题的超越性与广告内容的真实性，给广告创作提出了更高的要求。生活体验是广告创作的来源，广告作为现代文化的再现，其创作涉及社会学、心理学、经济学、市场学、民俗学、美学等多门学科，要创做出内容健康、形式新颖、真实可信、品位高雅的优秀广告作品并非易事。这里仅就写作中应该注意的问题略作提示。

（一）内容要真实有据

广告对企业、商品或服务的内容不能夸大，不能虚构，要实事求是。评价经济广告的优劣，最根本的标准是“给商家打开销路，给消费者带来满意”。消费者的满意度，取决于产品广告的真实程度，广告的生命力就在于真实。

现实经济生活中，有些企业或个人只顾眼前利益，不顾长远利益，只顾自身的经济利益，不顾消费者的利益，将自家的商品说得尽善尽美，吹得神乎其神，以此来诱惑消费者。这样不但坑害了消费者，最终还会导致企业自身失去信誉，在商海中沉没。要保证广告写作得真实，首先，要摸清商品的客户定位，使广告的针对性更明确；其次，要对广告项目有清楚的了解，如产品的主要性能、质量等级、科技含量、使用价值等；再次，要选择恰当的语言表述，不能言过其实，“包治百病”“天下第一”“极品”等词语都要慎用。《广告法》为规范广告行为，维护广告的市场形象，使广告业沿着正确的方向发展提供了法律保障。

（二）创意新颖脱俗

广告的创意是指广告主题的表现方式，好的创意常常表现出与众不同、新颖脱俗的特点。创意是广告活动的核心。创意主要解决产品、商品的定位和占位问题。定位确立产品、商品在市场中的位置，属于广告策划的战略。占位是在明确目标市场后如何迅速地使产品、商品在消费者心目中占据一个位子的问题，属于广告策划的战术。其战略解决“对谁说”，其战术解决“说什么”。要想吸引消费者眼球，广告策划者必须自觉抵制“庸俗、低俗、媚俗”的“三俗”之风，在战略、战术上有首创、革新精神，以争取理想的效果。如“恒源祥，羊羊羊”，已成为家喻户晓的著名品牌广告。

（三）语言简洁生动

广告写作的语言要求简洁、生动、有力，要尽量少用复杂的长句子，多用简单句和短句。广告文案大师路克·苏利文说过这样一段话：“简化！简化！这一度是我的座右铭，直到有一天我发现它还应缩短为‘简化！’。”由此可见广告语言简洁的重要性。

语言生动一般是文学写作的要求，在应用文写作中基本不提，但广告例外，它一方面要求语言简洁、平实，另一方面还要求语言生动感人。因此，在广告写作中可以使用多种艺术手法，并在运用语言艺术的时候注意简洁明快而不干瘪枯燥，形象生动而不矫揉造作，联想丰富而不牵强附会，符合大众心理而不媚俗。

（四）传播载体择优

不同的产品、商品和服务，要按照投入少、传播广、效果好的原则来选择广告载体。如行业性很强的产品，在行业报刊、专业网站上刊播就比在娱乐性报刊上登载效果好；而大众消费品广告，则可利用电视、网络传播面广的特点实现广而告之的目的；车展选择模特儿“广告”则更注重形象性。广告也应注意时间的选择，比如治疗痔疮的电视广告就不应在受众吃饭的时段播出，否则易引起受众的反感。

此外，像商品房、药品、保健品等广告刊播前，需按规定经有关部门审批或备案。

第三节　招标书与投标书

一、招标书与投标书概述

（一）招标书与投标书的含义

招标和投标是一种现代贸易活动，是国内外经济活动中的一种特殊的交易形式。招标和投标促使政府、企事业单位的采购过程更加透明和合理，符合条件的单位都可以参加竞争，有效减少暗箱操作。近年来，我国一些重大建设项目、政府采购项目，都使用招标和投标的方式选择承包人，如房地产项目的“招、拍、挂”程序规定等。不仅如此，招标和投标的方式已经进入了各个经济领域，不管项目的大小、购买量大小，招标和投标的方式已经成为交易双方实现双赢的明智选择。

1. 招标与招标书

招标单位在兴建工程、合作经营某项业务或进行大宗商品交易时，将自己的要求和条件公开告示，招揽合乎要求和条件的承包者参与竞争，选择其中最佳对象为中标者，订立合同进行交易，就是招标。

招标者为承包建设项目、购买大宗商品或合作经营某项业务以及承包或租赁企业等，事先对外公布标准和条件等，邀请潜在的招标商进行投标，并从中择优选取投标者。这些向国内或国际社会公布业务项目，项目标准条件、价格、要求的文书即为招标书。

一般将招标广告和招标文件都称为招标书。有时，招标书也单独指招标文件。招标广告是招标单位在承包某项目任务或购买大宗商品或合作经营某项业务前，通过报刊、广播、网络、电视等公共传媒，用发布广告的形式吸引投标者前来竞标的公开周知性文件。招标广告也称招标公告、招标通告或招标启事等。招标文件是指招标单位编制的对外出售的招标书。

2. 投标与投标书

投标是对招标的响应，是指有意承包或购销者按照招标文件的要求、标准与条件，在投标中报出价格、填报投标书的各项内容，投函招标者的行为。投标书又称“投标申请书”、“投标申请”，是具有符合招标方要求的投标资质的企业、单位或个人，对招标项目投标时使用的专用文书。

（二）招标书和投标书的特点

1. 招标书内容的“三公”原则与投标书内容的保密性

这是由招标和投标活动本身特点所决定的。招标书内容所列示出的招标条件、投标条件要保证其公开性。招标者将自己的标的物、招标意图、招标范围、资金来源、质量要求、工期要求、招标步骤等通过招标书公布于众。有些招标通过邀请方式，但招标条件在被邀请的范围内也是公开的。招标的原则是公开、公平、公正，只有公平、公开才能吸引真正感兴趣、有竞争力的投标者竞争，通过竞争达到采购目的，才能真正维护使用单位利益、维护国家利益。因此，审定标书中是否含歧视性条款是招标机构编制、审定标书工作中重要的环节。政府招标管理部门审查标书中是否存在有歧视性条款是其管理、监督招标工作中的重要任务，是保证招标公平、公正的关键环节。对比于招标书的“三公”原则，投标书在开标之前要有一定的保密性，即投标书要密封后才送到招标方，未密封的投标书视为无效。招标书内容的公开和投标书内容的保密，都是出自于公平竞争的一种策略。

2. 招标和投标程序的竞争性

招标就是一种引发竞争的采购程序，是竞争的一种具体方式。招标的竞争性充分体现了市场经济条件下竞争的平等、信誉、正当、合法等基本原则。单位、企业或个人把投标书送达招标方之后，招标方在各个不同的投标书之间进行比较，并根据之前提出的种种招标条件选择最接近要求的投标书，择优中标。招标和投标活动的目的决定了投标书之间的公平比较。兴建工程、大宗商品交易之所以采用招标方式，正是为了通过公开要约，比较多家投标书，寻求最佳方案，选择最优的承包者，以实现最好的经济效益。投标书之间进行比较和择优是投标书的突出特点。投标书作为各投标者实力的载体，投标者之间的比较就是投标书之间的比较。因此，投标书要有极强的竞争性，投标书是战胜竞争对手的有力武器。

3. 招标和投标内容的诚信可靠性

投标方在制作投标书时，要严格依据招标书所提出的要求提出自己的思路或计划，并据此来进行报价，切不可说大话，一旦投标书内容响应招标书，对招标书提出的标准和条件给予承诺，那么，这个承诺一定是在自己的资质、实力范围内是可完成可兑现的承诺，否则不管对招标方还是投标方都会造成不可估量的损失，尤其是大型工程的建设和政府大宗办公用品的采购，更要谨慎行事。虽然投标单位之间存在残酷的竞争，但切不可为最后的中标而不择手段，一定要保证投标书内容的诚实可靠。招标书内容也应遵循这条原则，要切实反映招标方的全面要求，科学合理地定制投标的条件，保证招标书内容的全面翔实，不可任开条件刁难投标方。此外，制定条件要从实际出发，切不能盲目提高标准、提高设备精度、房屋装修标准等，否则对招标方和投标方都没有好处。

4. 标书应维护企业利益、国家利益

招标书编制要注意维护招标方的商业秘密，也不得损害国家利益和社会公众的利益，如污染指标等必须控制在法律允许的范围内。同时，要防止和杜绝招、投标过程中腐败现象的产生。因此，在招标和投标时，招标方和投标方在标书中以及运作中都应对这一方面给予足够重视。

（三）招标书和投标书的作用

招标和投标是当今世界广泛流行的一种引入竞争机制的经营管理方式，而招标书和投标书则是招标和投标的载体，是其应运而生的产物。随着社会主义市场经济体制的不断完善，我国各党政部门、企事业单位的招标和投标活动逐渐兴起，使用范围逐渐扩大，已经深入到各个经济领域当中。招标、投标不仅被应用于兴建工程、政府采购等大宗商品的交易，且被广泛用于科学研究、技术攻关之中。如今，它对于搞活经济、促进竞争、提高经济效益、推动各项事业的发展，有着不可估量的重要作用。

1. 提高招标方的经济效益

对招标者来说，根据自己提出的要求，通过对招标书之间的比较进行择优取用，既可以节约工程和交易的成本，尽可能地获得最有利于招标者的价格，又可以缩短建设的工期或商品交易的交货期，确保工程或商品项目的质量，以获得最大的经济效益，促进招标方的蓬勃发展。

2. 加强单位之间的合作

实行招标和投标的方式，可以打破国家、地区的限制，打破部门的垄断，促进公平竞争，从而加强地区间、部门间、企业间的经济联系和合作，促进市场的统一、开放和社会主义市场经济的健康、和谐发展。

3. 增强投标单位的整体素质

对投标者来说，在提供给招标方投标书时，同时也提供了自己可以给出的最好条件，因此，接到中标书就是接到了压力和动力，这种动力和压力将有助于招标方不断改善经营管理，提高管理水平，进行技术改造和更新，尽可能挖掘自身潜力，自然而然地也就提升了投标单位的整体素质。

二、招标和投标的一般程序

（一）准备

准备阶段主要包括以下几方面。

（1）招标单位经有关部门审批后，设立招标机构，配备工作人员。

（2）确定标的（招标项目），按规定办法测定标底（通常指项目的定价，在开标前要绝对保密，不能泄露）。

（3）确定招标的指导思想、原则及方式、方法。

（4）编制招标文件，包括《招标书》（招标公告、启示或招标邀请通知）《投标单》《投标企业资格审查表》《投标须知》《投标章程》《招标项目说明书》（其中包括招标项目的要求）《项目勘察、设计资源和设计说明书》《承包合同》《总预算表》《书面咨询书》等。

招标的准备工作主要是文书工作。《国际竞争性投标》中特别规定，文书工作是极其重要的步骤。招标的政策规章程序，是编制招标文件的依据，是竞争投标的基础保证，是招标项目的质量技术规范的准则。文件的分量及复杂性取决于招标项目的规模和性质。规模越大、性质越复杂，文件就越繁多，反之则越简易。以上所列文件种类可根据实际情况做相应的合并减少或分开增多。

（二）招标

根据《招标投标法》第十条的规定，我国的招标方式分为公开招标与邀请招标两种。公开招标一般通过国家指定的报刊、信息网络或者其他媒介发布招标公告，而邀请招标则直接向三个以上具备承担招标项目能力的、资信良好的特定的法人或者其他组织发出投标邀请书。招标人在规定的时间内向投标人出售招标文件。

招标人如果对已发出的招标文件进行必要的澄清或者修改，应当在招标文件要求提交投标文件截止时间至少 15 日前，以书面形式通知所有招标文件收受人。该澄清或者修改的内容为招标文件的组成部分。

招标人在招标开始之前或者开始初期，需要对申请参加投标的潜在投标人进行资质条件、业绩、信誉、技术、资金等多方面情况的审查，这称为资格预审。资格预审的目的是在招标投标活动的初期剔除一些不合适的潜在投标人，以控制潜在投标人的范围，提高招标工作的效率。只有预审合格的潜在投标人，才可以参加投标。一般来说，大中型建设项目、技术复杂项目等的招标工作都包含资格预审程序，而外商投资特许权项目（BOT）的招标程序中也规定对该项目的投标人必须进行资格预审。

进行资格预审工作，需编制资格预审文件，并发布资格预审公告。资格预审公告一般包括以下内容：招标人的名称和地址，招标项目名称，招标项目的数量和规模，交货期或者完工期，发售资格预审文件的时间、地点以及发放的办法与文件的售价，提交申请书的地点、截止时间以及评价申请书的时间表，资格预审文件送交地点、送交的份数以及使用的文字等。

（三）投标

投标人购买招标文件后，往往建立由专业人员组成的投标小组，对招标文件进行认真研究，最终确定投标报价，编制好投标文件，盖印、密封后按时送达招标人指定的接收地点。未盖印、未密封的标函是无效的。

投标人在招标文件要求提交投标文件的截止时间前，可以补充、修改或者撤回已提交的投标文件，并书面通知招标人。补充、修改的内容为投标文件的组成部分。

招标人收到投标文件后，应当签收保存，不得启封。在招标文件规定提交投标文件的截止时间后送达的标函，招标人应当拒收。

（四）开标

开标是招标人按照招标文件中规定的日期、地点公开开启标函的行为。关于开标的程序，《招标投标法》有明确而具体的规定。

（五）评标

评标是指由专门人员对所有的投标文件按照招标文件确定的评标标准和方法，从标价、技术以及其他交易条件等方面进行比较和评价，从而确定中标人的行为。招标人根据评标委员会的意见确定中标人，也可以授权评标委员会直接确定中标人。评标委员会经评审，认为所有投标都不符合招标文件要求的，可以否决所有投标。

（六）中标与签订合同

中标人确定后，招标人应当向中标人发出中标通知书，同时将中标结果通知所有未中标的投标人。投标人提交投标保证金的，招标人同时还应退还未中标投标人的投标保证金。

中标通知书对招标人和中标人具有法律效力。招标人和中标人应当在自中标通知书发出之日起30日内，按照招标文件和中标人的投标文件订立书面合同。至此，招标、投标工作即告结束。

三、招标、投标文书的写作

（一）招标书的写作

1. 招标书的内容

招标书根据类型不同，在主要内容上也会有所差异。招标书的主要内容可分为三大部分：程序条款、技术条款、商务条款。包含下列主要九项内容：招标邀请函（招标公告）；投标人须知；招标项目的技术要求及附件；投标书组成与格式要求；投标保证文件；合同条件（合同的一般条款及特殊条款）；技术标准、规范；投标企业资格（质）文件；合同格式。

2. 招标书的写作框架

招标书有公开招标书和邀请招标书两类，其写法基本一致，但邀请招标书多了一项"主送机关（被邀请单位全称）"内容。招标书一般由标题、正文、尾项三部分构成。

（1）标题。招标书的标题一般有两种写法。一种是由招标单位、招标项目和文种组成，如《信息工程学院实验室招标通告》；一种是省略前两项，只列文种，如《招标通告》《招标公告》《招标启示》等。前者信息要素齐全，后者则简洁明了。

（2）正文。招标书的正文在开头部分介绍招标缘由或目的、项目的名称、招标编号、招标目的、招标范围等。这一小段文字表达要突出要点、简单明确。主体部分主要写明招标项目的内容和程序。内容主要有招标项目概要，这一部分要准确、简练地说明招标的内容、招标方法、投标资格、技术要求、保证条件、支付办法等，招标项目不同，内容也不同。程序主要有招标步骤，此部分主要写招标文件发售地点、时间、价格、投标截止日期、开标时间及地点等。

（3）尾项。主要写招标单位名称、地址、电话传真、电子信箱、邮政编码、联系人姓名等，以便投标者准确及时地送达标书，参加投标。

（二）投标书的写作

投标书格式是对投标文件的格式要求。其中包括投标方授权代表签署的投标函，说明投标的具体内容和报价，并承诺遵守招标程序和各项责任、义务，确认在规定的投标有效期内，投标期限所具有的约束力。还包括技术方案内容的提纲和投标价目表等。投标书一般由标题、招标单位称呼、正文、落款、附件五部分构成。

1. 标题

由投标单位名称、投标项目和文种构成。如《××公司承包×××工程投标书》；也可由投标单位名称和文种构成或由投标项目和文种构成，如《××公司投标书》《租赁××企业投标书》；有的只写文种名称，如《投标书》等。

2. 正文

正文包括主送单位、前言和主体三部分。

（1）主送单位，即招标方，应以“致”字开头顶格写明全称。

（2）前言。主要写明投标的目的、依据，点明投标的项目和内容，并表明承办态度。

（3）主体。投标项目不同，投标书的内容也不相同。

建筑工程投标书的主要内容包括：工程总报价及分项费用标价；技术规范及保证达到的工程质量；工程项目开工、竣工日期；施工技术组织措施；工程进度安排；附件（如投标企业资格文件）等。

大宗商品交易投标书的主要内容包括：商品总报价及分项报价；投标方如何组织生产招标方要求的商品；商品规格、型号及质量等要求；交货方式、交货时间、交货地点；对交纳银行担保书和履约保证金的承诺；附件。附件包括投标商业条件表，投标报价表，技术规格、技术差异修订表，制造商资格声明，投标保证金保函及履约保证金保函等。

招聘企业经营者投标书的主要内容包括：经营管理方案，主要说明要达到的技术经济指标及其实现的依据、步骤及措施等；拟应聘方法人代表的个人简历，包括学习、工作履历，业务经验及证明材料，学历及其他证明材料等。

企业租赁投标书主要写明在租赁期间如何达到招标方的各项要求。

企业承包投标书主要写明投标方在承包期内希望达到的技术经济指标及实现的步骤、措施等内容。

投标书内容各有不同，但不管哪一类投标书，编写时都要按照招标文件中的有关规定和要求写清以下内容：第一，投标的具体指标。这是标书的关键内容，是招标单位评标、定标的重要依据。这部分一般内容很多，且通常以表格形式出现，一般把其中的表格部分放在投标书的后面，作为附件处理，而在前面只说明投标总报价等总体性指标。第二，若为大宗货物贸易投标，写明投标方对应履行责任义务做出的承诺；如为建筑工程项目投标，则写明项目开工、项目竣工日期。第三，说明此投标书的有效期限。第四，说明投标方将按招标文件要求交纳银行担保书和履约保证金。第五，提出实现目标、任务的方案、措施，表明投标的决心和信心，或提出有关意见和建议。

3. 落款

写明投标单位名称、地址、邮政编码，授权代表人姓名、电话号码、传真号、电子邮箱等内容，便于双方联系。其中，单位名称和授权代表人要分别盖章签名。最后还须注明投标日期。

4. 附件

附件内容主要包括：投标报价表；货物清单；技术差异修订表；资格审查文件；开户银

行开具的投标保证金保函；开户银行开具的履约保证金保函等。附件中的表格和文书都必须按招标单位和招标文件中规定的要求和格式认真编制、填写。

四、招标书和投标书的注意事项

首先，要依法办事。《中华人民共和国招标投标法》（以下简称《招标投标法》）的颁布，对于规范我国的招标投标活动，保护国家利益、社会公共利益和招标投标活动当事人的合法权益，提高经济效益，保证项目质量，都具有重要的作用。《招标投标法》对在我国境内进行的招标投标活动做出规范的方面主要有：必须进行招标的范围，招标投标活动的原则、程序和招标方式，招标代理机构，行政监督管理以及法律责任等。这些规范中事实上也包含有招标投标文件的写作规范，如招标公告与投标邀请书的内容、招标文件与投标文件的内容等，这都是写作招标书和投标书时必须遵循的。《招标投标法》第 67 条还规定：“使用国际组织或者外国政府贷款、援助资金的项目进行招标，贷款方、资金提供方对招标投标的具体条件和程序有不同规定的，可以适用其规定，但违背中华人民共和国的社会公共利益的除外。”因此，在国际竞争性招投标文件的写作中，还要注意与国际上通行的规范接轨，遵循世界银行的《采购示范》等文件的有关规定。

其次，要注意表达的周密严谨。按照《中华人民共和国合同法》（以下简称《合同法》）规定，招标人的招标行为是一种要约邀请，招标公告与投标邀请书就是这种要约邀请的书面表达；而招标文件则是招标内容的具体化，也具有要约邀请的特性。投标行为实际上也属要约，是投标人响应招标人的邀请所做出的态度表达。中标通知书是招标人对中标人的承诺，对招标人和中标人具有法律效力。当然，招标投标行为不完全等同于《合同法》所规定的一般要约与承诺，因为它们还要遵循《招标投标法》的规定。由此可以看出，招标投标书是具有法律效力的文书，其表达必须周密严谨，突出重点，切忌胡乱罗列堆砌。还要注意礼貌，遵守平等、诚恳的原则。

××××酒店装饰工程施工二次招标公告

投标书

第四节　经济新闻

一、经济新闻概述

（一）经济新闻的含义

经济新闻是新闻学科的一个重要分支，是对经济活动中新近发生、发现或变动着的有价值事实的及时报道。它既与一般的新闻报道有共同之处，即两者都是利用报纸、通讯社、网络、广播、电视台等传播媒体传播最新发生的典型事实，同时又有其个性，主要表现在它侧重对具有经济意义和经济价值的事实以最快的速度进行报道。

（二）经济新闻的特点

经济新闻的特点有许多方面，如真实性、思想性、时效性、典型性、相对性、猎奇性等，下面主要介绍以下三点。

1. 真实性

“新闻总是要客观地叙述事实”，这是一条基本原则。无论是媒体还是作者个人，不可能没有自己的观点或看法，但关于事实的传播，应该建立在客观、真实的基础上。这不仅是尊重事实的问题，也是尊重读者、相信群众具有正确判断能力的问题。真实性是新闻的生命。要做到真实地传播事实是不容易的，不仅要注意个别事实的客观性，还要善于从本质上、总体上、发展趋势上去把握事实变动的真实性。

2. 思想性

事实要经过传播者的选择才能成为新闻，这就决定了新闻具有思想性的特点。好的新闻，看起来总是十分客观可信，而实际上却都隐藏着作者的观点和看法。党的十七大报告明确提出，新闻要“坚持正确导向，弘扬社会正气”。就是要求重视新闻的导向性，要以正面宣传为主，坚持团结、稳定、鼓劲，这是不能动摇的。但是，也不能用思想来代替事实，而应该把思想寄寓或隐藏在客观事实的传播中。值得注意的是，在某一事实的传播中，并不一定只包含着一种思想或观点，读者往往还从不同的角度去阅读、理解。因此，要重视新闻传播的“主旋律”，防止传播时可能产生的“副作用”。

3. 时效性

新闻的时效性随着时间、地点和社会环境等因素的变动而变化。例如，实施市场经济之后，经济新闻日益增多，现在它在社会生活中的地位比以往任何一个时期都重要。新闻的时效性包含着“新”和“快”两方面的内容：一是传播的内容要新鲜，时间新近；二是传播的速度迅速及时，比如股市新闻，就应当“新近发生”，且“引人兴味”，做到新闻不过夜。但需要注意的是，有些时候，事实的传播并不一定是越快越好，而应该考虑在合适的时间传播，以争取最佳的新闻效果。新闻传播必须在确保事件真实和兼顾“时宜”的前提下，追求新鲜与迅速。

（三）经济新闻的种类

新闻有广义和狭义之分，广义的新闻指新闻报道和新闻评论两大类；狭义的新闻专指消息。一般来说，经济新闻即指经过媒体选择的，反映新鲜的、重要的、有意义的、能引起广泛兴趣的经济事实，主要包括经济消息、专题报道、经济通讯、经济人物专访和经济评论等。

二、常用经济新闻的写作

我们重点介绍常用的经济消息、经济评论的写作。

（一）经济消息

1. 经济消息的含义、特点

经济消息，是以叙述为主要表现手法、用简洁明快的语言反映新近发生的重要事实的简短性经济新闻报道。这是经济新闻文体中使用最多的一种基本体裁。经济消息主要反映生产、分配、交换、消费、货币、价格、财政、金融等经济生活各个领域的现状及其发展变化，它的报道内容十分广泛。比如经济发展中的新形势、新成就、新问题、新经验；国家的经济政策；国内外的股市动态、市场行情；经营管理和经济理论的动态；产品知识和科技发明；消费者对商品消费的意见和建议，等等，均属于经济消息的报道范围。

经济消息除具备经济新闻的平铺直叙等共同特点之外，还有自己的独特之处。概括起来，主要是以下四点。

第一，标题的多层次。新闻标题是用以揭示、评价新闻内容的一段最简短的文字。经济消息的标题，不同于其他经济新闻，更不同于一般文章。它的标题往往是多层次的，有引题，也叫肩题、眉题，常常用来介绍背景，烘托气氛。有正题，也叫主题，它是标题的本题，常常概括消息的主要内容，说明新闻最主要的事实和中心思想。还有副题，也叫辅题、脚题、子题，多用于补充介绍正题，一般用来补充说明新闻的来源、依据或次要的事实，是对正题的补充和注释。个别情况下还有次副题等。

第二，内容的六要素。经济消息虽然不长，但在内容上往往由必要的因素组成。这些因素国外新闻界称之为“五个 W”，即时间（When）、地点（Where）、人物（Who）、事物（What）和原因（Why）。在我国有人称为“六要素”或“六何”，即何人、何时、何地、何事、何因、何果。一般来讲，在有限的篇幅内，要想把一个新闻事实说清楚，这些要素是不可缺少的。

第三，事实的倒金字塔。经济消息是以事实说话的，而且事实的排列呈倒金字塔形。即多项经济事实的重要性以依次递减的方式排列，像一座倒置的金字塔。换句话说，最重要的经济事实放在最前边，次重要的放在第二位，依此类推。这样安排事实材料，有助于迅速地写作，便于编辑设计版面，也适合读者阅读。

第四，背景的巧穿插。背景是指经济事实的历史情况或它同其他事物之间的联系等。一般经济消息都有背景材料，用以对比衬托、丰富主体、突出主题。这种背景材料在经济消息中无固定位置，关键在于巧穿插、妙安排。

2. 经济消息的写作

经济消息一般由标题、导语、主体、背景、结尾五个部分组成。

（1）标题。经济消息的标题较之于其他文体的标题，作用更大，要求更严。它是经济消息内容的高度概括，可以是只有主题的“一行标题”，也可以是含有眉题、主题、副题的“多行标题”。经济消息的标题应该新颖、醒目，能揭示所报道的经济事实内容。撰写时，一要注意重要新闻要素的齐全，二要注意标题的严肃、简洁，三要注意标题的结构和特点。总之，标题应该告诉读者经济消息中最新鲜、最重要、最有特点的事实和观点。

（2）导语。即消息的开头。导语是一则消息中最有价值、最精彩部分的概述。它要求用最简明扼要的文字，揭示消息中最基本、最新鲜的事实及最重要的思想意义，以便读者迅速了解消息的主要内容，进而产生阅读兴趣。在单段式经济消息中，开头的一句话即导语；在多段式经济消息中，第一自然段即导语。导语的写法因事、因人而定。常见的写法有叙述式、描写式、设问式、评论式、结论式、引语式、对比式，等等。叙述式是以高度凝练的语言，用叙述的手法，把消息中最重要、最引人注目的事实写在开头，给人以新鲜的印象。描写式是用形象生动、简洁的语言，用白描手法把经济消息中的主要事实、时间或特定环境反映出来，用以创造气氛，描绘逼真的画面，给人以身临其境之感。设问式是用设问的形式把经济消息中的主要事实提出来，以揭示矛盾，设置悬念，引起读者的关注，强化吸引力。不管采用什么写法，导语的写作都要从新闻事实的实际情况出发，并要有创造性。

（3）主体。经济消息的主体是导语的展开部分。它包括主要事实的叙述、次要事实的表达以及导语中未提及的新事的补充。这些内容，或是阐发导语，或是回答导语，对新闻事实作充分而具体的报道和说明。

经济消息表达思想的主要手段是用事实说话，因此，叙述是消息主体的主要表达方式。一般情况下，经济消息忌讳作者直接说出自己的观点，但并不排斥作者将自己的观点、倾向寓于事实叙述之中，通过对事实的报道去影响读者。

消息主体的结构，可以按照时间顺序来安排，即按事实发生、发展的先后顺序来安排层次，动态消息常采用这种结构；也可以按照逻辑顺序来写，即根据事物的内在联系，用典型材料分别表现它的各个侧面，或并列，或因果，或主次，或点面，经验消息和综合消息常采用这种结构；也可以采用混合式结构，即把时间顺序和逻辑顺序这两种形式结合起来使用。

经济消息的主体要与导语相响应，内容充实、结构严谨、层次分明、条理清晰、主题鲜明、简洁生动。

（4）背景。它是经济消息的要素之一，主要包括经济消息发生的历史和环境条件。它是为充实新闻的内容、烘托和发挥主题服务的，是消息的从属部分。根据需要，消息的背景材料一般不独立成段，可穿插在新闻的任何一部分，大致分为三类：对比性背景材料、说明性背景材料和注释性背景材料。

（5）结尾。消息的结尾往往是附属于主体之中的，所以，多数消息没有结尾。因为在导语中已经交代了结果，所以主体将事实过程叙述之后，文章也就自然结束。当然不能说消息一律没有结尾，要视报道内容的需要而定。有时可做概括性的小结，以加深读者印象；或用启发、激励的话结束，以强化读者的感受；或不把话说尽，给读者留下思索、回味的余地等。无语则不写结尾，干脆利落。

（二）经济评论

1. 经济评论的含义、特点和作用

经济评论属于新闻评论的一种，又称为经济时事评论，是一种议论性的应用文体。经济评论是经济理论研究人员和一般经济工作者对经济领域内新出现的具有典型意义的经济事件、经济现象和经济观念产生的原因进行探究并对其影响进行评价的文章。它包括有关经济方面的社论、短评、述评、专论、纵横谈等。

经济评论具有现实性、针对性、典型性、权威性、参考性、时效性等特点。现实性是指经济评论取材于当前的经济生活现实，其观点具有现实意义。针对性是指经济评论的评论都是针对经济现实中的某种问题而发的。典型性是指经济评论的对象要具有典型意义，在经济发展过程中有广泛的代表性。权威性是指评论者应有较高的经济理论水平或丰富的实践经验，评论应是符合客观实际的、中肯的、重要的、有价值的。参考性是指经济评论的观点、方法等无论多么正确、多么重要，只能通过对读者的影响而间接地作用于经济的发展，不具有行政强制力。时效性是指经济评论的写作应当及时。

经济评论的作用就是通过对时事的分析评论，使人们对所评论的时事有所认识，对其影响引起重视，或者提供对策供读者在工作中参考。

2. 经济评论的写作

经济评论的写法比较灵活，结构也不尽一致。主要有以下几项。

（1）标题。标题主要有观点式、问题式和论题式。但无论哪一种，都要简洁生动，有针对性，能够引人思考。

（2）开头。开头部分又称导语，与标题相对应，承上启下，主要内容就是简介时事，即简要介绍将要评论的对象。叙述应当简练，重点放在将要评论的内容上。对于一些已经是众所周知的事，也可以不去叙述。

（3）主体。主体的内容是在简介的基础上对时事进行评论，找出事件、现象、观念之所以出现的原因，分析根源，讲清危害或影响，指明正确的方向。在评议中要依事而论、就事论理，不能脱离事实、空发议论，要透过现象看本质，恰如其分，适可而止。

（4）结尾。结尾主要是呼应开头，提供对策。或给人以警示，或引发思考，或提出倡议，或给人以启迪。有些评论在主体部分把问题都讲清楚了，也就没有必要专门再加一个结尾。

3. 经济评论写作应注意的事项

（1）要善于捕捉具有典型意义的时事。有些时事看起来很小，或者正处在萌芽状态，但却代表了一种趋势、一种观念。由于小，或者发展态势不明显，容易被人忽视，如果是消极

的，发展开来，后果就较为严重了；如果是新生事物，不能及时地提倡，也会产生不良的影响。所以，经济评论的作者要感觉敏锐，独具慧眼，及时地抓住那些具有典型意义的经济现象进行评论，做到评有所值。要注意防止单纯追求“新”“特”的“人咬狗才是新闻”的现象产生。

（2）要掌握有关政策法规。要对国家有关的经济政策、法律、法规，包括地方法规、规章以及经济发展规划有所掌握。任何经济行为都要受国家政策法规的约束，都应符合国家的经济发展规划，违背了这个原则的经济行为就是消极的、有害的、应该限制的。有时，有关政策法律的规定会不适应甚至阻碍经济的发展需要，也会反映为经济时事。如果对国家的经济政策和法律一无所知或者知之甚少，经济评论就缺少了一个重要的依据。

（3）要抓住重点。经济评论不像经济论文那样运用逻辑推理的手段，从理论上去探究事物之间的内在联系，它只是就时事已经或可能产生的影响来警示人们。因此，不必面面俱到地去分析、推论，只“聚焦”自己认为重要的问题即可。根据具体的时事所反映出的问题，依事论理，或分析原因，或预测趋势，或指出影响，或提供建议等，可不必讲究因果联系，甚至可以直截了当地阐明自己的观点。

第五节　经济论文

一、经济论文概述

（一）经济论文的含义

经济论文是对经济活动的理论和实践问题进行总结、探讨、研究，提出独到的科学见解和主张，指导经济工作和生产经营活动按照经济规律办事，从而提高经济效益的文章。经济论文具有理论价值，更具有实用价值。

（二）经济论文的特点

经济论文的主要作用是为了发展社会生产力，依据经济规律以及党和国家的方针、政策、法规，论述经济实践活动中的实际问题，这是把它归入经济应用文的主要原因。因此，经济论文除具有一般论文的特点（如科学性、理论性、独创性）外，它还特别强调实践性，它所研究的问题不仅是现实中存在而又急需要解决的问题或具有长远效应的基础问题，而且能正确有效地指导经济活动实践。就是在科学性、理论性、独创性方面，经济论文也是与经济工作、生产经营以至整个社会经济紧密联系在一起的。

1．科学性

首先表现在它所反映的是社会经济活动的客观规律，目的就在于揭示经济现象、观念的实质和规律。其次，遵循实事求是的原则。“实事”就是客观存在的事物；“是”就是客观事物的内部联系，即规律性；“求”就是去研究，去发现其规律。在表达上，经济论文同其他论文一样具有很强的科学性，即它的论点必须是客观的、正确的，是符合经济实际的，是能指导经济活动的实践的；它的论据来自经济活动的实践，是经得起考验、检验的，而且是充分的；它的论证是合乎科学方法的，是严谨有力的。

2. 理论性

理论性主要表现在它是在建设中国特色社会主义理论的指导下，透过各种经济社会现象，用科学发展的眼光探寻国民经济各个方面发展的规律，从而提高人们的认识，解放思想，深化改革开放，使各项经济事业都能合乎规律地向前发展。认识来源于实践，又反过来指导实践。理论的高度是作者认识世界、能动地发展经济的标志。经济论文的理论性，还包含研究过程的理论性、论证过程的理论性、结论的理论性。

3. 独创性

较之其他论文，经济论文的独创性表现得就更加明显。因为建设中国特色的社会主义本身就是一个极其伟大的创举，研究这个创举的经济论文，它所面对的就是一些新事物、新情况、新问题，没有现成的东西可以借鉴，它只能“独辟蹊径”地运用新思维，找到新思路，去发现新思想，表达新见解。经济论文的价值贵在创新。要求作者站在理论和实践的前沿，捕捉有价值的课题，提出富有创新性的观点和看法，在学术上有所突破。

（三）经济论文的分类

第一，按论证的方式分。可分为立论文和驳论文。立论文是在论文中直接树立自己的观点，并以大量的论据证明自己论点正确的经济论文。驳论文是运用大量证据反驳对方论点，以证明对方论点是错误的，从而驳倒对方，树立起自己论点的经济论文。

第二，按写作的目的分。可分为学术论文和学位论文。学术论文是指经济科研工作者向科技部门提交或供各专业杂志、理论研讨会发表用以交流的经济论文。学位论文是学位申请人为申请学位而提交给考核部门的论文。依据学位的高低，学位论文又分为学士论文、硕士论文、博士论文。

第三，按研究对象的性质分。可分为理论性经济论文和应用性经济论文。理论性经济论文是指以研究经济理论问题为主的经济论文。应用性经济论文是依据基础经济理论，以分析各种具体现象，解决实际问题为主的经济论文。如工作用经济论文、教学用经济论文等。

（四）经济论文的作用

经济论文写作是一种思维手段，是进行科学研究的过程。其主要作用表现在以下四点。

一是记录性。记录新的经济科研成果，是进行科学研究的过程。研究者通过对经济现象进行分析、研究，来认识其实质、特征、运动规律。这种科研过程，就是撰写论文的过程。

二是交流性。论文发表后，有利于促进学术交流、成果推广和经济学科的发展。经济科学研究者的研究成果，大多是通过经济论文的形式传播的。

三是推进性。通过“百花齐放，百家争鸣”，进一步推进科研的深化，促进对经济科学的认识、反映。

四是标志性。经济论文是作者研究能力的重要标志，也是考核作者知识、科研水平的重要载体之一。

二、经济论文写作的一般程序

经济论文写作的程序，主要包括论文选题、制订计划、材料准备、提纲拟制、动手撰写等五个主要步骤。目前，人们越来越多地使用项目和项目管理方式来完成经济论文写作的诸项工作。

（一）论文选题

1. 选题与课题、文题的关系

选题，就是指在对已获取的大量材料进行分析研究的基础上，提出问题，确定科学研究和论文写作的方向和目标。选题既包括科学研究课题的选择和确定，也包括学术论文题目的选择和确定。课题，即本项科学研究的目的和对象，是在各学科领域中需要研究、探讨的尚未认识和尚未解决的特定问题，是研究者力求获得研究结果的具体研究项目。文题，是研究者根据课题研究过程，通过具体材料提炼出观点和见解后，写成的学术论文的标题。它直接或间接、具体或抽象、明显或隐蔽地体现学术论文的中心论点和主要内容。

课题和文题，两者既有明显的区别，又有密切的联系。课题研究是论文写作的前提和关键，论文写作是课题研究成果的总结，是表达课题研究成果的语言形式，学术论文写作通常是在课题研究完成之后进行的。没有一个恰当的科学研究课题，就没有一个恰当的学术论文题目；没有创造性的研究成果，也就没有创造性的学术论文。一个研究课题可以写成一篇或多篇学术论文，也可能写不出论文。文题并不一定就是课题的题目，因为一篇论文反映的不一定是课题研究的全部成果，只是其中最精彩的部分，或是某个侧面，或是某个专题，但文题只能在课题的内涵和外延之中，从研究范围来说，课题比文题要大得多。简而言之，课题是研究方向和范围；文题是论文的命名。选题是确定研究方向的重要突破口，标志着具体的科学研究过程的开始；文题则是研究成果的重要标志之一。

2. 选题的原则

在进行科学研究和学术论文写作中，要正确和恰当地提出选题，首先就应明了选题的标准和根据，也就是要明了选题的原则。选题原则要符合三个要求：一是问题提得正确，确实是理论和实践中需要研究的问题；二是问题提得深刻，解决这个问题对生产和科学有一定的推动作用；三是问题提得恰当，难易适中，有利于研究者充分发挥主观能动性，有完成的可能。具体来说，选题应遵循以下四条原则。

（1）需要性原则——目的原则。需要性原则是指选题要面向实际，着眼于社会的需要，讲求社会效益。这是选题的首要和基本原则，体现了科学研究的目的性，即目的原则。所谓需要，包括三个方面：一是根据社会实践需要，尤其是社会经济发展的需要，这是它的社会意义；二是根据科学本身发展的需要，这是它的学术意义；三是两者兼有。

社会需要是科学发展的巨大动力，科学的发展又推动社会的进步。因此，选题一定要与国家建设和发展总目标相一致，否则必将从根本上失去社会意义。此外，科学的发展有自身的逻辑、传统、特点和规律，有些课题并不完全都直接来自社会实践，有不少是从科学发展的内部矛盾中提出来的。需要性原则的另一个方面就是学科本身的发展需要。在选题时，要从整个科学发展的全局出发，认真考虑课题在科学体系中的地位，考虑其对科学发展的作用，以便找到一个具有重要学术意义的课题。

遵循这一原则，在选题时必须注意：要选社会现实需要的课题；要选有应用价值的课题；要选亟待解决的课题；要选总结实践经验的课题。

（2）可行性原则——条件原则。可行性原则，是指在选题时要考虑现实可能性。可行性原则体现了科学研究的“条件原则”。一个课题的选择，必须从研究者的主、客观条件出发，选择有利于展开的题目。如果一个课题不具备必要的条件，无论社会如何需要、如何先进、如何科学，没有实现的可能，课题就是徒劳，选题等于零。主观条件，是指研究者的学识水平、兴趣所在、研究水平、对课程的理解程度以及献身精神等；客观条件，包括经费、文献资料、实验场所、仪器设备、实验用原料、实践期限以及相关学科发展水平等。

遵循这一原则，在选题时必须注意：量题而为、量料而为、量力而为；就熟弃生、扬长避短、以长克短、化短为长；宜实不宜空、宜小不宜大、宜专不宜泛、宜活不宜死。

（3）合理性原则——科学原则。合理性原则，是指选题不但要考虑是否满足社会和科学发展的需要，具有实用价值；考虑是否适应主、客观条件，比较切实可行；而且还要看课题本身是否合理。所谓合理性原则，就是要求选题必须符合最基本的科学原理和客观实际，要有理论和事实根据。任何创造和发明、设想和预见，只有建立在过去已经证明的科学理论和成功的基础上，才有希望取得进展。凡属不合理、不科学的课题，即使其他条件具备，也不能选为课题。某些具体选题是否合理、是否科学的界限一时难以分清，要十分慎重，不要轻易下结论，要进行充分的论证后，才能最后确定。

遵循这一原则，在选题时必须注意：选补充或纠正已形成共识的课题；选破除迷信的课题；选澄清谬说的课题。

（4）创新性原则——价值原则。创新性原则，就是指选题要有新颖性、先进性，有所发明、有所发现、有所创新，选题学术水平应有所提高，以推动这一学科向前发展。科学研究是一种创造性劳动，不断创新是科学劳动的生命，其显著特点是一个“新”字：新观点、新见解、新思想；用新方法解决新问题，用老方法解决新问题，用新方法解决老问题。课题创新性的大小，是衡量科研成果和学术论文价值大小的重要标准。一个没有创新性的课题是没有什么价值的。

遵循这一原则，选题时必须注意：选居于学科前沿的课题；选填补空白的课题；选补充前人所说和发展前人理论的课题；选突破禁区的课题；选借他山之石的课题。

3. 选题的路径和方法

选题的路径、方法和选题的原则是相互联系的。把握好选题原则，事实上大体领略了选题途径和方法。选题的路径和方法因地制宜、因人而异，各显其能，没有普遍灵验的妙法。从前人科学研究和论文写作实践的经验中，也可探寻到某些选题的路径轨迹和基本方法。

（1）课题的来源。目前，我国经济学科研究课题的来源主要有以下几方面。

① 政府下达。各级政府有关部门及其学（协）会，或者科学基金组织，根据科学技术、经济建设和社会发展的需要，提出了一系列研究课题。这些组织发布的课题指南，就是申报者的研究方向。

② 企事业单位委托。企事业单位在生存、发展中碰到的疑难问题，委托科研单位和个人来解决。这类课题具有很强的针对性、实用性。

③ 学术团体提出。各类学术团体（研究会、协会）提出的一系列研究课题。通常以年会、专项研讨会的形式传播。

④ 报刊发表。各类专业报刊根据办刊宗旨和社会经济发展的需要，提出一系列研究课题。

⑤ 国际合作。一些国际组织、团体，或与国内组织合作联合开展或邀请我国科研人员参与研究的课题。

此外，还有高校公布的学位论文课题等。

（2）选题的路径。常用的选题路径主要有三条：到社会实践中探寻；到文献资料中去挖掘；到自己头脑中去开发。

到社会实践中去探寻，就是要走向社会、走向现实，到社会实践中去寻找热点、疑点、难点课题。这是选题的一条根本途径。特别要注意在自己所学习、所从事、所熟悉的专业中，从容易被人忽略的地方去深入探寻，得到自己所需要的研究课题。

到文献资料中挖掘，就是要充分利用文献资料去挖掘课题。这是选题的一条重要途径。通过查找文献资料，了解本学科的研究历史，能知道本学科中过去已进行了哪些研究，有些什么成果；了解本学科的研究现状，能知道现阶段的研究达到了什么程度，以及哪些问题尚未得到解决，本学科发展的新动向、新问题是什么。这两方面的资料挖掘得深、占有得多，情况就清楚，选题就不会盲目，就有进行想象创造的基础，就可能产生出新颖、独创的题目。

到自己头脑中去开发，是因为经济论文写作过程是大脑创造思维的过程，要积极地运用思维能力和想象力。这是选题的一条特殊途径。开发自己的头脑，就要敢于怀疑、提出问题，开通思路、丰富想象、深入分析、演绎整合、捕捉灵感、抓住机遇。

（3）选题的方法。在科学研究和论文写作中，选题的方法多种多样，每个人有每个人不同的选题方法。

① 抓住矛盾处。就是从有争论、有疑问、有较大难度的一些矛盾处，即通常所说的热点、疑点、难点之中去抓住和发现问题。

② 寻觅结合部。就是从某些交叉学科（如边缘学科）的结合部去寻觅和发现问题。

③ 捕捉偶发事。就是从偶然发生的事件中，从偶然中探寻必然，去捕捉和发现问题。

④ 开拓最前沿。就是从别人未曾涉足或刚刚开始涉足的科学最前沿，在“新”中去开拓和发现选题。

（二）制订计划

“凡事预则立，不预则废。”选定课题后，为使研究和写作有条不紊、富有成效地进行，就要制订一个切实可行的经济论文写作计划。

1. 明确指导思想

指导思想的正确与否是经济论文写作成败的前提。明确研究的指导思想、目的、意义，对于经济论文写作的“方向性”是至关重要的。经济论文的方向，必须符合社会经济发展的需要，符合党和国家的经济方针、政策，明确党和国家在经济领域提倡什么、鼓励支持什么、限制反对什么。同时，还要端正学术态度，禁止过度引用或抄袭他人的研究成果，防止学术不端行为的产生。这样，所写出的经济论文才不会出现“致命伤”。

2. 明确工作目标和任务

要明确研究的目标，明确研究的范围和深度，清楚“做什么”“做到什么程度”，在把握研究对象的诸多要素中，选准适当的目标，实施重点突破，以提出新鲜的问题、新颖的观点。要把工作任务逐项细化。对于资料的收集整理和选择利用，调查研究（实地调查和书信调查）或观察实验，拟定论文（报告）写作提纲以及论文（报告）撰写，结题与评审等工作，都要做到任务明确，步骤具体详尽，时间上安排周密。

3. 明确研究工作的保障措施

采取什么措施、什么方法确保研究工作的顺利开展，如对人员、资金保障、结题与评审的安排等，在论文写作过程中必须综合考虑，以期切实可行。

（三）经济论文的材料准备

1. 材料的来源和种类

课题选定之后，就要根据课题研究、论述的需要去搜集大量的有关资料。这些材料有的是通过写作者的自身实践（观察、试验、调查等）获得的，一般叫做直接材料；有的是从已有的图书资料或通过网络搜索获得的，一般叫做间接材料。不管是直接材料还是间接材料，都应注意搜集以下几个方面的材料：有关课题方面的理论和专业知识的材料，包括国内的和国外的；有关党和国家的方针、政策、法规；有关课题研究的历史和现状的情况；背景材料，即影响研究对象生产、发展变化的社会背景、历史条件等因素和情况；事实材料，即论文研究对象的各种实际情况。这些材料掌握得越充分、越具体，也就越对写作有利。

2. 材料的整理和分析

搜集材料的同时就应利用札记、卡片等形式边看边记边整理，及时注明材料的性质、类别。材料收集齐全后，分四步处理：第一步分类，分类一定要清楚、恰当，否则就会影响到对事物内部联系的认识与写作者创见的形成；第二步鉴别与选择，即“去粗取精，去伪存真”；第三步材料的研究，即“由此及彼、由表及里”，探求到事物、问题的本质、规律；第四步以材料来说明论证的观点。

3. 研究方法的选择

经济论文要达到目的，关键在于必须掌握正确的分析、研究方法，克服那种孤立的、静止的、片面的、形而上学的思维方法。一般说来，基本的科研方法有如下几种。

（1）哲学思维方法。主要是运用客观世界和人类思维的一般规律，即哲学的一些基本概念，如现象和本质、一般和个别、必然和偶然、原因和结果、内容和形式等来观察、理解、分析客观事物。研究材料的目的就是通过现象看到本质，通过个别反映一般，通过偶然发现必然，通过结果追溯原因，通过形式表现内容。否则，研究就毫无价值可言了。

（2）逻辑和历史的方法。逻辑的方法就是运用形式逻辑（概念、判断、推理）和辩证思维（抽象、具体、分析、综合）的一般思维规律，去观察事物发生和发展的过程，发现和把握事物的内在联系，亦即事物存在和发展的客观规律。历史的方法，即是具体反映事物发展自然进程的方法，展现事物真实面貌和探求影响、决定事物发展变化因素的方法。上述两种方法在科学研究中常常是结合在一起使用的。

（3）科学研究的一般方法。这些方法包括观察、模拟、假设、数学方法、系统方法等类型。信息论、控制论、系统论、耗散结构论、协同论、突变论等都属于系统方法，目前已广泛应用于自然科学和社会科学方面的研究，也是经济科学研究的重要方法。

（四）编写写作大纲

1. 写作大纲的三种写法

（1）标题式。以标题形式把该部分的主要内容概括出来，每一部分都是一个标题式的短句或词语。优点是简洁、扼要、易记、一目了然、写作便捷、效率高；缺点是内容过于简单，只能自己明白，别人不易看懂、不易了解，时间长了自己也会对标题的含义模糊不清。

（2）句子式。以一个能表达意思的句子把该部分的内容概括出来，每一部分都是一个完整的句子。此种写法的长处是具体、明确，为论文提供了各段落层次的主题句，便于起草成文；短处是不能一目了然，不便于思考，文字多，写起来较费力，效率低。

（3）段落式。用一段话把该部分的内容概括起来，每一部分都是一个段落的内容提要，是句子的扩充。此法精细、周详，为起段成文提供了坚实的基础。不足是工作量大了一些。

2. 写作大纲的结构

为了使结构安排得合理恰当，提高行文的质量，较长的论文都需在起草之前编写一份比较详细的写作大纲，把结构的框架勾勒出来。写作大纲就像建筑大厦的设计图一样，不仅要画出建设什么样的房屋，还要画出建多少层楼，每层楼建多少房间，哪些房间在前，哪些在中或后，哪些又在上或下，每间房屋有多大、干什么用等，都需要画得清清楚楚，说得明明白白。经济论文常见的结构形式有四种：一是首括式。首先阐明中心论点，然后分别论述，即先总体提示，然后逐个分析。二是尾括式。逐个地论述问题，最后做出结论，即先分论，后总论。三是首尾括式。总论—分论—总论，即提出观点，论证观点，总结观点。四是并列式。并列地论述几个问题。一篇论文究竟应当采取哪种结构方式，因文而定。首括式的优点是首先给读者一个鲜明印象，吸引读者读下去，看看这种观点有什么依据。尾括式的优点是先让读者了解论据、论证，吸引读者去了解文章将要得出什么样的结论。首尾括式的优点是能给人一个完整的印象。并列式多半是由于要阐述几个平行关系的问题而决定的。各种结构方式，各有千秋，只要有根有据，运用恰当，都可以取得预期的效果。

写作大纲一般包括标题、中心思想、内容提要三部分。第一，标题。它是在限定课题之后所确定的具体论述的题目。课题只是确定一个研究目标、方向，还没有划定研究范围。标题则应是缩小了范围后，确定研究的一个具体的问题。第二，中心思想。又叫主题，是论文的主要部分。提纲中，应该用简要的话明确地写出来，不仅可以使其统率全文，使全文围绕这个中心来展开，不致跑题，而且可以使观点进一步明确。第三，内容提要。就是把全文内容分门别类地分成几部分，先按引论、本论、结论分成三大块，然后考虑从几个方面，以什么顺序来论述。特别是本论这一大块，要详细地加以划分。先列出大的项目（即大的部分、大的层次论点），再在每一大的项目中列出它包含的中项目，然后在每一中项目中列出它包含的子项目……每个项目不管大小，都要用一句话概括出它所包含的内容。各个项目列出之后，还要进一步考虑它在全文中特别是在表现中心思想或基本观点中的作用和地位。根据它们的作用、地位和彼此之间的关系，再按先后次序妥善安排它们的位置。既要防止毫无秩序，也要防止轻重倒置、主次不分。

（五）论文的起草、修改与定稿

1. 论文的起草

论文的起草也称撰写初稿、打草稿。就是按照拟制好的写作提纲的思路，运用语言文字，把研究的初步成果和逐步形成的思想、观点完整、准确地表达出来。初稿的写作是最艰辛的阶段，它既是作者思想认识不断深化，让论文从内容到形式基本成型的过程，也是对提纲再次检验、复查的过程。初稿的好坏和论文质量的高低紧密相连。

（1）撰写初稿必备的条件。撰写初稿，是整个写作过程中的核心环节。在起草前所做的各项准备工作，都是为这一阶段服务的；同时，各项准备工作的完成状况，也会在此阶段完全体现出来。因此，对撰写草稿的准备工作，不能掉以轻心，要积极努力，把下列几项必备条件尽量准备好后，才可以动笔行文。

①“软件”已齐备。这里说的“软件”是指写作论文的思路、观念等。它包括基本观点已经明确，并已形成了文字；已想好了论文的大体内容或内容的某一部分；对论文的全局及各个局部的内容已了然于心。

② 材料已搜全。要引用的或参考的主要材料已基本搜集全，在文中的位置安排经过了细心地考虑，写作者手头还有一定的备用材料。

③ 提纲已敲定。拟制的提纲已包括写作者对课题研究有关的全部思考。根据不同情况，有的提纲写作者自己已经确定，有的提纲已向有关组织、领导或导师作了汇报，并经审阅、认可，这个经过周密考虑而拟制的提纲是起草行文的基本依据。

④ 安排已妥当。已经安排好必要的时间和必须的物品，具备了较好的工作条件。

（2）初稿的执笔顺序。

① 从绪论起笔。按写作提纲排列的自然顺序进行，从头写起，依次写到结尾。先提出问题，明确全文的基本论点，再展开充分论述和论证，最后归纳总结，做出结论。这种写法的好处是抓住了提纲，也与研究的逻辑思维相一致；论文的格调、风格前后易保持统一；首尾衔接紧凑，自然流畅，写起来较顺手，易于把握。

② 从本论入手。从本论入手，先写好本论、结论部分，回过头来再写绪论。这种写法的好处有两点：第一，本论所涉及的内容是作者研究中思考、耗神较多的问题，是作者研究成果的集中反映，从这里入手容易起笔、好写；第二，如果从绪论动笔，往往难以开篇，从本论入手，先易后难，当写好了本论、结论时，大局已在握，心里踏实了，就可以悉心写绪论和完成全文。

（3）初稿的撰写方法。

① 一气呵成法。无论从绪论起笔，还是从本论入手，均应按拟制好的提纲，顺着思路来写，“起笔入题”“开门见山”，不要中途停顿，不使思路中断，要尽可能快地把大脑中涌现出来的句子用文字表达出来。不要为斟酌一句话或为挑选一个词而搁笔。初稿完成后，再细致推敲、加工修改。

② 分段完成法。按照拟制好的提纲顺序，把全篇分成若干部分，分段撰写，哪一部分考虑成熟，就写哪一部分，不分先后，各个击破。每个部分以写一个分论点或几个小论点为单元，并注意保持各章节内容的相对完整性。每写完一段，稍事整理，再转入其他各段。待几部分都写好后，再进行统稿。

2. 论文的修改与定稿

修改与定稿，是指写出初稿直到成稿的一个加工过程，是经济论文写作的最后一道工序，是写好论文必不可少的重要步骤。

（1）修改的第一步骤——核实查漏。修改经济论文的第一个步骤就是要通读全文，系统、细致地检查初稿，进行“核实查漏”。通过检查，如没有发现重大问题，确认论文不必推翻重写，就可以动笔修改了。所谓“核实查漏”，就是通读全文时，不必花精力去考虑观点、结构、语言方面的问题，只查核材料本身是否真实、可信、准确、齐全。对初稿中引用的公式、定理、定律、论断、数据、参考文献等与原出处核对，把一切失误、失实、疏漏的地方逐条核正，使材料经得住历史的检验。

（2）修改的内容。修改经济论文，不外乎从思想内容和表现形式两大方面考虑，思想内容包括论点和材料，表现形式包括结构和语言。对思想内容方面的检查修改是首要的，对表现形式的检查修改也不容忽视。通过修改，可以提高经济论文的科学性和艺术性，尽可能使正确的思想内容和表现形式相统一。

一般来说经济论文要修改多次，总的精神是发现初稿中有什么问题就修改什么问题。具体地说，修改的内容包括以下 7 个方面。

① 控制篇幅。篇幅是一种空间的限定，以简短为好，不宜过长。简短，是一种很高也很难达到的风格，它与作者的科研素养和写作水平有关。一篇呕心沥血、具有独创性的简短论文，比随便涂抹或拼凑而成的长篇大论更有价值。一般来说，初稿的篇幅，很少会是恰如其分的，通常都比规定的内容多、语句繁。当然，这些不能算是什么大的毛病，但必须修改、控制。把长稿缩短，虽有一定的困难，但删去多余的内容总比材料不足而一补再补要容易得多。修改时，要有勇气，大刀阔斧地削减篇幅，控制到符合学术论文的性质和期刊要求之内。一般来说，学术刊物对字数要求严一些，以 3000～7500 字为宜。而学术研讨会议交流的论文，字数要求则宽泛一些。

② 订正论点。论点是全篇论文的精髓，决定着论文的水平和价值。修改的关键是论点的订正，要统观全局立足全篇，看论点是否成立，是否集中深刻，表达是否准确；论点的排列是否科学，论点间的关系是否合乎事理、合乎逻辑等。对中心论点、分论点、小论点，都要全面检查。修改时，要把论点中偏颇的改中肯；含混不清的改鲜明；片面的改全面；肤浅的改深刻；散漫的改集中；陈旧的改新颖；失当的改恰当；立意低的加以升华。

③ 调整结构。结构是论文表现形式的重要组成因素，是对论文内容的组织安排。调整结构，主要是从整体上把握论文的表达效果，以求严谨、完整、自然、生动。检查时，要看全文结构是否完整、严密；问题之间的联系是否紧密，层次开展是否清楚，层次间的转换是否自然；段落划分是否合理，有无游离于论文结构之外或过于冗长、杂乱、零散的段落等。修改时，要把杂乱的层次梳理顺畅；臃肿的段落紧缩合并；上下文不衔接的串通连贯；开头、结尾不得当的斟酌周全；首尾照应欠缺的应调整呼应。

④ 更动材料。材料是论文赖以存在的依据，写作经济论文时如何选择和运用材料至关重要。草稿选用的材料往往有所局限，通常容易产生下列一些毛病：一是生硬的材料“堆砌”，有多少材料用多少材料；二是写作时材料不足，写进论文的材料很可能是用来滥竽充数的；三是对材料理解片面，用得不够贴切和恰当；四是引用他人研究成果时对资料的使用不适当，往往在材料不足时易过分引用他人的研究成果。

⑤ 锤炼语言。对论文语言文字的加工锤炼是修改的一个重要内容。语言文字修改主要

是在准确性和可读性上下功夫，使论文的思想得以准确、鲜明、简练、生动地表达。检查时，看用词是否准确；句子是否通畅；诵读是否顺口；通篇有无漏笔；想写的话是否都表达出来了，等等。然后着力改去毛病，删去闲文，使语言精练；修改病句，使文字通顺；删削冗笔，使论文严谨。对那些陈词滥调、空话、套话、大话，毫不留情地删掉。

⑥ 推敲标题。标题是论文的眼睛，要反复推敲，包括对总标题和节标题的修改。对节标题要检查层次、顺序是否清楚，格式是否混乱，同一层次标题的表达是否一致。总标题要有高度的概括性，要简短、易读、易懂、易记。总标题一般在写作前已拟好，这对论文的写作有重要指导作用。但初稿完成后，还应进行斟酌和推敲，看是否题文相配。如题与文不贴切、不相符，或过长，或太笼统，都必须修改。

⑦ 规划文面。文面是论文的卷面，由文字书写、标点符号和行款格式组成。它是一篇论文在人们视觉印象上所显示的总体面貌。草稿书写可以较随意一些，但修改定稿后就应当符合经济论文的文面要求。

（3）修改完稿后的全面审核。为了确保经济论文的质量，在修改完稿后，要对文稿进行一次全面审核。使用计算机写作者全面审核的方法是：直接用“文档结构图”查看一级、二级、三级标题。只看这些小题目，就能大致了解论文的结构，从而不难判断出论文结构是否合理，章节顺序是否有不当之处。这次审核，除了检查疏漏的文字和标点符号外，还要特别注意审核以下几点：①摘要是否撮要，字数是否符合 150～300 字的要求；前言是否精当，是否与论文内容相区别；后记是否说明了问题，与上面几个部分是否雷同；附录是否编好了目次；参考文献是否按规范列出等。②论文的长短、顺序是否得当，有无重复；段落间是否加进了适当的接续词；对数据是否定量描述等。③图表、公式与正文的内容是否相符；图表运用是否灵活；图表、公式与正文的字符体例是否统一。④自己想传达的信息是否都写进了论文；有没有写进不必要的内容；是否强调了重要点；此篇论文本专业以外的人能否读懂，有没有错误和含混不清之处。⑤论文是否有泄露秘密的内容。经过仔细认真地审核，如发现问题，要进行补充、调查和修改。

如果所写论文是社会科学论文且用于高校学术刊物发表，还要看看是否符合《高等学校哲学社会科学研究学术规范（试行）》《中国高等学校社会科学学报编排规范（修订版）》（教社政厅〔2000〕1号）的要求。

《高等学校哲学社会科学研究学术规范（试行）》

《中国高等学校社会科学学报编排规范（修订版）》（教社政厅〔2000〕1号）

三、经济论文的写作

（一）论文的层次与基本要求

为了便于信息的收集、存储、处理、加工、检索、利用、交流与传播，我国颁布了一系列与此相关的国家标准，如《科学技术报告、学位论文和学术论文的编写格式》（GB 7713—

1987）等。根据这些标准，论文在结构上可以分成前置、主体、附录和结尾四部分，其中前置部分、主题部分是必须具备的，附录部分和结尾部分只是主题部分的补充项目，必要时才需要。

1. 论文的层次与结构

论文的组成部分和排列次序为题名、作者及工作单位、摘要、关键词、引言、正文、结果和结论（和建议）、致谢、参考文献和附录等。

根据国家标准《科学技术报告、学位论文和学术论文的编写格式》（GB 7713—1987）的规定和教育部《中国高等学校社会科学学报编排规范（修订版）》（教社政厅〔2000〕1 号）等规范，以及国内外学术期刊的常规要求，一般格式如下：

题名

署名（姓名、工作单位、地址、邮政编码）

前置部分　摘要

关键词

主体部分　前言

实验部分

正文结果

结论讨论

致谢

参考文献

英文摘要

除了期刊论文和报告的格式外，还有单行本格式。课题研究一般采用这种形式。单行本的格式如下：

前置部分　封面、封二

题名页

序或序言（可节略）

摘要

关键词

目次页（可节略）

插图和附表清单

符号、标志、缩略词、首字母缩写、单位、术语、名词等注释表

主体部分　引言或前言

正文

结论

致谢

参考文献

英文摘要

附录部分可供参考的文献目录

文尾部分索引

封三、封底

2. 论文写作的基本要求

（1）题名。题名是论文的总纲，是能反映论文重要的特定内容最恰当、最简明的词语的逻辑组合。题名的一般要求：①准确得体。题名应能准确地表达论文的中心内容，恰如其分地反映研究的范围和达到的深度，不能使用笼统的、泛指性很强的词语和华而不实的词藻。②简短精练。题名应简明，使读者印象鲜明，便于记忆和引用。国家标准 GB 7713—1987 规定，题名“一般不宜超过 20 字”。写作中应把这“20 字”视为上限，在保证能准确反映“最主要的特定内容”的前提下，题名字数越精炼越好。③便于检索。题名所用词语必须有助于选定关键词和编制题录、索引等二次文献，以便为检索提供特定的实用信息。④容易认读。题名中应当尽量避免使用非共知共用的缩略词、首字母缩写字、代号等。

学术论文标题的类型大体上有六类：一是陈述句标题，如《马克思主义经济学研究范式创新的理论及现实意义》。二是疑问句标题，如《节能降耗有止境吗》。三是偏正结构标题，如《中国货币政策传导的行业效应研究》。四是动宾结构标题，如《论经济学方法论的哲学基础》。五是并列结构标题，如《收入分配与财富集中理论研究》。六是修辞类型标题，如《中国特色的三方协调机制：走向三方协商与社会对话的第一步》。

（2）署名。个人的研究成果，个人署名；集体的研究成果，集体署名（一般应署作者姓名，不宜只署课题组名称）。集体署名时，按对研究工作贡献的大小排列名次。

（3）摘要。摘要是对“论文的内容不加注释和评论的简短陈述”。根据有关规定，可以把摘要的写作要求归纳成如下几点：①用第三人称。作为一种可供阅读和检索的独立使用的文体，摘要只能用第三人称而不用其他人称来写，但在写作实践中常常不使用人称。②简短精练，明确具体。简短，指篇幅短，一般要求 150～300 字（依摘要类型而定）。精练，指摘录出原文的精华，无多余的话。明确具体，指表意明白，不含糊，无空泛、笼统的词语，应有较多而有用的定性和定量的信息。③格式要规范。尽可能用规范术语，不得简单地重复题名中已有的信息，切忌用罗列小标题来代替摘要。除了实在无变通办法可用外，一般不出现插图、表格以及参考文献序号，一般不用数学公式和化学结构式。不分段。摘要段一般置于作者及其工作单位、邮政编码之后，关键词之前。文字表达上应符合“语言通顺，结构严谨，标点符号准确”的要求。摘要中的语言应当符合现代汉语的语法规则、修辞规则和逻辑规则，忌出现“本文”“作者认为”等词语。

（4）关键词。关键词是为了满足文献标引或检索工作的需要而从论文中选取出的词或词组。关键词包括主题词和自由词两个部分：主题词是专门为文献的标引或检索而从自然语言的主要词汇中挑选出来，并以《主题词表》加以规范了的词或词组；自由词则是未规范化的，即还未收入主题词表中的词或词组。每篇论文中应专门列出3个左右的关键词，它们应反映论文的主题内容。

（5）引言。论文的引言又叫绪论。写引言的目的是向读者交代本研究的来龙去脉，其作用在于唤起读者的注意，使读者对论文先有一个总体的了解。引言的写作要求是言简意赅、突出重点。引言中要求写的内容较多，而篇幅有限，这就需要根据研究课题的具体情况确定阐述重点。共知的、前人文献中已有的不必详细说明。主要写好研究的理由、目的、方法和预期结果，意思要明确，语言要简练，开门见山、不绕圈子。注意一起笔就切题，不能铺垫太远，同时尊重科学，不落俗套。

（6）正文。正文即论证部分，是论文的核心部分。论文的论点、论据和论证都在这部分内阐述，因此它要占主要篇幅。对正文部分写作的总的要求是：明晰、准确、完备、简洁。具体要求有如下几点：论点明确，论据充分，论证合理；事实准确，数据准确，计算准确，语言准确；内容丰富，文字简练，避免重复、烦琐；条理清楚，逻辑性强，表达形式与内容相适应；不泄密，对需要保留的资料应进行技术处理。

正文的篇幅较大，组织结构往往比较复杂，但从总体上看，其结构形式大致有以下三种：第一是横式结构。所谓横式结构，是指按内容间的关系，把论题分成几个彼此并列的方面来展开，常呈现为“总—分”“分—总”或“总—分—总”的模式。第二是纵式结构。这是按照内容之间层层递进的关系，来反映思维逐步向纵深发展过程的结构方式。第三是综合结构。这是将上述两种结构方式有机地结合在一起，或为总体纵式、局部横式，或为总体横式、局部纵式。在论文写作中，综合结构最为普遍。

有些论文在正文部分边分析边总结，其结论已贯穿在正文的分析之中，在论文的最后就不必再花笔墨对结论加以重复。正文有图表时，图名（连同图号）与表名（连同表号）的标注位置是有讲究的，应严格按照要求标注。

图表具有佐证文字、压缩和简化信息、强调突出信息的作用。图，包括曲线图、构造图、示意图、流程图、照片、图版等。经济论文中常用的有饼状图、条形图、线形图、柱状图等。图应具有“自明性”，即只要看图、图解和图例，不阅读正文就可以理解图意。图应编排序号。每一图应有简短确切的题名，连同图号置于图下。必要时，应将图上的符号、标记、代码以及试验条件等，用最简练的文字，横排于图题下方，作为图例说明。表的编排，一般是内容和测试项目由左至右横排，数据依序竖排。表应有“自明性”。表应编排序号。每一表应有简短确切的题名，连同表号置于表上。必要时，应将表中的符号、标记、代码以及需要说明的事项，以最简练的文字，横排于表题下，作为表注，也可以附注于表下。附注序号按出现先后顺序编排。

（7）结论和建议。结论又称结束语、结语。它是在理论分析和实验验证的基础上，通过严密的逻辑推理而得出的富有创造性、指导性、经验性的结果描述。它又以自身的条理性、明确性、客观性反映了论文或研究成果的价值。结论与引言相呼应，同摘要一样，其作用是便于读者阅读和为二次文献作者提供依据。

撰写的结论应达到如下要求：概括准确，措辞严谨；明确具体，简短精练；不作自我评价。

“建议”部分可以单独用一个标题，也可以包括在结论段，写在结论的最末一条。如果没有建议，也不要勉强杜撰。

（8）致谢。现代科学技术研究往往不是一个人能单独完成的，而需要他人的合作与帮助。因此，当研究成果以论文形式发表时，作者应当对他人的劳动给予充分肯定并对他们表示感谢。致谢的对象是对本研究直接提供过资金、设备、人力以及文献资料等支持和帮助的团体和个人。

（9）参考文献。“参考文献”即“文后参考文献”，是指撰写或编辑论著而引用的有关图书资料。参考文献著录的原则：只著录最必要、最新的文献；只著录公开发表的文献；采用标准化的著录格式，即按照《文后参考文献著录规则》（GB 7741—2005）的规定执行。如论文参考期刊文献的著录格式为：序号、作者、论文标题[J]、期刊名、出版年、期数、页码。

《文后参考文献著录规则》（GB/T 7741—2005）

（10）附录。附录是论文主题的补充项目，对于每一篇论文并不是必需的。为了体现整篇论文材料的完整性而必需的，但写入正文又可能有损于行文的条理性、逻辑性和精练性的材料，可以写入附录段。附录段大致包括以下一些材料：比正文更为详尽的理论根据、研究方法和技术要点，更深入地叙述，建议可以阅读的参考文献题录，对了解正文内容有用的补充信息等；由于篇幅过长或取材于复制品而不宜写入正文的资料；不便于写入正文的罕见珍贵资料；一般读者并非必要阅读，但对本专业同行很有参考价值的资料；某些重要的原始数据、数学推导、计算程序、框图、结构图、统计表等。

（11）注释。解释题名项、作者及论文中的某些内容，均可使用注释。能在行文时用括号直接注释的，尽量不单独列出。大部分学术期刊采用页脚注释或篇尾注释。采用篇尾注释时，一般列在参考文献后面。

（二）论述、论证的方法

经济论文是议论文的一种，其主要的表达方式自然是议论，但也需要适当运用叙述、说明和描写。议论文是由标题、论点、论据、论证四个要素组成的。议论文的论述就是根据论题的范围、需要，把论据与观点结合起来，运用论据来说明、证明观点。经济论文论述展开的过程，也就是运用论据来说明、证明观点的过程。除了论点必须正确，论据必须充分、可靠和具有说服力外，还应讲究论证的形式和方法。

从形式逻辑来说，论证就是运用论据证实论点的全部逻辑推理过程，论证的形式也就是推理的形式。推理的形式包括两种：一种是归纳推理，即由若干个别事物、现象推出一个一般性或共同性的结论，或者用若干个别性判断作为论据来证明一个论题；一种是演绎推理，是由一般到个别，即以一般道理为论据，来证明一个个别性的论点。这两种推理形式常常结合在一起使用。除此之外，还有类比推理等形式。类比推理，就是用同类事物进行比较，做出论断，证明它们具有某种共同的特性。

论证的方法就是揭示论据和论点之间逻辑关系的方法。通俗地说，就是摆事实、讲道理的方法。常用的论证方法有：一是例证法。又叫举例法。即运用归纳推理进行论证的一种方法，就是用典型的事例作为论据来证明论点的方法。这是经济论文常用的方法。常言道："事实胜于雄辩。"用这种方法来论证是最富有说服力的。二是引证法。又叫引用法。它是运用演绎推理进行论证的一种方法。就是用一些权威性的理论作论据来证明论点的方法。必须注意的是，论据首先要正确，引用论据时不能违背原意，更不能断章取义；其次不要引用太多，以别人的观点来代替自己的论述。三是反证法。又叫排他法。即不从正面而从反面间接地证明论点的方法。就是先不说论点的正确，而是假设采取与这个论点相反的看法就必然会得到错误的结论，这样也就从反面证明了原论点的正确。在驳论中运用反证法则恰恰相反，就是说，先不批驳对方论点错误，而先说明与其相矛盾的论点是正确的，这也就自然证明了对方的论点是错误的。四是比较法。它是通过事物之间的比较来证明论点的方法。这种方法又可分为类比与对比两种。类比，就是把这一事物与另一事物某些相同的方面拿来比较，以另一事物的正确或谬误来证明这一事物的正确或谬误。对比，就是从两种相反情况的比较中得出结论的方法。这种比较又可分为横比和纵比两种。横比，是把发生在同一时间、同一区域中两种性质相反的或有差异的事物拿来比较，辨明正确与错误。纵比，就是把同一事物在不同时间、地点的情况拿来比较。五是喻证法。又叫比喻法。它是用容易理解的、浅显的、具体的事物或道理作比喻，来说明不易理解的、深奥的、抽象的事物或道理。六是因果法。也叫分析法、因果互证法。它是通过分析揭示论点和论据之间的因果关系从而证明论点正确的方法。既可以用原因作论据证明结果，也可用结果作论据证明原因。七是归谬法。就是"导致谬误"，是专门反驳他人论点的一种方法。就是先假定对方的论点是正确的，接着就以此为前提，进行推理，引出一个荒谬的结论，从而证明对方论点的错误。

还可以举出一些论证的方法，比如演绎法、归纳法也可以作为论证的方法。"以子之矛，攻子之盾"，在反驳中也是经常使用的一种方法。总之，要使论证充分、有力、缜密、完整，就必须运用恰当的论证方法，而且必须把各种方法结合起来灵活地加以运用。

（三）经济论文写作注意事项

1. 紧紧围绕主题展开

在经济论文写作过程中，有时作者积累了大量的材料，发现了不少需要研究的问题，并对这些问题"爱不释手"，凡涉及的问题和材料，都想研究一番，安插在论文里，这样整篇论文就成了资料的大拼合，会产生"喧宾夺主"的副作用。作者要根据论证表达的需要，敢于、善于果断"割爱"，坚持以中心论点为轴心，贯穿全文，使论文主题鲜明、重点突出、论证合理。

2. 层次清晰，文字简练

首先，整篇论文的谋篇布局要有层次性。其次，对中心论点的论证要层层深入，节节展开，总论点、分论点、子论点清楚有序，使事物内部的联系及本质像“剥笋”一样层层呈现出来。

3. 慎用新名词、术语

对新名词、网络语言或少见的名词、术语要定义、解释，少用虽然内行的读者能够理解，但使用过多、过繁就会给一些“新入行”或“想入行”的读者带来阅读障碍的专业术语。作者新创的名词、术语，一定要加定义、解释。对网络流行的语言，尽量不用或慎用。“‘专业化’文章，‘大众化’阅读”应是经济论文作者追求的高境界。

4. 引文要合乎规范

从文献中摘取有关材料引入经济论文中是很普遍的现象，但是要符合引文加注的规矩。一是引文尽量要精、要少，引用得当。二是引文不得断章取义。三是引文要与原文核对无误，并加注说明出处。对于非正式公布的文献资料，一般不得引用。

论文编写格式

5. 要遵守学术道德规范，严禁抄袭剽窃等学术不端行为。

第八章

财经活动策划文书

第一节　营销策划文书

一、营销策划文书概述

营销策划是策划人依据市场营销的基本规律与技巧，在对企事业单位内部环境予以准确分析并有效运用各种资源的基础上，激发创意，制定出有目标、可实现的解决问题的一套策略规划。营销策划文书也称企划方案，是营销策划方案的书面反映，是营销策划者针对企事业的产（商）品或劳务等营销活动事先做出运筹规划的书面文件。一份优秀的营销策划书，能够准确、完整、规范地反映营销策划的全部内容，充分、有效地说服决策者认同、信服、采纳并实施自己营销策划的意见或创意。营销策划文书是企事业单位未来营销操作的行动指南。

根据具体营销对象不同，营销策划文书可以分为商品销售策划文书、促销活动策划文书、市场推广策划文书、新产品开发策划文书、商品（服务）布局策划文书、营销定位策划文书、网点布局策划文书等。

二、营销策划文书的写作

营销策划文书一般由标题、绪言、正文三大部分组成，营销策划文书写作具体包括封面、策划绪言、环境状况分析、营销目标、战略策划、费用预算、方案调整、附录等几个部分。

(一)封面

营销策划文书的封面包括:

(1)策划委托方,应写出策划委托方的全称。若标题中能体现的,可不单列。

(2)策划书的标题(策划主题),通常由策划的对象名称和文种组成,或者由策划委托方、策划的对象名称和文种三部分组成,如《××集团××产品上市营销策划书》。

(3)策划机构或策划人的名称。

(4)策划完成日期及本策划适用的时间段。

(二)策划绪言

概要介绍策划的原因、任务、目标等要点内容,以方便决策方了解策划全貌。

(三)环境状况分析

这部分主要分析:一是当前市场状况及市场前景。包括产品的市场性、现实市场、潜在市场状况;市场成长状况,即产品目前所处的市场生命周期状况;消费者的接受状况。二是影响产品的市场因素。主要对影响产品的不可控因素进行分析,如宏观环境、政治环境、居民经济条件、消费者收入水平、消费结构的变化、消费心理等。对一些受科技发展影响较大的产品,如计算机、家用电器等,策划中还需考虑更新换代周期等技术发展趋势的影响。三是市场机会与问题。包括企事业单位的产品与服务之营销现状分析和产品特点分析、竞争环境、营销上的优势与劣势等。

(四)营销目标

营销目标是在前面目标任务的基础上企事业单位所要实现的具体目标,即营销策划方案执行期间,依据经济效益目标要求而制定的总销售量指标、预计毛利润指标、市场占有率实现比率等。

(五)战略策划

这是策划书中的最主要部分,包括:营销宗旨;产品策略,如产品定位、产品质量保证、产品品牌、产品包装、产品服务等;价格策略,如出厂价格、经销商提货价格与折扣率、零售价格等;销售渠道,主要包括导入期途径、成长期途径,具体方式则有网络营销、特许加盟营销、代理经营等;广告策略,包括广告设定战略、广告主题、广告文案、广告投放等;具体实施步骤。

(六)费用预算

包括整个营销方案推进过程中的费用投入:总费用及分阶段费用、分项目费用(如广告费用、营销推广费用、人员推销费用）等，其原则是实现利益最大化，即以较少的投入获得最优效果。

（七）方案调整

这是策划方案的补充。在方案执行过程中有可能出现与现实情况不相适应的地方，必须随时根据市场的反馈及时对方案进行调整。一个科学合理的营销方案，如果需要调整的话，一般也是微调。

（八）附录

这是策划方案的附件。如引用的权威数据资料、消费问卷调查表、座谈会记录等。这些既能补充说明正文内容，又增加了策划方案的可信度。

三、营销策划注意事项

（一）要了解策划目的，突出重点

企事业单位所处的环境状态不同，策划目的、重点也不一致。新创立的企事业单位，重点是建立一套系统营销方略，正确进行市场定位、市场细分，重在开拓市场。发展型企业的重点是设计新的营销方案，提出新的发展目标，重在占领市场，扩大市场份额。改制型企事业单位，重点是调整经营、服务、方向，设计新的营销策略，重在求新求变，革新生存。失误型企事业单位，重点是反思营销、服务、管理问题，设计重整旗鼓的营销策略，重在以新换（代）旧，“浴火重生”。

（二）构建营销策划文书的逻辑框架

策划的总目的在于解决企事业单位营销中的问题，应按照逻辑性思维构建策划框架，有条理、有步骤地编制文书。首先是设定情况，交代策划背景，分析市场现状，提出策划目标，然后在此基础上进行具体策划内容的详细阐述，最后明确提出实施方案的对策。

（三）创意新颖是策划书的核心

新颖的创意是策划书的灵魂。策划要求要有“新点子”，即创意新、内容新，表现手法也要新，给人以全新的感受。

（四）要注意针对性、可行性和可操作性

营销策划文书要针对企事业单位营销中所要解决的核心问题，深入分析，并结合实际条件，提出可行性对策。编制的策划书是用于指导企事业单位的营销实践，应当做到方法可行、步骤扎实、措施有力，具有可操作性。

（五）把握营销策划文书撰写的技巧

注意决策方的接受心理，要运用娴熟的撰写技巧，通过文字表述魅力，去打动、说服企事业单位决策者采纳自己的策划方案。可合理使用一些理论依据，以提高策划书的可信性和说服力；适当列举有影响的典型事例，选择国内外先进的经验和做法来印证自己的观点；充分利用数字说明问题，确保策划书指导企事业单位营销实践的可靠性；利用图表的直观效果，进行比较分析、概括总结、辅助说明，增加可读性，方便决策方阅读和理解策划的内容。

（六）增强策划书封面设计的艺术性

营销策划文书的封面不可小觑，它是营销策划文书的脸面，是给人留下的第一印象，对策划内容的形象定位起到或不良或良好的辅助作用。封面设计要有艺术性、观赏性，醒目、整洁，切忌花哨、烦琐。

长城电书器集团“红四月”促销活动策划书

第二节　广告策划文书

一、广告策划文书概述

（一）广告策划文书的含义

广告策划是指广告人以信息为主导，以创意为中心，对广告的整体战略和策略的运筹规划，是广告决策的形成过程。广告策划文书则是由广告策划人根据广告策划的结果撰写而成的一种应用性文件，它为整个广告活动提供策略指导和具体实施计划，一经广告客户审核、认可，即可成为广告活动的蓝图。

（二）广告策划文书的分类

根据广告策划功能分类，广告策划文书可以分为促销广告策划文书、形象广告策划文书、观念广告策划文书、解决问题广告策划文书、竞争性广告策划文书、应变性广告策划文书、事件性广告策划文书等。

广告策划文书主要分为广告策划书、广告实施计划书两种。广告策划书实际上就是广告内容、表现形式的具体化方案。广告实施计划书则是广告从调研、市场分析、广告目标及任务、对象及广告策略、广告预算，到广告实施及广告效果评估等“全程式”的计划文书。广告策划文书具体内容有：一是市场分析。包含营销环境分析、消费者分析、产品分析、企业和竞争对手分析、企业和竞争对手的广告分析等。分析出来的结果，可以用 SWOT 方式总结，SWOT 分别代表优势（Strength）、劣势（Weakness）、机会（Opportunity）、风险（Threat）四个分析层面。二是广告策略。包含广告的目标市场策略、产品定位策略、广告诉求（诉求对象、诉求重点、诉求方法等）策略、广告表现（广告主题、广告创意）策略、广告媒介策略等。三是广告实施计划。包含广告目标，广告活动的时间、地点、内容，广告表现，有关计划（如广告发布计划、促销活动计划、公关活动计划），广告费用（创意费用、设计费用、制作费用、媒介费用等）预算。

除此之外，还应进行广告活动效果的评估与监控。

（三）广告策划文书的特点

第一，目的性。广告策划文书一经形成，便贯穿于整个广告活动的始终，指导整个广告运动的过程。就此而言，广告策划文书有明确的目的。

第二，科学性。广告策划文书必须遵循逻辑思维的程序，即根据提出问题、分析问题、解决问题的构思来编制文本，具有严谨的科学性，绝不能随意“独创”。

第三，形象化。优秀的广告策划文书应该具有悦目的外在表现形式，用独特的艺术形象，给人以美的享受，吸引消费者的注意，从而加深消费者对广告策划文书的理解与记忆。

第四，可操作性。广告策划文书是广告活动的蓝图，应以指导实践为导向，具有可操作性。比如策划中的创意表现，既要有独创性，又要考虑人们的接受心理以及设备、人员、经费材料和制作手段等的限制。广告策划文书的可操作性是确保蓝图顺利实施的必要条件。

二、广告策划文书的写作

广告策划文书一般由封面、标题、广告策划文书作者名单、目录、前言、正文、附录和封底几个部分组成。通常独立装订成册。

（一）封面

提供的信息为广告策划文书的题目、广告主全称、策划方案全称、文书完成日期等。

（二）内文

1. 标题与广告策划文书作者名单

2. 目录（提纲）

3. 前言

概述广告策划的缘由、目的及意义，进行过程，使用的主要方法，文书的内容要点等，以便广告主能迅速阅读和从整体上了解广告策划文书。

4. 正文

正文包括市场分析、广告文案重点内容、诉求对象、诉求地区、广告投放方法、广告活动的效果预测和监控以及广告预算等。

5. 附录

附录包括为广告策划而进行的市场调查的应用性文件和其他需要提供给广告主的资料。

（三）封底

广告策划文书通常还有封底。

三、广告策划文书的注意事项

（一）精心组织信息

总体把握并分清信息的不同属性，将复杂的信息分门别类、初步条理化；把握信息重点，分清主次；明确信息层次和彼此的联系，使信息传达层次分明；辨别真伪，提高公信力。

（二）恰当安排行文

使用明确的标题，提示重点内容；使用序号，提示阅读层次；语句简朴，避免华而不实；尽量不使用专业术语，以减少阅读困难。

K 可乐广告策划书（摘要）

（三）语言必须规范

规范的语言可以确保广告策划文书传达准确、清晰的信息。广告策划文书本身也是一种语言的“广告”，一旦出现错误，就会产生“语言污染”。

此外，还应了解受众的基本情况，做到有的放矢。

第三节　会展策划文书

一、会展策划文书概述

（一）会展策划文书的含义

会展策划文书是策划者针对会展活动事先做出的整体运筹规划的书面文件。通过该计划性文件，会展策划者向决策方准确、完整、规范化地反映会展策划的全部内容，充分、有效地说服决策者认同、信服、采纳并实施自己的策划。会展策划文书是未来会展操作的行动指南。

（二）会展策划文书的内容、形式

会展策划文书包括会展立项策划书、会展项目立项可行性研究报告、参展说明书、招展方案、招展函、招展进度计划、观众邀请函、参展合同、展出工作方案、展会费用预算表、展会宣传推广计划、广告文案等。

会展策划是一项系统工程。会展策划文书的作者首先要了解会展、会展策划等相关知识与会展的全部流程。会展是一个有效的商务平台，具有其他媒介不可比拟的优越性。主办者、与会方或参展商通过会议或展览的方式，吸引公众、客户前来进行经贸洽谈、文化交流或旅游观光，以期在最短的时间内，在最小的空间里，用最少的成本做最大的生意。表述会展性质的常用词有展览会、博览会、展销会、交流会、交易会或××节（如服装节）等。

成功的会展必须建立在周密系统的科学策划基础上。会展策划是为策划举办会展而提出的一整套办展规划、策略和方法。按照通行的会展类型，会展策划大致可以分为国际会议会展策划，地方或行业协会会议会展策划，公司会议会展策划，展销会会展策划，人文艺术、体育会展策划等五种形式。

会展策划文书必须明确策划目标。会展策划文书要根据掌握的各种信息，针对会展的利益主体和营销对象进行可行性分析，确立策划目标，对即将举办的会展相关事宜进行科学地规划，以树立参展单位最佳形象，提供最佳商务交流平台，使之获得最大的经济效益和社会效益。

会展策划文书的作者应全面了解会展策划的全程内容。不同类型的会展有不同的策划方案，内容也各有侧重，一般包括以下几项。

（1）办展市场环境分析：包括对会展展览题材所在产业和市场的情况分析，对国家有关法律、政策的分析，对相关会展情况的分析，对会展举办地市场的分析等。

（2）会展的基本框架：包括会展的名称和举办地点、办展机构的组成、展品范围、办展时间、办展频率、会展规模和会展定位等。

（3）会展价格及会展预算、结算方案。

（4）工作人员分工、招展招商、宣传推广等计划。

（5）会展筹备进度、会展服务商安排、会展开幕和现场管理等计划，应急处理预案以及会展期间举办的相关活动计划。

二、会展策划文书的写作

（一）标题

一般由会展名称和文种（如策划书、策划文案）组成。会展名称由基本部分、限定部分和行业标识构成。如《2013 年中国江北水城·运河古都（聊城）第二届水文化节策划方案》，其基本部分是“文化节”，限定部分是“2013 年（聊城）”，行业标识是“水文化”。

基本部分：用来表明会展的性质和特征，常用词有展览会、博览会、展销会、交易会和××节等。

限定部分：用来说明展览会举办的时间、地点和展会的性质。展会举办时间的表示办法有三种：一是用“届”来表示，用“届”强调展会举办的连续性。如第三届中国国际服务外企合作大会。二是用“年”来表示。有一些展会常用“年”来表示。如2017年山东师范类毕业生招聘会。三是用“季”来表示。如2017年夏季齐鲁车展等。展会举办的地点在展会的名称里也要有所体现，如第四届大连国际服装节中的“大连”。展会名称里体现展会性质的词主要有“国际”“世界”“全国”“××地区”等。

行业标识：用来表明展览题材和展品范围，如“第十届山东国际教育展”中的“教育”表明本次展会是教育展会。行业标识通常是一个产业的名称，或者是一个产业中的某一个产品大类。综合性会展则可省略行业标识。

（二）正文

一般由前言和主体组成。前言交代策划的背景依据、目的等；主体交代会展地点、办展机构等内容。

1. 会展地点

会展的举办地点，包括会展在什么地方举办和在哪个展馆举办。

2. 办展机构

负责会展的组织、策划、招展和招商等事宜的有关单位，可以是企业、行业协会、政府部门和新闻媒体等。根据各单位在举办会展中的不同作用，办展机构一般有主办单位、承办单位、协办单位、支持单位等。

3. 办展时间

办展时间指会展计划在什么时候举办。办展时间有三个方面的含义：一是指办展的具体开展日期；二是指展会的筹展和撤展日期；三是指展会对观众开放的日期。展览时间的长短没有一个统一的标准，要视不同的会展具体而定。有些会展的展览时间可以很长，如“2010年上海世博会”的展期长达半年。对于占展会绝大多数的专业贸易展来说，展期一般以3天为佳。

4. 展品范围

展品范围要根据会展的定位、办展机构的优劣势和其他多种因素来确定。根据会展的定位，展品范围可以包括一个或者是几个产业，或者是一个产业中的一个或几个产品大类。例如，“博览会”和“交易会”的展品范围就很广，如“广交会”的展品范围就超过10万种，几乎是无所不包。而德国“法兰克福国际汽车展览会”的展品范围涉及的产业就很少，只有汽车产业一个。

5. 办展频率

展会是一年举办几次还是几年举办一次，或者是不定期举办。从目前展览业的实际情况看，一年举办一次的会展最多，约占全部会展数量的80%。办展频率的确定受展览题材所在产业特征的制约。几乎每个产业的产品都有一个生命周期，产品的生命周期对会展的办展频率有重大影响。产品的投入期和成长期是企业参展的黄金时期，展会的办展频率要牢牢抓住这两个时期。

6. 会展规模

包括三个方面的含义：一是会展的展览面积是多少，二是参展单位的数量是多少，三是参观会展的观众有多少。在策划举办一个会展时，对这三个方面都要做出预测和规划。在规划会展规模时，要充分考虑产业的特征。会展规模的大小还会受到观众数量和质量的限制。

7. 会展定位

要清晰地告诉参展企业和观众本展会“是什么”和“有什么”。办展机构要根据自身的资源条件和市场竞争状况，通过建立和发展会展的差异化竞争优势，使自己举办的会展在参展企业和观众的心目中形成一个鲜明而独特的印象。会展定位要明确会展的目标参展商和观众、办展目的、会展的主题等。

8. 会展价格和会展初步预算

会展价格就是为会展的展位出租制定一个合适的价格，包括室内展场的价格和室外展场的价格，室内展场的价格又分为空地价格和标准层位的价格。在制定会展的价格时，一般遵循“优地优价”的原则，即那些便于展示和观众流量大的展位价格往往要高一些。会展初步预算是对举办会展所需要的各种费用支出和举办会展预期获得的收入进行的初步预算。

9. 人员分工、招展、招商和宣传推广计划

这是会展主办者的具体实施计划，这四个计划在具体实施时会互相影响。人员分工计划是对展会工作人员的工作进行统筹安排。招展计划主要是为招揽企业参展而制定的各种策略、措施和办法。招商计划主要是为招揽观众参观展会而制定的各种策略、措施和办法。宣传推广计划则是为建立展会品牌和树立展会形象，并同时为展会的招展和招商服务。

10. 会展进度计划、现场管理计划和相关活动计划

会展进度计划是在时间上对会展的招展、招商、宣传推广和展位划分等工作进行的统筹安排。现场管理计划是从开幕到闭幕期间对展会现场进行有效管理的各种计划安排，它一般包括展会开幕计划、展会展场管理计划、会展应急事件处理预案、观众登记计划和撤展计划等节点。会展相关活动计划是对准备在会展期间同期举办的各种相关活动做出的计划安排，最常见的有技术交流会、研讨会和各种表演等，它们是对会展的有益补充。

（三）落款

包括署名和日期。也可在标题下注明策划者的全称。

三、会展策划文书的注意事项

会展前，要全面了解参会客商的要求，如客商的投资意向、投资领域、相关费用标准、项目材料要求等。

会展策划的主题要富有特色、鲜明深刻、富有感召力，所有工作都要围绕核心主题来展开。

会展策划的工作流程要清晰，实施规范化的作业模式。会展工作人员分工要明确，责任要清楚，奖罚要分明。

会展策划文书要把“安全”列为重要内容。突出“安全重于泰山”的安全意识，对会展期间可能发生的应急事件，预先做出处理方案。尤其是规模大、观众多的大型会展，更应把安全放在“第一”的位置。

第九章

财经契约文书

第一节　钱物条据

一、钱物条据概述

钱物条据是人们日常生活和工作、学习交往中，发生财物和其他日常事务关系时，最常用的一种简便文体。条，就是条子、纸条的意思；据，就是根据、凭据的意思。钱物凭证条据，具有一定的行政约束或法律效力，如领条、借条、收条等，往往作为收支、报销、保存查考的根据，又称为单据。

钱物条据一般包括收条、领条、借条、欠条、发条等。收条是收到钱物时写给被收方的，是当事人之间发生金钱或货物收付关系后，由收到钱物一方写出并出具给交付钱物一方的收付凭据。领条是领取钱物时领取人写给被领方的凭证。借条是借用他人或单位钱物时写给被借方的凭证，是借款人书写并出具的用以记载和证明彼此之间借贷关系的书面凭证。欠条是拖欠他人或单位钱物时写给被欠方的，是当事人对过往的经济往来进行结算后，由欠款人即债务人书写并向债权人出具的一种债权关系的凭证。发条是售方给顾客开具的正式发票的代替凭据。各种钱物条据，功能作用不同，写法各异，不能混用。司法实践中，也是遵从这种约定的。

二、钱物条据的写作

（一）标题

标题要表明条据性质。有两种写法：第一种是第一行中间写上“领条”“收条”“借条”“欠条”等字样。第二种是第一行中间写上“今领到”“今收到”“今借到”“今暂欠”等字样。

（二）正文

写明条据内容。第一种标题形式下，第二行空两格写正文。第二种标题形式下，第二行顶格写正文。

（三）落款

在条据的右下方写清单位名称和经手人姓名，并加盖公章或签名。

（四）日期

要具体准确，汉字小写，写在经手人的下方。

三、常用钱物条据的写法

（一）收条

收条又叫收据，是在收到对方送来的财物时，写给对方的一种字据。对方送来的财物，可能是应该交纳的（如学费之类），也可能是预先订购的，还可能是原先借出而现在归还的。如果归还的是财物，就不一定写收条，可将原来的借条退还本人；如果归还的财物已经入账，应另开收据。如果经手人不在场，也可由他人代收。收条一般包括标题、正文、落款、日期四个部分。

（二）领条

一个单位发放财物时，需要领取人出具领取财物的书面凭证，以便发放人报销、结账，这种书面凭证便是领条。领条的格式与收条格式相似。不过有时可请别人代领。代领时，应把“今领到”改成“代领到”，把“领取人”改为“代领人”，同时在正文中写明是代谁领取的。领条多半是事先印好的，按项填写即可。

（三）借条

借条是指借用单位或个人的钱财、物品时，写给对方的一种字据，以便作为将来偿还的凭证。钱物归还后，即将借条收回或销毁。如因某种原因收条仍留原处时，对方则需另开收条交给借贷人。借条比较正规，一般包括标题、正文、署名、日期四个部分。标题有两种写法：一是开头居中写“借条”两字，二是开头顶格写“今借到”字样。正文主要写清出借人、借款（物）数额（量）、利息、借款（物）期限、用途、何时归还及违约责任等项目。如果是向单位借用财物，还应写明借用理由。如果标题是“借条”两字，正文开头则直接写有关内容。署名之后有时还要加盖印章，并必须把年月日都写全。写年份时也不能简写，如不能把二〇一〇年写成 10 年。借条也有事先印好的，需用时，按项填好即可。

借条

欠条

（四）欠条

欠条是在购物或归还财物时，没有结清而根据拖欠的情况给对方出具的字据，以便对方将来据此索取拖欠的财物。其格式与借条相似。

（五）发条

出售物品对方交款后，按照国家规定，应给雇主开具正式发票。由于某种原因，一时无法开发票时，则用发条代替。购物者凭条提货。发条写法与收条基本相近，只是在标题上略有不同。除写“发条”两字外，也有以“承购”或“今卖（售）给”字样为标题的。正文也就随标题的变化而变化。其变化方式与借条差不多。

四、钱物条据注意事项

钱物条据是个人之间或个人与单位之间或单位与单位之间的往来凭证，因涉及经济利益，稍有不慎，很容易引起矛盾纠纷。因此，要发挥好钱物条据正确记载当事人之间所实际发生的借贷事实或其他经济往来，以在发生纠纷或有了纠纷时起到凭据证明作用，写作时应特别注意：

（1）字迹清楚，用语明白，不要含糊其辞、模棱两可。如“今还欠款壹千元整”，就会产生歧义：一是可理解为已经还上 1000 元欠款，二是可理解为仍然欠人家 1000 元的钱款。

（2）用钢笔或碳素笔书写，不要随意涂改，如有改动要加盖印章。一般不要代签名。

（3）钱款写明币种，数字一律要大写，后面写上量词，再加“整”字，最好再用阿拉伯数字明确一下；如果需要支付利息的，还要写明年利率。为保险起见，钱数额度较大的，要把双方所在单位的地址或经手人身份证号写上；物品要写明名称、种类、数量和型号。后面可写上“此据”，以防添加内容。

（4）涉及集体的，单位名称必须是全称，而且要有具体经手人的签名和单位印章。

（5）日期要用汉字小写，写全年、月、日。借条和欠款要写明归还的日期。

（6）条据的语言要做到简洁准确。

第二节　求职信

一、求职信概述

（一）求职信的含义

求职信是向用人单位自荐并谋求职位的专用书信，是求职者向用人单位发出的“要约”。它集介绍、自我推销和下一步行动建议于一身，是对履历表的归纳总结，同时重点突出了求职者的背景材料中与未来雇主最有关系的内容。一份好的求职信能体现求职者的表达能力、沟通交际能力和性格特征。

（二）求职信的特点

1. 目的性

撰写求职信的目的是为了获取职位。因此，求职信的内容要紧紧地和求职目的相挂钩，要从用人单位和自身条件入手，找到二者的结合点，通过求职信来引起用人单位的兴趣，成功推销自己。自荐的内容要突出重点、分清主次、有的放矢，做到有吸引力、说服力。

2. 介绍性

求职信是为了让用人单位对求职者进行综合了解，获得面试机会。撰写求职信时，要客观地分析自己的优势和不足。把自己的专长与用人单位招聘岗位的需要尽可能地“靠拢”，以符合用人单位的要求。只有展现个人竞争优势的求职信，才能为你争取一个面试机会。

3. 新颖性

求职信不应枯燥乏味、程式化，要具有新颖性，生动有趣地反映个性，使用人单位的招聘管理人员有兴趣看下去。好的求职信几乎总能受到用人单位的青睐。因此，求职信的内容、表达手法和表达方式对求职信而言非常重要。

（三）求职信的作用

求职信的作用在于介绍自己、“推销”自己，使用人单位了解自己的素质、品格、经验、专长，并留下较好的印象。一封好的求职信不一定能确保你得到一份工作，但会使用人单位考虑你的申请并安排面试。你不可能把个人的全部资料都写进一封信，但求职信必须提供足够的信息，使用人单位想见你、和你谈话、更多地了解你。虽然要求得到一份好的工作，光写一封好的求职信是不够的，还需要个人的能力、具体经验和好的品格，但是求职信为你“敲”开了大门，给你提供了推销自己的机会。

求职信可归纳为自荐求职和应聘求职两种情况。所谓自荐是指求职者在并未获得准确用人信息的情况下，主动向自己感兴趣的用人单位写的带有自我推荐性质的求职信，目的是投石问路，争取获得进一步接洽的机会，属于“盲投”。应聘则是根据某用人单位在媒介上刊登或播发的招聘广告，有针对性地写给该单位，以谋求某一特定职位及反映自身条件的求职信，属于“定投”。两者各有利弊：自荐竞争者少，可有更多展示自己才华的机会，但针对性差；而应聘面对众多的竞争者，但目的性和针对性较强。

二、求职信的写作

（一）求职信的基本结构

求职信通常一页长，有开头、正文部分和结尾。通常首先是介绍自己的身份和写信目的，接着写出自己的优势或长处，在结尾处向收信人提出希望和要求。

“定投”的开头部分包括称谓、问候语。称谓即写明收信人的姓名和称呼或职务，如“尊敬的×××先生”，或“×××女士”，或“×××经理”等。“盲投”则写“尊敬的领导”即可。

正文部分是求职信的主体部分，一般应说明你应聘的职位、原因、与该职位相关的自身经历、你的期望并感谢贵方阅读你的求职信等。具体可写成三段式或四段式。

首先，写明你要申请的职位以及你是如何得知该职位的招聘信息的。如“定投”可写：“我近日在《××日报》上获悉贵公司正在招聘市场部项目经理一职，特寄上简历敬请斟酌。”这一段最为重要。如果开头几句不能够吸引读信人的注意力，则这封信很可能会被弃置一旁。

其次，说明你如何满足用人单位的要求，陈述专业知识、实践经验、动手操作能力、个性特征等。

最后，表明你希望迅速得到回音，并写明与你联系的最佳方式。如：“我将在一周内与贵公司联系，看能否约定时间面谈。”同时，要写明联系方式（若简历中已有，可略）。

这部分的内容一般占三四段。当然，也不必死守规则，可视情况灵活运用。

结尾部分的内容为敬语致谢，求职人签名及写信日期。

（二）附件

附件是求职信函的附属部分。求职信后通常附上个人简历（个人基本资料、教育背景、工作经验和其他方面）、有关证件、学历证明、单位证明及各种获奖证书、作品的复印件等。如有推荐信，还要附上推荐人的姓名、身份，以此加深用人单位的印象。

附件的作用有时比求职信的正文所起的作用更大，千万不可忽略。尤其是在设计和排版中要多动脑筋，以方便读者获取主要信息。

三、求职信注意事项

若想写出一份出色的求职信，应当注意以下几点事项：第一，使用专用的纸张，求职信、个人简历、附件等求职材料要使用配套纸张——它能显示你的档次和职业风范。第二，尽量把求职信的长度控制在一页之内。确保求职信简短达意，确保求职信中不出现拼写、打印和语法错误。同时，要尽可能地避免求职信与个人简历中信息的重复。第三，在求职信中，尽量展示你独特的与用人单位招聘岗位所“吻合”的解决问题的技能，并且用特定实践经验加以支持。第四，如果没有被要求，不宜在求职信中谈论薪金。第五，不要说谎或者夸大其词。求职信和简历中说的一切，都必须能够在面试中得到支持和证实。第六，写求职信要态度诚恳端正，不卑不亢。

求职信

第三节 协议书

一、协议书概述

（一）协议书的含义

协议书是当事人双方就有关经济问题或其他社会事务，经协商取得一致意见后共同订立的一种具有经济或其他关系的契约性文书。协议书是将协商结果、合作意向以文本形式固定下来，可为真实签订合同作准备。它有较强的约束力和凭证作用。协议书介于合同和意向书之间，和它们有相似之处，也有区别。

（二）文种辨析

协议书和合同的区别：

（1）角度范围不同。协议书往往较多地涉及宏观角度、总的原则。协议的往往是大的原则、框架等有关问题，适应范围大至国家关系，小至个人往来、合作办事、解决纠纷。合同则多从微观角度，就某一具体事项签约，且多与经济和人事劳务有关。

（2）内容要求不同。协议书的内容不及合同具体细微，如两个企业签订联营或者联锁的合作关系要用协议书，可在协议书下另外签订有关内容的详细的单项活动合同。

（3）形式不同。协议书一般只采用条款式；合同除了条款式，还有表格式和二者结合式。

（4）时效长短不同。合同的有效期限一般较短，“标的”一旦实现，合同就失效了；协议书的有效期限一般较长，有的则是永久的，比如换房之类的协议书，除非房主再次易人，否则其作用便长期存在。

（三）协议书的特点

1. 灵活性

与合同相比，协议书的形式不受限制，没有强求一致的固定格式，如条款可以是一项或多项；篇幅可长可短，内容繁简自如；时效比较灵活，可变性较大。

2. 广泛性

协议书的使用范围和涉及的领域相当广泛，凡是不宜用合同形式的，都可以在当事人协商一致后，以协议书的形式签订。其他一些相关事宜，还可以用补充条款加以细化。

3. 约束性

协议书必须符合国家的法律、法规和有关的政策规定，不能自行其是。任何事项，一经协商签订便具有较强的约束力。

4. 条理性

协议书一般采用条款写法，清楚并有条理地将当事人协商一致的意见写出来。内容要具体准确无误地表达当事人本意。

二、协议书的写作

协议书一般由标题、立约单位、正文、落款四部分组成。

（一）标题

协议书的标题写法和意向书相似，由协议单位名称、事由、文种三部分组成，即“单位＋事由＋文种”。也可用“事由+文种”，或者直接以“协议书”作标题。

（二）立约单位

当事人的名称或姓名及地址，分别表明“甲方”“乙方”或“丙方”等。当事人是单位、社会团体的，要写全称及详细地址；当事人是自然人的，要写明姓名、身份证号码和详细住址。

（三）正文

正文由缘由和主体组成。

缘由写明签订协议书的目的、依据等内容。主体部分以条款形式写出协议的事项。不同类型、不同性质的协议书所包括的条款不一样，都由双方协商而定。一般包含以下几项。

（1）协议要实现的共同任务和标的。

（2）当事人双方各自应尽的义务和享有的权利。

（3）违约责任。

（4）有效期限。

（5）协议份数和保存。

（6）仲裁办法。

（四）落款、签名和日期

落款写在正文右下方，写明协议人单位全称和代表姓名，并签名盖章，在其下方写明签订日期。

第四节 经济合同

一、经济合同概述

（一）经济合同的含义

合同也叫契约，是当事人为确立双方的权利与义务而达成的，须共同遵守的协议。经济合同是合同的一个分支，是商品经济发展的产物，古已有之。古时我国有契、券、质等，逐步地规范化，就形成今天所说的经济合同。

1999 年 10 月 1 日实施的《合同法》第二条规定：合同是平等主体的自然人、法人、其他组织之间设立、变更、终止民事权利义务关系的协议。经济合同是合同的一种。它是平等民事主体的自然人、法人和其他组织相互之间为实现一定经济目的，明确相互权利和义务而签订的书面协议。它有利于规范经济活动，保证合同当事人的合法权益，促进现代企业制度以及经济的发展，推动经济有序、健康、协调、稳定发展。

（二）经济合同的特点

1. 目的性

经济合同具有明确的经济目的，如签订目的是为了贷款、购买某项商品或确定委托关系等。

2. 合法性

经济合同的主体应具备法定资格。只有具备法律规定资格的当事人签订的合同才会被法律承认有效，受到法律的保护；反之，合同不但无效，不能受到法律保护，还将视其后果追究责任。

3. 平等性

签订经济合同的双方处于平等地位，权利和义务相对等、相互制约。任何一方均不能对另一方施加限制或协迫。享受合同规定的权利，就必须承担相应的义务；履行了义务，就应享受相应的权利。一方的权利体现为另一方的义务，另一方的义务又体现为一方的权利，二者互为因果，相互产生作用与影响。

4. 规范性

经济合同是以书面形式签订的，其内容和形式都必须规范化。当事人所交易的内容、相互的权利义务，都要以书面的形式确定下来，不能口头许诺，这样才具备法律效力。也只有规范的合同，才能真正做到有章可循、有据可查，防止疏漏或歧义，避免不必要的矛盾和纠纷，确保合同双方的合法权益真正落实。

（三）经济合同的作用

1. 政府宏观调控的需要

推行经济合同制，有利于国家政策具体、准确地落实到生产、流通的各个环节，使各部门紧密联系在一起，形成统一开放的大市场。在经济合同的制约下，各个经济组织必须全面严格履行合同，使其在自身发展中保证国家经济目标的圆满完成。国家还可以通过了解全国各行各业所签订的经济合同及其执行情况，掌握社会的总需求和实际生产能力的情况，以此作为确定调整产业结构、转变增长方式等宏观调控政策的依据。

2. 专业化协作的工具

市场经济健康、合理、有序地发展，各类经济组织的密切协作显得尤为重要。合同这一法律工具，可以把生产、流通各个部门按照经济规律合理地组成一个整体，使它们互相依赖、互相推动，促进经济组织之间协作关系的正常发展和不断巩固。

3. 提高经济效益的措施

合同制是一种用经济手段管理经济的有效措施。签约各方为了实现一定的经济目的，在签订经济合同之前，要进行认真的调查研究，做好市场预测，对原料、产品、销售等都要了解掌握。合同一经签订就必须履行，管理者必须千方百计地挖潜、降耗、增产，以保证内部各环节互相衔接，货畅其流，加速资金周转，保证履约。

4. 保护当事人权益的依据

签订经济合同是当事人双方的法律行为。合同的确立，标志着当事人双方都受到约束，其主体的利益也得到了法律的保护。当合同主体之间发生纠纷时，当事人一是可以按照事前约定，向仲裁机构申请调解或裁决；二是可通过法律程序上诉，使各自的利益得到保护。

5. 规范市场行为，优化经济环境

要形成统一、开放、竞争、有序的社会主义市场经济体系，必须有健全的法律体系。合同化管理是法制建设的重要组成部分，合同使不同性质的经济主体、不同身份的人员都有平等的地位。合同的各项条款又严格地规范了利益各方的竞争行为，竞争的平等有序又为进一步开放市场、搞活经济创造了更好的条件。

6. 对外协作的纽带

随着改革开放，国际经济交往日益增多，涉外合同为发展对外贸易、引进外资、利用外国先进技术起到了纽带作用，促进了经济进一步繁荣。

二、经济合同的种类

（一）《合同法》规定的种类

根据不同标准可以对经济合同进行不同的分类。例如，根据书面形式划分，可分为条款式合同和表格式合同。根据《合同法》规定，合同可分为 15 种基本类型。

（1）买卖合同。买卖合同是出卖人转移标的物的所有权于买受人，买受人支付价款的合同。

（2）供用电、水、气、热力合同。供用电合同是供电人向用电人供电，用电人支付电费的合同。供用水、供用气、供用热力合同，参照供用电合同的有关规定。

（3）赠与合同。赠与合同是赠与人将自己的财产无偿给予受赠人，受赠人表示接受赠与的合同。

（4）借款合同。借款合同是借款人向贷款人借款，贷款人到期返回借款并支付利息的合同。

（5）租赁合同。租赁合同是出租人将租赁物交付承租人使用、收益，承租人支付租金的合同。

（6）融资租赁合同。融资租赁合同是出租人根据承租人对出卖人、租赁物的选择，向出卖人购买租赁物，提供给承租人使用，承租人支付租金的合同。

（7）承揽合同。承揽合同是承揽人按照定作人的要求完成、交付工作成果，定作人给付报酬的合同。承揽包括加工、定作、修理、复制、测试、检验等工作。

（8）建设工程合同。建设工程合同是承包人进行工程建设，发包人支付价款的合同。建设合同包括工程勘察、设计、施工合同。

（9）运输合同。运输合同是承运人将旅客或货物从起点运输到约定地点，旅客、托运人或收货人支付票款或运输费用的合同。它包括客运合同、货运合同和多式联运合同等。

（10）技术合同。技术合同是当事人就技术开发、转让、咨询或者服务订立的确立相互之间权利和义务的合同。它包括技术开发合同、技术转让合同、技术咨询合同和技术服务合同。

（11）保管合同。保管合同是保管人员保管寄存人交付的保管物，并返还该物的合同。

（12）仓储合同。仓储合同是保管人储存存货人交付的仓储物，存货人支付仓储费的合同。

（13）委托合同。委托合同是委托人和受托人约定，由受托人处理委托人事务的合同。

（14）行纪合同。行纪合同是行纪人以自己的名义为委托人从事贸易活动，委托人支付报酬的合同。

（15）居间合同。居间合同是居间人向委托人报告订立合同的机会或者提供订立合同的媒介服务，委托人支付报酬的合同。

上述 15 种合同是已经规范并纳入《合同法》的合同形式。另外还有许多种类的合同没有纳入《合同法》，这些合同的订立原则也主要参照《合同法》的原则。

（二）合同示范文本

合同示范文本，是由政府工商行政管理部门制定，或由工商行政管理部门与其他主管部门联合制定的，包括合同主要条款和式样的具有规范性、指导性的合同文本格式。合同示范文本的条款包含必备条款、选择条款和约定条款三类。必备条款是指《合同法》第十二条所规定的 8 项内容。选择条款是根据不同合同的实际情况所提出的可供选择采用的条款，如建设工程施工合同中的保险条款等。约定条款是指“其他约定事项”，这是提示当事人依据不同合同的特性而需注意考虑的内容。

国家工商行政管理机关编印的合同示范文本采用编号方法管理，编号形式为“GF\××××\××××”，如化肥买卖合同的编号是“GF\2000\0102”。编号中的“GF”取自“国”“范”二字汉语拼音首字母的大写，含义为国家示范。中间的四个字符“××××”是取该示范文本发布年的年份数值。

三、经济合同的写作

（一）经济合同的格式

一般分为条款式、表格式和条文表格结合式。条款式是由当事人自己拟定条款，逐条逐项加以说明。表格式就是在事先印好的表格中，逐格填写合同的内容。条文表格结合式就是既有条文也有表格。国家工商行政管理部门为了加强合同的管理，统一了经济合同文本的格式，推行了经济合同示范文本制度，对不同的经济合同的格式都做了不同的具体规定。合同当事人可以直接使用。

（二）经济合同的结构

1．标题

一般以合同性质或种类命名，如“购销合同”“建设工程承包合同”“供用电合同”等。也可以写上签订合同的单位，如《××公司与××厂购销合同》，标题右下方写明编号。如果使用国家制定的示范文本，则在“合同种类”栏内填上签订的合同名称就行了。

2．当事人名称

就是签订合同当事人两方或多方的名称。如果单位派代表出面，则在单位名称后面写上代表姓名、职务、职称。双方名称前，一般还写明“甲方”或“乙方”（有第三方时，则称“丙方”），也可以写成“供方”“需方”或“定作方”“承揽方”等。

3．正文

（1）开头。写明签订合同的目的或依据。

（2）主体。写明合同的内容，即当事人议定的主要条款。主要条款，又可分为必备（通用）、专用或选择、特约三种。

① 必备条款，又称通用条款。它是各类合同必备和常用的条款。《合同法》规定经济合同应具备的主要条款有当事人的名称或者姓名和住所、标的（指货物、劳务、工程项目等）、数量和质量、价款或者报酬、履行的期限、地点或方式、违约责任和解决争议的方法等 8 项。

标的：它是经济合同中权利和义务所指的对象，即双方所要处置的事物，它可以是财物，也可以是行为（如劳务、科学实验等）。标的必须具体、明确，否则，就会造成差错或引起纠纷。

数量和质量：它是计算标的价款的根据，也是落实权利和义务的基本内容。数量是衡量标的大小的尺度，必须规定得准确、可靠，有时还要规定合理的磅差和正负尾数。质量是标的具体特征的体现，不仅指标的物的优劣，有时还兼指产品的品种、型号、规格等。标的质量的规定，必须以明确的标准为依据（原则上是法定的标准，如国际标准、国家标准、地方标准等，如果没有这样的标准，也可由双方议定一种标准）。

价款或者报酬：价款是获得标的物所交付的代价，报酬是获得对方标的物的使用权，或将标的物委托对方处置所交付的代价。标的的价款和计算标准，国家有规定的按国家的规定办理，国家没有规定的，由双方协商决定。

履行的期限、地点和方式：它是执行合同的必备条件。能否按期履行合同，不仅关系到双方的经济利益，也会影响到其他部门甚至社会的经济秩序。履行期限指的是提供标的物和交付价款或报酬的具体时限，它与合同的有效期限相关，但不是统一的概念。有效期限是指合同具有法律效力的时间，比如一份合同的有效期是三年，而履行期限则是每年或每月的交货、交款日期。履行的方式，包括交货方式、付款方式、费用负担等。

违约责任：又称“罚则”。它是指不能履行、不能完全或不适当履行合同造成损失所应负的责任，包括经济责任和法律责任，主要是经济责任。其形式有两种：支付违约金和赔偿金。违约责任一般由违约情况和违约处理办法构成，即先写违约达到的程度，再写相应的处置办法。两者都必须写得具体、明确，不能有任何的歧义。这对维护合同的法律严肃性，督促当事人认真执行合同，避免纠纷，都是必不可少的规定。

② 专用或选择条款。即不同性质的合同，有不同的专门条款。比如，购销合同，除通用条款外，一般还包括包装要求、交货验收方式等；房屋租赁合同，除通用条款外，一般还有租赁的用途、租赁期间维修、保养责任等条款。

③ 特约条款。它是当事人一方要求对方允诺的条款。在一些合同示范文本中，就常有“特约事项”“补充条款”或“其他要求”的栏目，就是用来填写特约条款的。

主体的最后，一般还应注明合同的份数、保存的单位。合同的正本，一般为一式两份，双方各执一份，或者一式三份，除签约双方外，保证单位还存放一份。副本则由双方根据需要商定。经济合同一般还有表格、图纸、实样等附件，也应附在正文之后，一一注明名称和份数。

4. 结尾（落款）

在正文的下方，写明签约双方单位全称和代表的姓名、地址，并签名盖章。如需鉴证或公证的，则鉴证、公证的机关及代表也要签名盖章。签订的日期一般写在署名的下方。

四、经济合同注意事项

（一）内容必须合法

经济合同所涉及的内容必须符合国家有关法律、法规和有关职能部门或行业的管理规定，这样，合同的内容才可能建立在合法的基础上。同时，合同的内容应是当事人意愿的共同体现。

（二）格式必须规范

可向当地工商行政管理机关或业务主管部门购买合同纸，也可按照示范文本格式从网上下载使用。撰写经济合同时，一定要按规定的文本格式和要求进行。使用的数字、计量单位、质量标准等，要符合国家的相关规定。合同的撰写，要严肃认真，不得随意涂改。合同如有错误或遇到特殊情况确需要修改时，应将双方同意的意见作为附件附上。如在原件上修改，应加盖印章。

（三）条款必须完备

必须按《合同法》规定条款来撰写。必备的各个构成部分不能缺少，主要条款不能遗漏。有些合同在结尾必须写明附件名称、件数，以保证合同的完整性。

（四）语言必须准确

不允许出现含混不清或模棱两可的句子或语言，以避免在合同的履行中出现不必要的争执和纠纷。合同中使用的概念，当事人应该有一致的理解，忌用模糊概念，以防歧义产生。经济合同的语义应该准确，应避免使用“希望”“尽可能”“争取”等模糊性用语，不说空话、套话。同时还要注意正确使用标点符号，防止句号、逗号用错或点错而造成不必要的纠纷或造成损失。

第五节　外贸函电

一、外贸函电概述

（一）外贸函电的含义

外贸函电是在进行对外贸易活动时使用的通信方式。函，亦称信函、函件、书信，这里是指我国各具备进出口业务资质的单位和有关部门与国外厂商客户进行业务联系，洽谈商品交易的信件。电，是指电报、电传、传真、电子邮件。函和电在国际交易中，统称“函电”。用汉语写成的“函电”则称为外贸中文函电。鉴于各种语言的可译性，不同语言的贸易函电其作用是相同的。

在总体格式上，外贸中文函电深受世界流行的英文商用函电的影响，与我们国内常用的商用函电有较大区别。外贸中文函电主要在与东南亚地区的商人进行贸易时使用，受中国传统文言信函与外文函电的双重影响，表述的汉语化与格式的英文化是其突出的特点。

（二）外贸函电的特点

一是政策性强。外贸工作的每个环节都关系到国际惯例、世贸规则和国家的经济法规。因此，外贸函电必须依法行事，不能自行其是，必须遵守法律和国际惯例。

二是目的性强。外贸函电大多直接为某项业务活动或解决某个问题而编写。因此，写作时要有明确的目的性，从实际出发，讲究实效。

三是惯用格式。外贸函电有明确的接受对象、应用范围，且有相对稳定的、通用的习惯性格式。目前外贸函电的格式要求趋于简便。因此，在写作中，既要遵循规律，遵守外贸函电的格式，也不可墨守成规。总之，要着眼于完整、适用和醒目。

四是时间性强。外贸函电的一个重要特点是时间性极强。外贸业务是在国际间进行的，必须适应国外客商对时间的要求。尤其与“时差”较大的国家和地区进行商务往来时，更应注意，不然就可能给国家和企业造成经济损失。因此，外贸函电起草、传送和办理都必须做到迅速及时。

五是准确简明。外贸函电所使用的表达方式以叙述和说明为主，能说明问题即可，无须过多地发挥和润色，凡文中涉及的时间、地点、事实、数字都必须准确无误，不容语义两歧、含混不清，否则在运作中就会遇到麻烦。

（三）外贸函电的作用

1. 具有取得联系和表达买卖愿望的作用

在对外贸易中，函电广泛地用于业务联系，洽谈买卖。中外客商主要通过函电往来提出各自对买卖某种商品的条件与要求，以期取得一致的意见，从而达成协议，订立合同。当然，也可以直接洽谈或通过交易会面商。

2. 具有约束作用

通过函电联系业务，洽谈买卖，这意味着任何一封函电对发文的一方都具有约束力，要按函电中所提出的条件、要求去办事，特别是对发盘的接受函电，更具有法律约束力。

3. 具有依据和凭证作用

在进出口业务中来往的函电，是订立协议或合同的依据，一旦发生纠纷，函电的有关内容又将成为判断是非曲直的凭证。

二、外贸中文函电的写作

涉外贸易函电一般用英文书写，与东南亚地区的商人进行贸易时有不少使用中文（繁体）。因为文字间的可译性，这里主要讲外贸中文函电的写作。

（一）外贸中文函电的格式

外贸中文函电的格式一般包括信头、单位名称、称呼、标题、正文、祝颂语、附件、签名等部分。

1. 信头

包括发函公司的名称、地址、电报挂号、传真号、电传号、电话号码、发文编号等。这部分内容通常是印好的，一般印在信纸的上端中央，只有发文编号的序号需要填写。

2. 单位名称

指收函方的单位、商号名称，这一部分要顶格书写。

3. 称呼

顶格书写在收方单位名称下边一行。称呼可直接写职务或姓名，习惯上要在称呼后面加上"台鉴"等敬语，以表示对收信人的尊敬。

4. 标题

也称事由部分。另起一行写在信纸的中间。

5. 正文

由开头语、核心内容和结束语组成。开头语视函的内容及双方的关系不同而有所不同。若是主动去函给新客户，打算与之建立业务联系，一般先作自我介绍。若是收到国外厂商的来函，需要复函回答对方的问题，一般先写明"您×日函悉"，作为发函的引据。若是双方已建立业务关系，来往的交换意见函可以开门见山地阐明自己的意见。

函的核心内容体现发函者的目的和意图。不论是发函告诉对方一件事情还是表明自己对处理某问题的意见，都要将事情说清楚，把意见讲明白。必要时，要讲道理，使自己的观点有理有据，便于对方接受。如果所谈的问题比较复杂，就要分段或分条列项，使函的内容层次清楚。结束语一般表示希望回函或提出与发函主要内容相关的其他具体要求、希望等。

6. 祝颂语

一般写一些表示赞美、祝愿或表示敬意的语句。商业信件的祝颂语多用于与商业有关的词语，如"顺致商安"等。祝颂语要分两行写，表示祝颂的词，尾缀在正文之后或另起一行空两格，祝颂词的宾语要另起行顶格书写。

7. 附件

附属于正文的文字资料。附件不是每封函都有，它是根据需要作为正文补充的材料。若有附件，要在祝颂语的下方，签名之前写清楚附件的标题。

8. 签名

写在发函纸的右下方。如果是以单位的名义落款，要加盖单位印章；如果是以个人名义落款，要有个人签名；如果是单位负责人，要冠以职衔。在签名的下一行用汉字的小写数字写上发函的年、月、日。

（二）外贸中文函电的写作要求

在具体的外贸业务中，一般说来，一桩买卖的成交要经历询盘、发盘、还盘和接受四个环节，而每一个环节也不是一次就能完成，有时要往返几次方能达成协议。其中每一个环节对函电的写作又有不同的要求。

1. 询盘

又称询价函。是指交易的一方打算购买或者出售某种商品，向对方询问买卖该项产品的有关交易条件。询盘对交易双方没有法律上的约束力，仅是为了交易的顺利进行。询盘要做到知己知彼，了解卖方的主要产品、性能、价格，最好有商品样品。

2. 发盘

是交易的一方（发盘人）向另一方（受盘人）提出购买或出售某种商品的各项交易条件，并表示愿意按这些条件与对方达成交易，订立合同。发盘应该明确产品的数量、质量、规格、包装、价格、运输等条款。

3. 还盘

指受盘人不同意或不完全同意发盘中的条件而对发盘的修改。对价格、支付方式、品质、数量、交货时间及地点等重要条件的修改，均构成还盘。还盘的写法，类似于写一篇小的驳论文章，要摆出对方的观点，然后用事实和道理加以反驳，同时亮明己方的观点。一般情况下，一项交易要经多次还盘和反还盘，才能最后达成协议。

4. 接受

同意进行交易。我国各个进出口机构都印有固定格式的书面合同，在同国外客户达成交易后，一般由我方填制书面合同，经双方核对无误并签字，各执正本一份，据以执行。在寄送合同的函中，要说明所寄合同的编号及份数，并提醒对方仔细审阅合同条款。如发现问题及时提出，并要求对方签署后退回一份。买方在接到合同后签署并开出信用证。在国际贸易中，经常采用信用证方式支付，买方应严格按照合同要求在规定的时间内开出信用证。但在实际交往中，国外客户往往因各种原因拖延开证，对此，卖方应催促对方迅速办理开证手续。

三、外贸中文函电写作注意事项

（一）严肃认真

外贸函电与其他书信往来的一个重要区别在于外贸函电更加严肃、认真，往往具有法律的约束力。譬如发盘函电的发出，就意味着一旦受盘人接受，双方就建立了合同关系。

（二）完整

外贸函电一般有其特定的内容。比如一份有效的发盘构成通常包括货名、品质/规格、数量、价格、支付和交货日期等，注意不要缺项。

（三）简洁

外贸函电要写得言简意明，意思表述直截了当。

（四）清楚

外贸函电的意思一定要表达清楚，用简单、通俗易懂的词语，以直接、具体的方式表达出来。需要注意的是，要把握好清楚与简洁的关系，两者发生冲突，以清楚为准。

询价函

（五）礼貌

函电是发函者的代表，函电往来如同人与人的交往，应讲求得体、礼貌。

还盘函

第十章

财经司法文书

第一节　仲裁文书

一、仲裁文书的概述

（一）仲裁文书的含义

仲裁也称公断。我国仲裁产生于汉代的“三老会”，即由乡间推选三名德高望重的老人处理民事纠纷。1912 年北洋政府颁行《商事公断处理章程》，是为我国现代意义上的仲裁。20 世纪 50 年代，新中国建立起涉外仲裁和国内仲裁两套制度。目前我国现行的有劳动争议仲裁、经济合同仲裁两种。1995 年 9 日 1 日起实施的《中华人民共和国仲裁法》（以下简称《仲裁法》），使我国的仲裁制度与国际仲裁制度相接轨，是我国仲裁史上的一座里程碑。自 2006 年 9 月 8 日起施行的《最高人民法院关于适用〈中华人民共和国仲裁法〉若干问题的解释》，使仲裁法规得到进一步完善。

合同仲裁，即是由第三方依据双方当事人在合同中订立的仲裁条款或自愿达成的仲裁协议，按照法律规定对合同争议事项进行居中判断，以解决合同纠纷的一种方式。

根据我国《仲裁法》规定，通过仲裁解决的争议事项，一般仅限于在经济、贸易、海事、运输和劳务中产生的纠纷。如果是因人身关系和与人身关系相联系的财产关系而产生的纠纷，则不能通过仲裁解决，而依法应当由行政机关处理的行政争议，也不能通过仲裁解决。

仲裁文书是平等主体的公民、法人和其他组织为通过仲裁途径解决他们之间发生的合同纠纷和其他财产权益纠纷而使用的文书。仲裁文书包括由法人或自然人撰写的仲裁协议、仲裁申请书、仲裁答辩状，以及由仲裁机构制作的仲裁调解书、仲裁裁决书、仲裁裁定书等。本节主要讲前者各文种的写作。

经济仲裁文书与民事纠纷诉状都是平等的民事主体为解决经济纠纷（主要是合同纠纷）而使用的文书，格式都有固定的程式。区别在于：经济仲裁文书是向经济仲裁机构提交的，而民事纠纷诉状文书是向人民法院提交的；纠纷的一方申请仲裁和仲裁机构受理案件须以当事人之间订有仲裁协议为前提，而纠纷的一方起诉和人民法院受理案件则无需对方当事人同意；仲裁文书的当事人称申请人和被申请人，诉状的当事人称原告、被告、上诉人、被上诉人。

（二）仲裁文书的特点

合同仲裁有以下几个特点：第一，合同仲裁是合同所有当事人自愿选择的一种方法，体现了仲裁“意思自治”的性质，即合同纠纷发生后，是否通过了仲裁解决，完全要根据当事人的意愿决定，不得实行强制。如果一方当事人要求仲裁，而另一方当事人不同意，双方又没有达成仲裁协议，则不能进行仲裁；另外，仲裁地点、仲裁机构以及需要仲裁的事项，也都根据双方当事人的意志在仲裁协议中自主选择决定。第二，合同纠纷仲裁中，第三方的裁断具有约束力，能够最终解决争议。虽然合同纠纷的仲裁是由双方当事人自主决定提交的，但是仲裁裁决一经做出，法律即以国家强制力来保证其实施。合同纠纷经济仲裁做出裁决后，即发生法律效力，双方当事人都必须执行，如果一方当事人不执行裁决，双方当事人则有权请求法院予以强制执行。第三，合同纠纷的仲裁，方便、简单、及时、低廉。首先，我国合同仲裁实行一次裁决制度，即仲裁机构做出的一次性裁决，为发生法律效力的裁决，双方当事人对发生法律效力的仲裁裁决都必须履行，不得再就同一案件起诉。因为，首先，既然当事人自主、自愿协议选择仲裁来解决合同纠纷，就意味着当事人对于仲裁机构和裁决的信任，就应当服从并积极履行仲裁裁决。其次，仲裁可以简化诉讼活动的一系列复杂程序和阶段，例如起诉、受理、调查取证、调解、开庭审理、当事人的双方进行辩论及提起上诉等程序上的规定，这些往往是要花费数月或更长的时间，加重当事人的负担。再次，合同纠纷仲裁的收费也比较低。所以它和诉讼相比，具有方便、简单、及时、低廉的特点。

二、仲裁文书的写作

依据仲裁文书的作用不同，仲裁文书分为仲裁协议书、仲裁申请书和答辩书。

（一）仲裁协议书

仲裁协议是公民、法人和其他组织在自愿前提下达成的明示，将他们之间的合同纠纷或其他财产权益纠纷提交某种仲裁机构裁决的协议。

1. 仲裁协议的作用

（1）明示纠纷双方自愿将纠纷提交仲裁机构裁决并接受裁决约束的共同意向；明确所选定的解决纠纷的仲裁机构和仲裁地点。

（2）仲裁机构受理经济纠纷案件的依据。没有仲裁协议，即使纠纷一方申请仲裁，仲裁委员会也不予受理。

（3）排除人民法院对经济纠纷案件管辖权的证明。当事人达成仲裁协议，即使一方向人民法院起诉，人民法院也不予受理。

2. 仲裁协议的特点

（1）合法性：仲裁协议的主体、内容和签订必须合法，如果违反了仲裁法的规定，仲裁协议无效。

（2）规范性：仲裁协议是一种合同，其结构和格式应符合合同的有关规定。

（3）明确性：协议对选定的仲裁机构、地点、事项等问题都必须具体、明确，否则，须重新签订或者无效。

（4）合意性：协议是双方自愿协商一致的结果，表达的是双方共同的意见，如果有一方不同意，协议就不可能达成。

（5）程序性：协议的内容不涉及双方的实体权利义务，只对要解决的问题和解决问题的方法做出规定。

（6）预定性：协议是在纠纷解决前对解决纠纷的机构、事项的确定。解决纠纷就要按照协议的规定办理。

（7）独立性：仲裁协议多是对某一合同发生或可能发生的纠纷的解决方式的书面明示，依合同的存在而产生。但合同的变更、解除、终止或无效，不影响仲裁协议的效力。

3. 仲裁协议的写作

以协议存在的形式，仲裁协议可分为经济合同中的仲裁条款、专门制定的仲裁协议和其他书面形式的协议，如电报、信函、传真等表达的仲裁意向。仲裁协议的形式不同，写法也不同，但不论采取哪种形式，都应当具有以下几项内容：请求仲裁的意思表示；仲裁事项；选定的仲裁委员会。

仲裁协议由标题、协议订立人、正文和落款等部分组成。

（1）标题："仲裁协议"。

（2）协议订立人：写明订立协议各方名称或姓名，并可以规定各方的代称，如"甲方""乙方"。

（3）正文：仲裁协议的正文内容比较简单，说明协议是为哪个合同订立的或为解决哪个纠纷而订立的，明确地写明双方选定的仲裁委员会的名称即可。也可以写一些具体的协议事项或附上一些条件。

（4）落款：协议人签字盖章并写明日期。

（二）仲裁申请书

仲裁申请书是经济合同纠纷一方当事人，根据仲裁协议向选定的仲裁机构就协议的仲裁事项提交的解决纠纷的书面请求。

1. 仲裁申请书的作用

（1）向选定的仲裁机构提出裁决纠纷的请求，以求启动仲裁程序解决经济纠纷。

（2）说明经济纠纷的实际情况，提出实体的请求，并说明理由、提供证据，供仲裁机构调查、裁决。

（3）仲裁机构受理经济案件并就申请事项进行审理、裁决的依据。

2. 仲裁申请书的特点

（1）内容特定。请求仲裁的事项是当事人双方在仲裁协议中早已规定好的。

（2）格式规范。行文有一套固定的程式。

3. 仲裁申请书的写作

仲裁申请书一般由首部、正文、尾部和附项四部分组成。

（1）首部。首部有标题和当事人基本情况等内容。

① 标题："仲裁申请书"。

② 当事人基本情况：按照先申请人后被申请人的顺序把当事人的有关情况列明。法人或其他组织要写出规范的全称、具体详细的地址、法定代表人或主要负责人的姓名、职务等情况；个体工商户要写出自己的字号、地址以及营业执照登记人的姓名、地址等情况；农村承包经营户可以直接写承包人的姓名、性别、年龄、名族、住址等情况；公民写自己的姓名、性别、民族、身份证号码、住址等情况。如果有代理人的，接下来要把代理人的情况写上，如当事人委托律师代理的，只需写明代理律师姓名及所属律师事务所的名称即可。然后，按照上列要求把被申请人的基本情况写上，如果有两个以上的申请人或被申请人，应在申请人或被申请人的位置，按照其在经济纠纷案件中的作用、地位，从重要到一般依次列出。

（2）正文。正文有仲裁请求、事实和理由、证人证据三项内容。

① 仲裁请求是指申请人的仲裁目的，请求仲裁机构支持自己的主张、裁定对方承担责任。要具体列出自己认为适当的责任方式，如停止侵权、返还财产、履行合同、赔偿损失，等等。

② 事实和理由是指申请书的核心内容，请求的提出是以本部分为依据的。申请人的权利是否合法，利益是否受到损失，被告是否有责任，请求是否合理，仲裁机构要依据本部分提供的内容进行审理，被申请人也要依据本部分内容进行答辩。

这一部分的主要内容是介绍情况和阐明道理。介绍情况要写明经济纠纷发生的原因、时间、地点、经过、结果等。在写纠纷的由来和发展时，重点写清被申请人侵权或违约行为的具体事实及自己所受到的经济损失。阐明道理包括两个方面内容，一是要明确被申请人的行为是导致自己所受经济损失的原因，并且应当承担责任；二是写出自己请求的法律依据，列举有关的具体法律条文，证明自己的请求合法。

③ 证人证据是指写明能证明案情的证据及其来源，证人及其住所，以便仲裁机构调查。

（3）尾部。包括受理案件的仲裁机构的名称、申请人、申请日期三项内容。

① 受理机构名称：分两行写“此致”和“某某仲裁委员会”。受理机构的名称应当顶格。

② 申请人：单位写规范的全称，个人写自己的姓名。写在受理机构下面偏右的位置。

③ 申请日期：写清申请的年、月、日。写在申请人下面。

（4）附项。附项有仲裁协议、申请书副本、提交的书证和物证等内容。

① 仲裁协议：这是仲裁机构受理案件的依据，必须提交给受理案件的仲裁委员会。

② 申请书副本：应按被申请人的人数向仲裁委员会提交申请书副本，并在附项中写明副本数量。

③ 书证物证：写明提交的书证多少件、物证多少件。

（三）仲裁答辩状

仲裁答辩状，又称仲裁答辩书。是被申请人就申请人在申请书中提出的有关经济纠纷的请求，向仲裁机构说明自己的看法，并说明理由、提供证据的文书。

1. 仲裁答辩书的作用

仲裁答辩书的作用是向仲裁机构说明有关经济纠纷的情况，承认或者反驳申请人的请求，或者为自己在经济关系中的行为进行辩解，使仲裁机构公正裁决，以否定或限制申请人的请求，维护自己的合法权益。

2. 仲裁答辩书的特点

（1）论辩性。答辩书是就同一事实或同一法律关系，针对申请人的请求提出不同看法，根据事实和法律来反对或限制对方请求的文书，行文有很强的论辩性。

（2）合法性。内容要合法，论辩要有法律依据，否则论辩没有价值，也不会达到维护自己利益的目的。

（3）灵活性。因为答辩方对原来的权利义务关系没有异议，或者不希望变更，使仲裁机构驳回对方的请求是最高的和最终的目的。所以，答辩可以根据对方的申请进行答辩，也可以依据一些程序上的规定进行答辩。

3. 答辩书的写作

答辩书一般由首部、正文、尾部和附项四部分组成。

（1）首部有标题、答辩人基本情况、案由三项内容。第一项，标题：“答辩书”或“仲裁答辩书”。第二项，答辩人基本情况：写答辩人的名称、地址，法定代表人姓名、性别、年龄、职务、住址，委托代理人有关情况等，写法与申请书相同。答辩书只需写明答辩一方的情况即可。第三项，答辩案由：说明是对哪个案件的答辩，用“现就××一案，答辩如下”过渡。

（2）正文有答辩理由、意见、证人证据三项内容。第一项，答辩理由是指针对申请人在申请书中提出的事实和理由进行辩解或反驳。辩解主要是对自己的一些看似错误、可能导致承担责任的行为进行解释，关键是说明这种行为是由其他的原因导致的，是被动的、不得已的、不可抗拒的、正当的、合法的行为。然后引用相关法律条文，证明自己没有过错，或者依法是可以免责的。反驳主要是指出对方的请求、证据错误，并说明错误所在，证明其请求不合法，证据没有证明力，或是指出对方在证明观点时出现的逻辑错误，使其论证不能成立。有时，答辩可以不涉及对方请求的实体内容，而仅仅就程序问题进行抗辩，如双方没有仲裁协议，申请人、被申请人不是纠纷的直接利害关系人等，只要抗辩理由成立，对方的仲裁申请就会被驳回，被申请人就能退出仲裁程序。第二项，意见是指应在充分阐明答辩理由的基础上，写出自己对案件事实的认定和据此提出的主张，请求仲裁委员会支持自己的主张。第三项，证人证据是指写明能证明案情的证据及其来源，证人及其住所，以便仲裁机构调查。根据案情需要，一一列举。

（3）尾部包括受理仲裁机构的名称、答辩人、答辩日期等内容。写法与申请书相同。

（4）附项需写明答辩状副本多少份，书证、物证多少件。

三、仲裁文书注意事项

（一）约定仲裁事项的规定范围

婚姻、收养、监护、抚养、继承纠纷不能申请仲裁；依法应当由行政机关处理的行政争议不能申请仲裁。

（二）依据自愿、合法原则，达成仲裁协议

没有仲裁协议，一方申请仲裁的，仲裁委员会不予受理；另一方采取胁迫手段，迫使对方订立的仲裁协议无效。无民事行为能力或者限制民事行为能力的人订立的仲裁协议无效。

（三）所述事实应真实、确切

不能故意歪曲、夸大或缩小事实，或按自己的利害关系对事实任意取舍，应当客观地把事实和能证明案情的证据原原本本地反映出来。

（四）格式应合乎规范

撰写仲裁文书应依照有关格式规定，不能随意增减项目，随意安排结构，或随意变动各项目的排列次序。

（五）语言表达要明确、得体

经济仲裁申请书　仲裁答辩状

要使用具有肯定、判断等语义特征的句式，对事实进行客观陈述，不能使用模棱两可、似是而非的语言，更不能使用侮辱性的语言。

第二节 经济诉讼文书

一、经济诉讼文书概述

（一）经济诉讼文书的含义

经济诉讼文书是平等民事主体的经济纠纷当事人请求人民法院保护和实现自己的合法权益，人民法院审理平等民事主体之间的经济纠纷过程中，人民法院、诉讼当事人、诉讼参与人为实现某种诉讼目的，行使诉讼权利时所使用的各种文书的总称。

为适应以审判为中心的诉讼制度改革的需要，最高人民法院审判委员会发布了《人民法院民事裁判文书制作规范》《民事诉讼文书样式》，自 2016 年 8 月 1 日起实施。据此，本节讲的经济诉讼文书是指平等民事主体的经济纠纷当事人（公民个人或法人）为保护和实现自身的合法权益，依法行使诉讼权，向人民法院提交的表明诉讼请求的书面材料，即各类经济诉状，不包括人民法院和其他诉讼参与人所使用的文书。

经济诉讼属于民事纠纷，是平等民事主体之间的经济纠纷所引起的诉讼。它与普通的民事诉讼一样，都是调整平等民事主体之间权利义务关系的诉讼。区别在于：经济诉讼主要是因平等的经济活动主体，即法人、其他经济组织、个体工商户、农村承包经营户之间以及他们与公民之间（至少有一方是经济组织），在生产、流通领域所发生的财产权益纠纷（主要是合同纠纷）而引起的诉讼；普通的民事诉讼主要是平等的民事主体，即公民、法人、其他组织之间以及他们相互之间（可以双方都是公民），在日常社会生活方面，因其他人身关系或财产关系纠纷而引起的诉讼。普通的民事诉讼主要由人民法院的民事审判庭审理；经济诉讼主要由人民法院的经济审判厅审理。因经济诉状是民事诉状的子类，除诉讼主体和诉讼的内容有所区别以外，诉状的写法是一样的。

（二）经济诉讼文书的特点

1. 认定事实的准确性

“以事实为根据，以法律为准绳”（《民事诉讼法》第七条），是人民法院审理民事案件的原则，也是诉讼文书写作必须遵循的原则。

诉讼文书所叙述的事实应该是真实可靠的，绝不能弄虚作假。起诉能否被受理、答辩能否被采纳、上诉能否取胜、申诉能否成功、申请能否获准，主要决定于事实的真实可靠。有了客观真实的事实、铁证如山的充足证据，就有了坚固的基础，就能够掌握诉讼的主动，立于不败之地。同时，当事人向人民法院提出的请求，也必须从客观事实出发，要以事实为根据。请求应该实事求是、恰如其分。

2. 适用法律的严肃性

《民法通则》《民事诉讼法》《合同法》和国家其他有关法律、法规，是经济诉讼文书写作时必须严格遵循的规范。在适用法律上应该慎重、严肃，注意使认定的客观事实和适用的法律条款相一致，只有这样才能体现出因果关系之间的必然联系，才能得出正确的结论。如果案件事实与法律条款不相符合，或者存在矛盾，那么，势必影响诉讼文书的质量，影响诉讼活动的正常开展。

3. 制作的规范性

诉讼文书的制作不仅要求合法，而且应该规范，以保证其完整性和有效性。就内容而言，有效的诉讼文书都事项齐全，并按规定的顺序排列。就形式而言，诉讼文书已形成程式化，具有统一、规范的文书格式。《法院诉讼文书样式（试行）》以及《法院刑事诉讼文书样式（试行）》《执行文书样式（试行）》等，对诉讼文书的写作提供了框架和导向。诉讼文书的语言应准确、庄重、简洁、平实，而准确是其核心。风格的准确来自表达的准确。表达的准确不仅包括言辞的确切、术语的正确使用，而且要注意不同文种在语言表达上的特殊要求。例如，答辩状的写作要考虑口头表达的特点，在保证句子完整性的前提下，应该多用短句，少用或不用长句，以便听众理解。又如，起诉状的写作既要简洁，又应注意内容的具体，尤其是事实和证据的叙述必须准确、充分。

（三）经济诉讼文书的作用

1. 请求人民法院保护自己的合法权益

合同纠纷、债券纠纷、专利纠纷等经济纠纷，对于构建和谐社会、维护社会主义经济秩序、企业正常的生产经营活动、保护公民的经济利益等，会带来一定的负面影响。在这种情况下，虽然通过协商、调解、仲裁或请求国家行政机关裁决等方法也可能解决，但最有效的方法是请求人民法院裁判，寻求国家法律的保护。寻求国家法律保护的形式，就是向人民法院递交起诉状。有时，由于受各种因素的影响，法院的判决、裁定、调解协议也可能出现失误，有必要请求人民法院二审或再审，这时也要向人民法院递交上诉状或申诉状。

2. 向人民法院说明

向人民法院说明当事人之间的民事法律关系建立、变更、消灭等事实，说明纠纷产生的原因和结果，说明自己对这些事实的认识、所根据的事实或法律的依据，以及自己认为合适的对纠纷的处理办法。

3. 经济诉讼文书是人民法院受理经济案件的依据

人民法院代表国家行使审判权，但对民事纠纷的审理遵照“不告不理”的原则，即使有经济纠纷发生，即使经济纠纷再大，人民法院也无权主动处理（再审案件有例外）。

4. 经济诉讼文书是人民法院审理案件的参考

当事人之间的实体权利义务关系应当怎样确定，首要的是查清案件事实。事实真相是什么？有什么证据？争议的焦点在哪里？为什么会产生这些争议？……人民法院要对当事人所提供诉状中的陈述进行辨别和认定。

二、经济诉讼文书的种类

从功能上看，经济诉讼文书可分为五种：起诉用的起诉状、答辩用的答辩状、上诉用的上诉状、申诉用的申诉状以及用途甚广的申请书。

（一）起诉状

起诉状用于一审普通诉讼程序。起诉状是指民事纠纷案件的原告或其法定代理人为维护权益，就有关民事交往（包括经济往来）中产生的争执，向人民法院提起诉讼的文书。起诉状一经法院受理，即标志着诉讼程序的开始，它是法院立案和审判的依据，也是被告人应诉、答辩及辩护的依据。

《民事诉讼法》第一百一十条规定："起诉状应当记明下列事项：当事人的姓名、性别、年龄、民族、职业、工作单位和住所，法人或者其他组织的名称、住所和法定代表人或者主要负责人的姓名、职务；诉讼请求和所根据的事实与理由；证据和证据来源，证人姓名和地址。"

（二）答辩状

答辩状第一审、第二审诉讼程序都可使用，主要用于对一审起诉和二审上诉的反驳。答辩状是应诉行为，是法律赋予被告人和被上诉人的诉讼权利，行使这种权利的主要形式是提出答辩状。答辩状是被告人或被上诉人针对起诉和上诉的事实、理由和请求，进行回答和辩解的一种文书。答辩状不仅是被告人和被上诉人维护合法权益的文书，而且也是人民法院公正审理案件的依据。

答辩状有很强的辩论性，它必须运用确凿的事实、充分的论据和有关的法律条款，通过论证和反驳，去驳倒对方的观点和论据，证明自己论点的正确。答辩状又往往具有很强的演说性，它必须通过公诉人或辩护人、委托代理人在法庭上有声有色地演讲出来，条理要清晰，文字要口语化，以便听众理解和接受。

（三）上诉状

上诉状适用于第二审程序的当事人提起上诉用，以及公益诉讼、第三人撤销之诉、执行异议之诉用。上诉状是指诉讼当事人或其法定代理人不服地方各级人民法院第一审的判决、裁定，而依照法定程序在法定期限内请求上一级人民法院依法撤销、变更原审的判决、裁定，或者重新审理而写作的诉讼文书。

上诉状应有很强的针对性，要针对一审法院的判决、裁定中认定事实、适用法律条款和执行诉讼程序等方面的错误，抓住要害进行申辩；要在讲清事实的基础上依据有关的法律进行充分的说理，以证明上诉请求的正确。

《民事诉讼法》第一百四十八条规定："上诉状的内容，应当包括当事人的姓名、法人的名称及其主要法定代表人的姓名，或者其他组织的名称及其主要负责人的姓名；原审人民法院名称、案件的编号和案由；上诉的请求和理由。"

（四）申诉状

申诉状主要用于再审程序。申诉状是指诉讼当事人及其法定代理人对已经发生法律效力的判决、裁定不服，向人民法院或者人民检察院提出申请重新调查或重新审理所提出的书面文书。

申诉状具有很强的针对性，说理必须充分。申诉状与上诉状的区别主要在于：上诉状的提出，只限于尚未发生法律效力的一审判决、裁定，上诉期限有规定，而且上诉提出后法院必须受理，从而引起第二审程序。申诉状的提出，则针对已经发生法律效力的判决、裁定，包括一审、二审。申诉无时限规定，但法院受理与否则取决于复查结果，只有原判决、裁定确有错误的，才能引起审判监督程序的发生。

（五）申请书

诉讼申请书是指在诉讼活动中，当事人和第三方为了诉讼上的需要，向司法机关提出请求，以解决某一问题而写作的文书。诉讼申请是法律赋予公民和组织的一种权利。申请内容如果符合国家法律的规定，一经获准，就能得到法律的保护，产生一定的法律后果。

诉讼申请书具有内容单一、使用广泛的特点，贯穿于诉讼的全过程，其种类很多，常见的有财产保全申请书、先予执行申请书、申请回避书、申请复议书、认定无行为能力申请书、申请撤诉书、申请执行书等。

三、常用经济诉讼文书的写作

（一）经济纠纷起诉状

起诉状俗称"状子"。经济纠纷起诉状是企事业单位、机关团体等法人组织或个人因自身的经济利益受到侵害，或与其他法人组织或个人发生经济纠纷而向法院提起诉讼，请求法院依法审理、裁决，以保护自己的合法权益，解决纠纷的法律文书。

1．起诉状的特点

（1）任何企事业单位、国家机关、社会团体和公民，在认为自己的经济权益受到侵犯或与他人发生经济纠纷时，都依法享有起诉权，都可制作经济纠纷起诉状。

（2）制作经济纠纷起诉状，必须有明确的被告、具体的诉讼请求和事实根据。

（3）经济纠纷起诉状是一种书面形式，因此，当原告人向法院提起诉讼时，一般都要用书面提出。

2. 起诉状的写作

经济纠纷起诉状，一般由标题、首部、主部和尾部四个部分组成。

（1）标题宜写成“经济纠纷起诉状”，以明确案件的性质。当然，也可以和民事纠纷一样，直书为“起诉状”。

（2）首部包括两项内容：一是当事人基本情况，依次写明原告人和被告人的姓名、性别、年龄、民族、职业、住址等。如果当事人是法人，要写明其名称、地址及法定代表人姓名和职务；有诉讼代理人的，要写明其姓名、单位、职务等情况；如果有数个被告，要依次写明其基本情况。二是案由，即案件的名称，是对诉讼内容的高度概括，主要是写明经济纠纷案件的具体性质，如“购销合同纠纷”或“经济赔偿纠纷”等。案由有时也可作为首部的第一项，写在最前头。

（3）主部也称正文，即起诉状的主要内容，包括“请求事项”和“事实与理由”两部分。

第一部分写请求事项。这是原告在诉讼中提出的要求和意见，并请法院予以解决的事项。这也是起诉状的目的所在。书写时语言要简明、肯定，不能模棱两可、似是而非，也不能随意变换。非单一请求，可分条写。

第二部分写事实、证据与理由。经济纠纷起诉状的事实与理由，是原告请求法院裁判当事人之间权益争议的重要根据，也是原告提出诉讼请求的重要依据，是起诉状的核心内容。这一部分包括三个方面：

其一，纠纷事实。主要写明当事人双方经济权益争执的具体内容。具体来说，有以下几点：①当事人之间的法律关系以及当事人之间纠纷的由来、发生、发展的过程。②当事人双方争议的焦点和实质性分歧。这里常用证明与反驳的表达方式。③被告人违约或侵权行为所造成的后果。

其二，证据方面。在经济纠纷诉讼中，原告人对自己提起诉讼的案件，付有举证责任，所以，在诉讼中必须对自己提出的事实和请求提供充分的证据加以证明，包括能证明事实的人证、物证、书证、视听资料、鉴定结论以及这些证据的来源和可靠程度，证人的姓名、职业、地址等（如果原告认为证据可能丢失或以后难以取得，可向法院申请证据保全）。证据可在某项事实叙述时随时提出，也可在叙述事实后单独列举。

其三，理由方面。在叙述事实、列举证据的基础上，分析认定被告人违约或侵权行为的性质，说明是非曲直，阐明被告人应承担的责任，援引有关法律、政策作为诉讼请求的法律根据，以确定其诉讼请求事项的合法性。凡直接引用的法律条文，均须加引号，并交代出处。在叙述事实、阐明理由之后，以惯用语结尾，如“综上所诉，被告人……请法院依法判决。”

（4）尾部。一是写明起诉所提交的人民法院的名称，一般写“此致××人民法院”。正文写完后，另起一行，空两格写“此致”，再另起一行顶格写要送达的人民法院名称。二是在法院名称右下方具状人署名。如果起诉人是法人或其他组织，要写明全称、加盖公章，并由法定代表人签章。在署名的下面书写具状的年、月、日。三是附项。写明起诉副本的份数，物证、书证的件数。

（二）经济纠纷上诉状

1. 经济纠纷上诉状的概念和特点

经济纠纷上诉状，是指经济纠纷的当事人或有独立请求的第三人，在不服法院第一审案件的判决或裁定，并在其发生法律效力前，向上一级人民法院提起上诉，请求撤销或变更原审裁判，或重新审判而提出的书状。经济纠纷上诉状是引起二审的法律文书，其内容具有针对性和辩驳性，对于推动二审法院依法改正或维持正确判决，维护司法公正和当事人的合法权益具有重要意义。

经济纠纷上诉状具有以下三个方面的主要特征。

（1）必须是书面形式。当事人对法院的第一审判决裁定提起上诉，必须提出书面形式的上诉状，以表示不服该判决或裁定，并要求撤销或变更该判决或裁定。如果没有呈递书面形式的上诉状，仅在人民法院第一审宣告判决时，当庭声明不服判决提出上诉，书记员应在法庭笔录或宣判笔录中如实记载，但这只能说明当事人已做出提起上诉的表示，并不能引起上诉审理程序的开始。如果在法定期限内没有呈递书面上诉状，尽管当庭作了上诉的口头声明，一审判决仍然发生法律效力。

（2）只能由有上诉权的人提出。被上诉人也只能是符合法律程序规定的特定对象。在经济诉讼中有权提起上诉的人，只能是一审程序中的原告人或被告人。原告人或被告人的诉讼代理人，如经被代理人的特别许可，也可用代理人的名义书写上诉状，提起上诉。上诉状中的被上诉人，只能是对方的第一审程序的当事人或有独立请求权的第三人，其他人不能作为被上诉人。不具有上诉权的人提起上诉，递交上诉状的，法院收到上诉状后一般要裁定予以驳回；不符合条件的被上诉人提起上诉的，法院会通知上诉人更换符合条件的被上诉人，上诉人应予更换，否则法院会裁定驳回。

（3）必须在法律规定的期限内提出。当事人不服第一审判决或裁定而提出上诉，必须在法律规定的一定期限内，上诉状才具有法律效力。民事诉讼法对此有具体的规定：“对判决提起上诉的期限为 15 日，对裁定提起上诉的期限为 10 日。”上诉期限是自第一审判决或裁定合法送达后第二天起计算。

2. 上诉状的写作格式与要求

经济纠纷上诉状由标题、首部、主部和尾部四部分组成。

（1）标题包括案件性质和状书名称两项内容，一般写为“经济纠纷上诉状”“民事上诉状”，也可直书“上诉状”。

（2）首部写当事人基本情况，书写的项目与次序和起诉状相同。但要注意两点：一是应当把当事人在一审中所处的诉讼地位（原告或被告或第三人）用括号予以注明，如“上诉人（一审原告）：×××，被上诉人（一审被告）：×××。”二是公诉案件无被上诉人，只写出上诉人的基本情况即可。

（3）主部是上诉状的基本内容，包括案由、上诉请求、上诉理由三项内容。

第一项是案由，即不服第一审判决和裁定的事由。具体写法如下：“上诉人因×××纠纷一案，不服×××人民法院××××年×月×日×字第×号判决（或裁定），现提出上诉，上诉的请求和理由如下：……”。

第二项是上诉请求，要写明请求第二审人民法院撤销或变更原审判决或裁定，或者重新审理。这是上诉的目的所在，要明确、具体。有的上诉状先写明理由，再写上诉请求。

第三项是上诉理由。民事上诉状中，论证理由主要是针对原审裁判说话，而不是针对对方当事人；民事起诉状则完全是论述对方当事人的无理之处。这是上诉状和起诉状在写法上的根本区别。上诉时，如果再将给原审的起诉状或答辩状拿来，照抄照摘，不但不符合上诉状制作方法，更重要的是立论指向不明，文不对题，使上诉请求变成没有基础的东西，往往不能被上级人民法院所采纳。针对原审裁判论证不服的上诉理由，不外乎从以下几个方面进行。一是对原审认定事实错误的论证。着重提出原审裁判所认定的事实是全部错误还是部分错误，说明客观事实真相究竟如何。上诉状中提出的与原认定的事实相对抗的客观事实真相必须举出确实充分的证据来加以证实。人民法院处理案件，是“以事实为根据”的，只要能够把原审认定的事实全部或部分推翻了，必然会导致其处理决定的全部或部分改变。二是对原审确定性质不当的论证。这要具体指出其定性不当之处。民事案件同样存在着定性问题，也就是确定案由问题。如果定性不准，则处理上必然不当。三是对原判适用实体法不当的论证。这就是指原判引用有关的实体法条文，或者是与案情事实不相适应；或者是在引用有关法律条文上存在着片面性，只引用了一部分有关条款，忽视了另一部分有关条款；或者是曲解了法律条款，等等，以致造成处理不当的，要举出有关法律条款，加以具体地分析论证。四是对原审适用程序法不当，因而影响正确审判的论证。如审判组织不合法，应回避而未回避，必须辩护而无辩护人等。在写完上诉理由之后，就写结束语。通常的写法是：“综上所述，说明×××人民法院（或原审）所作的判决（或裁定）不当，特向你院上诉，请求撤销原判（或裁定），给予依法改判（或重新处理）。”

（4）尾部及附项。在正文之后，另起一行空两格写“此致”，再另起一行顶格写“×××人民法院转报×××中级（或高级）人民法院”，也可直接写为“ ×××中级（或高级）人民法院”。

另起一行右下方，由上诉人签名或盖章，下面注明上诉的年、月、日。如有附件，则应分行写明：

本上诉状副本×份；

证物××（名称）×件；

书证××（名称）×件。

（三）经济纠纷答辩状

1. 经济纠纷答辩状的概念和作用

经济纠纷答辩状是被告人或者被上诉人，针对原告人或者上诉人在起诉状或者上诉状中提出的诉讼请求和理由，提出自己的看法，向人民法院做出答复的书状。在答辩状中，被告或被上诉人可以根据具体的案情事实，承认对方的请求，或者为自己辩解，或者对对方的请求进行反驳。

经济纠纷答辩状的作用，主要是向人民法院讲清事实，请求人民法院保护自己的合法权益，否定或限制原告的诉讼请求，帮助人民法院全面了解案情，及时、公正地审结案件。当事人因为是利害关系人，在向人民法院陈述时会自觉不自觉地为自己争理，只听一面之词，很难了解事实真相。当事人双方把各自对民事法律关系的看法提交给法院，使人民法院能迅速掌握争执的焦点，明确查证、审理的重点，及时审理，早日结案。

经济纠纷答辩状主要有三方面的作用：首先，全面披露案情真相，便于法院“兼听”当事人双方意见，做出公正裁判；其次，有助于保护答辩人的合法权益；再次，是答辩人的诉讼代理人发表代理词的基础。

经济纠纷答辩状按其所在程序的不同，分为一审答辩状、二审答辩状和再审答辩状；按其提出答辩主体的不同，分为公民（自然人）答辩状和法人或其他组织答辩状。

2. 答辩状的写作格式和要求

答辩状由下列五部分结构组成。

（1）状头。先写标题“答辩状”，再写答辩各有关人员情况。如果是单位，要写好单位名称、法定代表人、委托代理人等。具体内容与起诉状相同。

（2）案由。在撰写时不一定照搬原告提出的案由，如原告以购销合同货款纠纷提起诉讼，要求被告给付货款，而被告提出拒付货款的原因是双方因产品质量发生争议未能得到解决。这样被告可以将“购销合同质量纠纷”作为案由写在答辩状上。

（3）请求事项。被告应针对原告起诉的事项，提出自己的不同意见。

（4）事实与理由。这是主体部分，用以反驳原告请求的事实和理由，或者针对原告起诉的内容陈述自己掌握的事实和理由，在法院通知被告应诉时，被告也可以提出反诉，并且向人民法院提交反诉状。

（5）状尾。状尾的格式、内容和写法与起诉状相同。

答辩状的写作有自己的特点，常用的论述方法是先反驳后立论，反驳与立论结合。反驳的目的在于使对方败诉。这就先要抓住对方陈述的错误事实或引用法律上的不当之处，然后举出确凿的事实与证据进行反驳。在针对对方的论点和论据进行反驳之后，需要根据可靠的事实和充分的理由，运用立论的方法，从正面提出对诉讼事实争执焦点的主张或看法，这就是自己的答辩意见。在具体写作过程中应切实注意如下几点：首先，要注意尊重事实。这是写作答辩状最基本、最重要的要求。因为事实是法院审理经济纠纷案件的依据，无论是主要的事实，还是次要的事实，都要确凿无误。同时，要注意抓住关键。一起经济纠纷案件，特别是一些复杂的案件，事件多、头绪繁，这就需要根据双方当事人在案件中的争执焦点，抓住关键性的问题进行阐明。这样才会使答辩状重点突出，集中有力。再者，要切实注意答辩状的语言特点，该否定就否定，该肯定就肯定，做到出语中肯、反击有力。

（四）经济纠纷申诉状

1. 经济纠纷申诉状的概念和特点

经济纠纷申诉状，是经济纠纷诉讼当事人及其法定代理人、被告人及其家属或其他公民，认为已经发生法律效力的判决、裁定有错误，向人民法院或人民检察院或有关单位提出申请，要求复查纠正的书状。它具有三个方面的特点：一是不受时限的规定。与上诉状比较，申诉状的一个明显特点是不受时间限定。一审判决或裁定送达后，超过法定期限而未上诉，或二审已判决和裁定的不论其是否执行，或已执行完毕，当事人双方都有权呈递申诉状。二是申诉状是引起法律监督程序的重要参考材料。当事人不服生效的判决和裁定而提起申诉，向有关司法机关呈递申诉状，就有可能引起审判监督程序，促使法院将生效的判决和裁定的案件进行再次审理。三是应由特定机构受处。根据我国法律规定，只有下列机构和人员有权受处申诉状：一是各级法院院长，对已经发生法律效力的判决和裁定发现在认定事实上或适用法律上确有错误，需要再审的，可提交审判委员会讨论决定。如果本法院判决或裁定曾经由二审法院审判后加以维持或部分改判时，原审法院只能就案件提出意见，送交二审法院院长审查决定是否提起再审程序。二是最高法院对地方各级法院已经发生法律效力的判决和裁定发现确有错误的，有权提审或指令下级人民法院再审。除此以外，任何机关和个人都无权受理申诉状而提起再审程序。

2. 申诉状的写作格式和要求

经济纠纷申诉状的结构形式与上诉状大致相同，也由四个部分组成。

（1）标题。写明“经济纠纷申诉状”，或直书“申诉状”。

（2）首部。申诉人的基本情况。写明申诉人的姓名、性别、年龄、职业、住址（如系法人，则写明单位名称、地址、法定代表人的姓名、职务）及其在诉讼中的地位等等。

（3）主部。包括案件来由、请求与理由两个部分。第一，案件来由。一般写为“申诉人因×××纠纷一案，认为法院（或××法院）××××年×月×日×字第×号××判决（或裁定）确有错误，现提出申诉，申诉的理由如下：……”。第二，请求与理由。这是申诉状的核心内容。首先应明确指出原判决或原裁定的错误之处，然后提出相反的事实或证据和法律依据，针对原裁判中的错误进行辩驳，进而提出重新审理或中止执行的要求。

请求与理由是申诉状的重点。申诉的重点应归纳为几方面列出，直接指出原裁判的错误之处，逐一进行叙述的辩驳。具体应掌握以下四个环节：一是要摆清事实。事实是重新复查案件的基础。所以，在叙述事实上务必全面、准确、突出重点，所述事实应当为请求事项服务。与请求事项无关的事实可以简单叙述，与请求事项有关或者就是为澄清某些事实的叙述，必须详尽。也可先全面摆清事实，然后提出原裁判的错误之处，逐一列出证据，以阐明申诉观点的成立。还可先引用原裁判认定的事实说明其错误之处，边叙述事实，边予以反驳。二是要列示证据，以证明所述观点的成立。即将请求事项、有关的人证、物证、书证一一列示，并予以说明，以利于人民法院查证核实。三是要阐明理由。即通过摆事实、举证据，进一步归纳出自己的观点赖以成立的理由。四是恰当运用法律。或引用实体法，或引用程序法，以作为申诉的法律依据和申诉观点成立的法律佐证。

2016 年版《民事诉讼文书样式》

（4）尾部：包括申诉状所提交的法院名称、申诉人的姓名、盖章、申诉日期和附项。

主要参考文献

[1] 方有林，娄永毅．经济应用文写作[M]．上海：复旦大学出版社，2009.

[2] 谷颖．现代实用文体写作[M]．北京：清华大学出版社，2009.

[3] 严军，袁凤英．经济应用文写作[M]．北京：对外经济贸易大学出版社，2009.

[4] 司晓辉．财经应用文写作[M]．上海：立信会计出版社，2009.

[5] 牟岩，王瑾娟．实用语文[M]．天津：南开大学出版社，2011.

[6] 王立名．财经应用文写作[M]．北京：经济科学出版社，2009.

[7] 杨先顺，等．广告文案写作原理与技巧[M]．广州：暨南大学出版社，2009.

[8] 张中伟，白波．新编应用文写作[M]．成都：西南财经大学出版社，2009.

[9] 张俊，等．应用文写作[M]．北京：北京理工大学出版社，2009.

[10] 杨柳明，梅柳．财经应用文写作教程[M]．长沙：中南大学出版社，2009.

[11] 吴为之．应用文写作教程[M]．北京：首都经济贸易大学出版社，2009.

[12] 洪威雷．大学应用文写作[M]．天津：天津大学出版社，2008.

[13] 丁晓昌．应用文写作[M]．苏州：苏州大学出版社，2009.

[14] 伟业管理咨询公司．中小公司商务文书示范文本[M]．北京：中国言实出版社，2009.

[15] 俞纪东．经济写作[M]．上海：上海财经大学出版社，2009.

[16] 闫秀荣．市场调查与市场预测[M]．上海：上海财经大学出版社，2009.

[17] 胡明扬．财经专业写作[M]．北京：中国人民大学出版社，2003.

[18] 邱心镜．公文写作与处理[M]．北京：人民卫生出版社，2013.